AF252247

CVRÆ NVMEN HABET IVSTVMQVE
4. Emend.
INDE CRVCE HINC TRVTINA ARMATVS REGI DEOQ
MILITO, DISCO MEIS HÆC DVO NEMPE LIBRIS
Ex libris Petri Maridat in magno Regis consil. Senatore

RELATION IVRIDIQVE,

De ce qui s'est passé à Poictiers touchant la nouuelle doctrine
des Iansenistes.

Imprimée par le commandement de la Reine,
& enuoyée à sa Majesté :

Par Mre IEAN FILLEAV, Cheualier de l'Ordre
de Sainct Michel, Conseiller du Roy en ses
Conseils, & son premier Aduocat au
Presidial de Poictiers.

A POICTIERS,
Par IVLIEN THOREAV, Imprimeur ordinaire
du Roy, & de l'Vniuersité:
Et IEAN FLEVRIAV, aussi Imprimeur. 1654.

A
LA REINE.

ADAME,

Ie n'aurois iamais esperé ce bon-heur, que
dans les grandes & Illustres occupations de

voftre Majefté, Elle fe fût fouuenuë dès
feruices que i'ay tafché de rendre au Roy, &
qu'Elle eût témoigné defirer que ie donne au
public la Relation que i'ay faite des chofes qui
fe font paffées icy touchant le Ianfenifme.
Toutefois à le bien prendre, le repos de l'Eftat
dépendant de ce que les gens de bien ont fait
en cette occafion, voftre Majefté, qui par fes
foins a produit à la France le calme dont elle
joüît, femble auoir intereft de voir tout ce qui
s'eft fait en cette importante affaire. I'ajoûte
encores à cela, MADAME, que le zele
que tous les bons Seruiteurs du Roy ont fait
voir en cette occafion, n'eftant qu'vne imitation du zele & de la vigueur qu'on a admiré
dans le gouuernement de voftre Majefté, que
Dieu a choifie pour faire mourir vne tres-
dangereufe Herefie, en fa naiffance mefme, il
eft jufte qu'on luy en rende compte exactement, & qu'on luy face fidelement le rapport de ce qui eft fi particulierement à Elle. Il
eft certain, MADAME, que les grands
exemples de voftre Majefté ont donné du

courage à tous les amateurs de la justice & de
la verité, & que sçachant que le Roy ne pouuoit auoir d'autres sentimens que ceux qu'Elle
luy a inspirés, & que leurs efforts deuoient
estre puissamment soustenus, ils ont fait des
choses, qu'ils n'auroient pas entreprises autrement. Non seulement c'est ce qui leur a fait
prendre ces resolutions : les pensées mesmes
qu'ils en ont euës, sont venuës de là ; & ie ne
doute point que s'ils en ont eu de genereuses,
ce sont des effets de la protection que vostre
Majesté à promise à la vertu. C'est ce qui me
fait esperer, MADAME, que la Relation
que ie presente à vostre Majesté, ne luy sera
pas desagreable, & qu'elle considerera les
choses qu'on a faites en cette Ville contre les
factions des Iansenistes, comme des fruicts
que ses rares Exemples ont produits dans les
Prouinces, mesmes éloignées de la Cour ; où
ils sont le sujet de l'admiration & des loüanges de tous les bons François, qui demandent
incessamment au Ciel, qu'il recompense de
toutes ses graces une si grande & si constante

vertu. Mais les grands seruices que voſtre
Majeſté a rendu à l'Egliſe en ces rencontres, & les admirables ſuccez par leſquels il
a pleu à Dieu de témoigner ouuertement qu'il
fauoriſe ſes deſſeins, font qu'outre les deſirs
& les prieres, ie conçois vne ferme eſperance
que la prouidence diuine fera pour Elle in-
comparablement plus que nous ne ſçaurions
penſer. Ce ſont les ſentimens de celuy qui eſt,

MADAME,

De voſtre Majeſté,

A Poictiers ce 17.
Iuin 1654.

Le tres-humble, tres-obeïſſant & tres-
fidele ſeruiteur & ſujet,
IEAN FILLEAV.

Aduertissement.

L'Ordre que i'ay eu de donner au iour la Relation que i'ay faite de tout ce qui s'est passé en cette Ville touchant le Iansenisme, me peut mettre à couuert de ceux qui n'approuuent pas ce dessein, sans qu'il soit necessaire que i'apporte les raisons, qui peuuent le iustifier d'ailleurs. Cependant ie ne refuse pas de répondre à tout ce qui peut choquer en cela les esprits mesmes les plus difficiles à contenter. On dira sans doute, que ne nommant pas les personnes, qui ont agy pour les Iansenistes, & qui se sont diuersement engagés auec eux, ie ne deuois pas donner à ce Liure le titre de *Relation juridique*. On trouuera mauuais que ie rends propre de cette Ville quantité de choses qui sont communes à toute la France, & mesme à toute l'Europe. On me blâmera peut-estre de ce que ie ne laisse rien à dire, & que ie m'arreste mesme à des choses fort petites, & peu considerables. Enfin on pourra me reprocher que ie rapporte de certaines

chofes, que ie ne prouue pas, quoy qu'elles
foient de tres grande confequence : & que
l'Hiftoire de Bourg-fontaine, qui fait le Chapitre 2. de cette Relation , pourroit paffer
pour vne horrible impofture.

Mais pour commencer par le dernier Article,
qui femble eftre le plus important de tous, il
eft vray que ie n'ay point de preuues pleinement conuaincantes de ce que ie dis. Ie crois
toutefois que les perfonnes defintereffées ju-
geront que i'en ay eu de fuffifantes, pour le
rapporter en la façon que ie fais, fans nommer les perfonnes. Vn Ecclefiaftique de
condition, & qui ayant efté de la partie, m'a
affeuré que la chofe s'eftoit paffée de la forte:
& les Liures qui ont eftonné & troublé la
France, ayant efté compofés par les Autheurs
qu'il me nomma, fuiuant le deffein qui en fut
pris alors, ne me permettent pas d'en douter.
Les Lettres de Ianfenius à S. Cyran qui ont
enfin veu le iour, me confirment encores en
cette creance; & les remarques que i'ay faites
de diuerfes chofes qu'il efcrit à fon amy, join-
ctes à ce que i'en ay dit dans le Chapitre 2.
rendront l'affaire fort probable à ceux qui
voudront la confiderer fans paffion. I'ajoûte
que les Herefies que les Ianfeniftes ont voulu
eftablir, font fi horribles, fi indignes de Iefus-

Chrift, & fi contraires à l'Idée mefme, qu'on doit auoir de Dieu, qu'il eft croyable qu'ils auoient d'autres deffeins, que ce qu'ils ont fait paroiftre: quoy que ces deffeins là mefme font fuffifamment compris dans les erreurs qu'ils ont fouftenues auec tāt de fureur.

I'auoüe que l'horreur que i'ay eu de leur doctrine, apres en auoir appris le fecret, m'a obligé de remarquer exactement les pas qu'ils ont faits, & que les plus petites chofes mefmes m'ont paru grandes dans vne affaire de cette confequence.

Ie ne doute point auffi que les Amateurs de la verité, & les bons feruiteurs du Roy, feront bien aifes d'obferuer en ce liure toutes les demarches du Ianfenifme, & l'ordre de la prouidence de Dieu qui a toufiours fufcité des gens de bien pour en rompre, ou pour en éuenter iufques aux moindres entreprifes. Vn Sermon quelquesfois ou vne difpute, vne conference mefme particuliere ont fait les ouuertures des fchifmes, des rebellions, & des herefies; & en des chofes de cette importance il ne faut rien méprifer.

Pour ce qu'on dira que ie rends propre de Poictiers ce qui s'eft fait dans Paris, & dans toute la France: ie ne nie pas qu'il y a des chofes communes mefme à toute l'Europe.

dont ie fais mention : mais ie ne les confideré pas en ce qu'elles font de toute l'Europe; Ie les regarde feulement comme ayant fait du bruit en cette Ville, ou comme ayant feruy à y conferuer la paix. Au refte par ce que ie ne fçay pas, fi ailleurs on aura eu la mefme penfée qu'on a euë icy, il eft bon que quantité de Lettres, d'Ordonnances, de Libelles & autres petites pieces qui fe perdroient facilement eftant feparées, fe conferuent pour l'inftruction de la pofterité, eftant toutes reünies dans vn Liure.

Enfin ie ne nie pas que pour faire vne Relation entierement juridique, il falloit nommer toutes les perfonnes dont ie rapporte ou la fureur ou le zele, afin qu'on eût vne parfaite connoiffance des crimes des vns, & de la vertu des autres.

Mais comme il faut efperer que la plus-part de ceux qui fe font laiffes tromper auant la Bulle du Pape, ou qui fe font emportés incontinant apres, eftans enfin defabufez, ou cette premiere fougue s'eftant euaporée, fe remettront en leur deuoir, i'ay cru que la Charité Chreftienne demandoit qu'on ne les nommât pas. Et puis des maifons, & des Ordres mefmes entiers de Religieux eftans intereffés en la reputation de fembla-

bles perſonnes, qui ſont certes indignes de
leur profeſſion, il a fallu pardonner aux vns,
pour ne bleſſer pas les autres, & donner à de
grandes & illuſtres Compagnies, ce qu'il
eût fallu refuſer à quelques particuliers.

Onsieur Filleau, Ayant appris que vous auez fait vne Relation de tout ce qui s'est passé à Poictiers, sur le sujet des nouuelles opinions de Iansenius, qui ont esté condamnées par le Pape, dont quelques particuliers ont parlé, & d'autres ont escrit, i'ay voulu vous faire la presente, pour vous témoigner que ie vous sçay gré du zele que vous auez fait paroistre en cette occasion, & que ie trouue bon que vous fassiez imprimer cette Relation auec le Bref enuoyé par sa Saincteté à l'Vniuersité de Poictiers, pour congratuler ceux de ladite Vniuersité, qui ont trauaillé à cette affaire pour la defense de l'Eglise de Dieu, que ie supplie vous auoir, Monsieur Filleau, en sa saincte garde. Escrit à Paris le 19. May 1654.

Signé, ANNE.

Et plus bas, SERVIENT.

Au dessus est escrit,

A Monsieur Filleau, Conseiller du Roy Monsieur mon Fils, en ses Conseils, & son Aduocat en la Seneschaussée & Siege Presidial de Poictiers.

RELA-

RELATION
IVRIDIQVE,

De ce qui s'est passé à Poictiers, touchant la nouuelle Doctrine des Iansenistes.

Dessein de l'Autheur.

CHAPITRE. I.

LE commandement que i'ay receu de dresser vne briefue Relation, de ce qui s'est passé en cette Ville, sur le sujet de la nouuelle doctrine, que les Iansenistes y ont cy-deuant voulu establir, m'a mis la plume à la main, pour entreprendre vn Ouurage, duquel i'aurois tasché à me dispenser, si l'obeissance que ie dois aux puissances me pouuoit laisser dans l'indifference de deliberer, plustost que d'executer les ordres qui me sont prescrits.

A

La suitte des affaires, desquelles i'entreprends le narré, m'obligera souuent de faire
mention de moy-mesme, comme m'estant
trouué plusieurs fois dans les employs que
ma charge exigeoit, pour resister à ces nouueautez dangereuses : & cette excuse m'eust
peu fournir le sujet d'vn legitime refus, si vn
plus puissant motif, qui portera cet Ouurage
dans le Cabinet des Souuerains, & dans la
capitale du Royaume, ne m'obligeoit à la
veuë des interests de la foy, de ne plus enuisager ce pretexte de bien-seance particuliere,
ou de faire aucune reflexion sur moy, quand
il y va de la gloire, & de l'auantage du
public.

Ie ne pretends pas faire vne recherche generale du Iansenisme, ny foüiller dans les
cendres du Caluinisme, pour y trouuer ces
vermisseaux qui luy ont donné la naissance.
Ce n'est pas non plus mon dessein, de porter
mes pensées sur le bord du puits infernal, qui
a jetté au dernier siecle dans cette Prouince,
les exhalaisons de l'heresie des mesmes Caluinistes, pour y rencontrer ces Sauterelles de
l'Apocalypse, (figure veritable des Iansenistes) qu'vne fumée restant de ce grand embrasement a produite dans nos iours, qui ne
peuuent que blesser la foy languissante des

esprits presumptueux, qui affectent de se rendre singuliers, apres auoir volontairement effacé de dessus leur front, cét illustre caractere de l'humilité Euangelique, qui fait plier les plus sublimes entendemens sous le joug honorable des plus obscures veritez de la foy.

Il me suffira de remarquer, que ces Sauterelles ont paru d'abord en cette ville de Poictiers, dans le mesme équipage que le Texte sacré les a descrites, portant sur la teste des couronnes d'or d'vne Grace triomphante & victorieuse, qui les rendoient superbes & altieres, voulant plustost commander aux esprits leur nouuelle doctrine, que s'insinuer par la force du raisonnement. Elles se manifestoient d'ailleurs auec des visages d'hommes, en qualité de veritables disciples de sainct Augustin; mais en effect toutes bouffies d'orgueil, déchiroient auec des dents de Lion les veritez Orthodoxes, aussi bien que la saine doctrine de cét illustre Prelat. C'est ce que ie feray voir dans la suitte de cette Relation, que i'ay qualifiée Iuridique, tant par ce que ie n'agis pas en homme priué, puisque le pouuoir de ma Charge, me donne vne authorité Iuridique, pour m'opposer à ces pretendus Nouateurs, qui ne peuuent heurter les verités de la foy, sans attaquer les droicts de nostre Monarque tres-

4
Chrestien, obligé à la defense des maximes
fondamentales du Christianisme, comme fils
aisné de l'Eglise ; qu'à cause que ie me propose de rapporter les pieces probantes & authentiques, qui ont parû à la veuë du public,
& les inserer auec les Actes de Iustice dans les
Chapitres suiuans.

Le dessein des premiers Autheurs de cette
nouuelle doctrine, découuert en cette
ville de Poictiers.

CHAPITRE. II.

C'Est icy, où i'appelle la trouppe de ces
nouueaux deuoyez, pour leur découurir
vn mystere, que les plus releuez d'entr'eux
ont ignoré iusques à present.

C'est icy, que ceux que l'on nomme Iansenistes, & qui n'ont assisté aux premieres deliberations, mais seulement ont suiui les instructions des premiers autheurs, pourront s'ils
veulent se détromper, & reconnoistre ouuertement, que la doctrine qu'ils professent,
n'est qu'vn leûrre duquel on se sert en leur
endroit, ou plustost l'vn de ces feux volages
qui parroissent sur la mer, pour conduire sous

vne vaine apparence du port, dans vn escueil
fatal & mortel, les voyageurs trop credules &
peu instruits, de la suitte de ces apparences
trompeuses.

C'est en cet endroit, que ie mettray en
éuidence le dessein de ceux, qui ont esté
les autheurs de cette nouuelle doctrine, &
que ie feray voir auec estonnement & frayeur
aux Iansenistes de ce temps que leur creance
est vne cabale, qui n'a rien moins de veritable
que l'apparence de ce qu'ils professent, &
qu'au lieu de porter le nom de *Iansenistes*, il
faut les appeller les *Deistes*, c'est à dire des personnes qui croyent simplement qu'il y a vn
Dieu, qui comme principe souuerain gouuerne les creatures, ausquelles il a donné l'e-
stre, & en dispose suiuant sa volonté, sauuant
les vns & damnant les autres ; le tout pour ce
qu'ainsi luy plaist, & que c'est son vouloir
absolu, & qu'il a droict de le faire, apres la cor-
ruption generale de toute la masse du genre
humain, par le peché originel.

Pour decouurir ce mystere caché, & que
peu de ceux qui font profession du Iansenisme
ont sçeu iusques à present, ie suis obligé de
declarer, qu'vn Ecclesiastique qui passoit par
cette Ville, ayant sçeu que le sieur Filleau
Aduocat du Roy en ce Siege, auoit témoigné

publiquement en diuerses occasions beaucoup de resistance contre cette nouuelle
doctrine, prit resolution de le visiter; &
apres quelques complimens, l'ayant mis
sur le discours des maximes que l'on aduançoit si librement touchant la Grace, & le
Franc-arbitre, enfin luy dit, que cette Secte
de gens ne tendoit qu'à ruiner l'Euangile, &
à supprimer la creance que l'on auoit de la
Redemption des hommes par le moyen de la
Passion de Iesus-Christ, qui estoit parmy eux
vne histoire apocryphe, dont il pouuoit rendre vn témoignage certain, ayant assisté aux
premieres deliberations qui ont esté faites
sur ce sujet : en effect, dit-il, les autheurs
de cette doctrine, que l'on nomme à present *Iansenisme*, firent vne Assemblée, il y
a plusieurs années, dans vn lieu proche de
Paris appellé *Bourg-fontaine*, où luy, qui faisoit ce recit audit sieur Filleau auoit assisté;
que cette Assemblée estoit composée de six
personnes, luy faisant la septiesme; & que de
ces six personnages il n'y en auoit plus qu'vn
qui restoit viuant au monde, lesquels il de-
signa par leurs noms & qualitez, sçauoir,
(I. D. V. D. H.) (C. I.) (P. C.) (P. C.)
(A. A.) (S. V.)

Que le premier designé, apres auoir fait

entendre à l'Assemblée, qu'il estoit temps
que les Sçauans & pleinement illuminez dé-
trompassent les peuples, & les retirassent des
tenebres, dans lesquelles ils estoient comme
enseuelis; & que pour cet effet, eux qui a-
uoient les cognoissances necessaires, & les
talens proportionnez à ce grand Ouurage,
deuoient mettre la main à l'œuure, & faire
paroistre la puissance de Dieu toute autre
qu'elle n'auoit éclatté dans leurs iours. Que
pour y paruenir, puis qu'ils sçauoient qu'il
n'y auoit qu'vn Dieu pour objet de la veritable creance, & qui faisoit des creatures ce
qui luy plaisoit; qui sçauoit ceux qu'il vouloit sauuer, & damnoit les autres qui ne pouuoient s'en plaindre, ayant merité la mort
eternelle à cause de la preuarication du premier homme, se trouuant engagez dans cette
masse corrompue, il estoit necessaire de leur
déuoiler les yeux, & de commencer leur instruction par la destruction des Mysteres,
(dont la creance est illusoire & inutile)
& particulierement de celuy de l'Incarnation, qui estoit comme la baze & le fondement de tous. Car à quoy bon, proposa-il, vn
Iesus-Christ né & mort pour les hommes,
desquels le salut dépend de la seule Grace
que Dieu leur donne, qui seule est efficace

& opere leur bonne ou mauuaise fortune pour l'eternité. Celuy qui opina le second fut du mesme aduis, & exaggera cette proposition par les consequences qu'il tiroit des fondemens & principes de leur doctrine. Le troisiesme que l'on auoit appellé à dessein de l'engager dans cette faction, & qui estoit grandement versé dans la lecture de sainct Augustin, ne dit autre chose, sinon, que c'estoient des fols de faire telles propositions, & de les vouloir authoriser dans vn Royaume qui estoit si esloigné de telles nouueautez, & que quant à luy, il ne vouloit s'engager dans ce party. Les trois autres témoignerent, que la voye qu'on vouloit prendre d'abolir d'abord l'Euangile, & de combatre la creance des Mysteres, & entr'autres de l'Incarnation, estoit aussi perilleuse, qu'elle seroit peu fructueuse, qu'vn arbre ne pouuoit estre jetté par terre, sans auparauant couper les diuerses racines qui l'y attachent, & luy donnent force & stabilité : & qu'en la conduitte du dessein proposé, il n'estoit pas à propos de se découurir si tost, qu'il faloit vser d'autres moyens plus specieux pour s'insinuer dans les esprits, & tenter des voyes plus plausibles ; pour ensuitte consommer ce grand Ouurage, annoncer cette grande Verité, de laquelle tous

les peuples n'estoient pas encore capables :
que les Doctes & les indoctes s'opposeroient
aux premieres démarches , & feroient ré-
puter cette Doctrine pour impie, la denon-
ceroient aux Magistrats, qui pourroient s'é-
crier, & la mettre à l'épreuue des peines &
des prisons.

Ces raisons Politiques ayant esté goustées
par ceux mesme contre lesquels elles furent
avancées, on demeura d'accord, de tenter
des voyes plus douces , par lesquelles enfin
on pût paruenir à la ruïne de l'Euangile,
sans qu'on pût s'en apperceuoir : & au lieu
de toucher si-tost aux Mysteres , on delibera de sapper artificieusement la creance,
qui estoit entretenuë dans les esprits des Catholiques. On resolut d'attaquer les deux
Sacremens les plus frequentés par les adultes,
qui sont celuy de la Penitence & celuy de
l'Eucharistie. Le moyen d'y paruenir fut ouuert par l'esloignement que l'on en procure-
roit, non en témoignant aucun dessein de
faire en sorte qu'ils fussent moins frequen-
tez, mais en rendant la pratique si difici-
le, & accompagnée de circonstances si peu
compatibles auec la condition des hommes
de ce temps, qu'ils restassent comme inac-
cessibles, & que dans le non-vsage, fondé

ſur ces belles apparences, on en perdiſt par
apres la foy.

On y propoſa auſſi d'éleuer la Grace à vn
tel point, qu'elle operaſt tout, toute ſeule;
de nier celle qui eſt ſuffiſante aux hommes;
de renuerſer la liberté du Franc-arbitre; de
luy impoſer vne neceſſité de plier ſous la
Grace victorieuſe; de publier que noſtre
Seigneur Ieſus-Chriſt n'eſtoit point mort
pour tous les hommes; & cela, à deſſein de
preuenir les eſprits, & leurs ayant perſuadé
ces fauſſetez, de tirer des conſequences par
apres qui ruineroient facilement l'Euangile,
les myſteres & les Sacremens.

Car (diſoient-ils) ſi nous pouuons vne
fois imprimer cela dans les eſprits de ceux qui
nous eſcouteront, ou liront les Ouurages
que nous ferons ſur telles matieres, ils ne
pourront plus reſter fermes dans leur premiere creance, & il nous ſera facile de leur perſuader, que l'Ouurage de la Redemption
des hommes eſt ſuppoſé, puis que le tout ne
dépend que de la Grace ſeule efficace, & à
laquelle on ne peut reſiſter; & que d'ailleurs
quelque effort qu'on face pour accomplir les Commandemens de Dieu, il y en a
qui ſont impoſſibles, & que meſme la Grace
manque pour les rendre poſſibles.   A quoy

donc vn Redempteur, à quoy des Sacremens, à quoy tous ces conseils Euangeliques ? On sera sauué ou damné, quelque chose qu'on face, selon qu'il plaira à Dieu.

Mais d'autant (dit l'vn d'iceux) qu'il ne sera pas si facile de surprendre les esprits des Directeurs & conducteurs des consciences, comme il sera d'agir sur les esprits foibles & simples de quelques Catholiques, & que dans les Propositions qui leur en seront faites, ils auront peut-estre recours aux mesmes Directeurs, qui resoudront ces difficultez, il est necessaire de pouruoir à cet inconuenient: auquel l'vn de la compagnée se chargea d'apporter le remede necessaire, qui ne consistoit qu'à les decrediter, ou diminuer l'authorité & la creance de leur direction, qu'il feroit paroistre totalement interessée.

On preuit aussi, qu'il ne falloit point laisser le chef de l'Eglise sans l'attaquer : car, comme c'est à luy que l'on a recours dans les poincts & controuerses de la Foy, pour y prononcer en qualité de Souuerain, & fondé dans l'infallibilité qui luy est asseurée par l'entremise & assistance du sainct Esprit, il fut resolu dans cette Assemblée, que l'on trauailleroit contre l'Estat Monarchique de l'Eglise, & que pour le destruire, l'on s'efforceroit d'establir l'Aristocratique : afin qu'il fust facile d'abatre en suite toute la puissance de l'Eglise. Et quant à l'infallibilité du Pape, il passa, que l'on escriroit contre icelle, & que ne la pouuant descrier tout à fait, on la restreindroit aux seules assemblées des Conciles ; afin d'estre tousiours en estat, lors que nostre sainct Pere le Pape auroit prononcé quelque anatheme contre leurs nouueautés, de s'escrier, & en appeller à vn Concile, auquel toutefois ils ne croiroient pas dauantage qu'au Pape & à l'Euangile.

Tous ceux de cette assemblée (à la reserue de celuy qui n'auoit voulu découurir ses sentimens, & qui les auoit accusé de folie, sans toutesfois s'engager à aucune action contraire à la leur, & sans les deferer comme il le pouuoit, afin d'étouffer ce monstre dans son berceau) demeurerent d'accord, qu'il falloit escrire, & donner au public des Liures par lesquels ils pussent establir ces premieres maximes, qui n'estoient que des démarches, pour paruenir à leur dernier dessein de Deistes, qu'ils n'osoient faire esclore si-tost. Et d'autant que de tous les Docteurs de l'Eglise il n'y en a aucun qui ait donné tant d'essort à son esprit, que S. Augustin, & dont l'on puisse mieux abuser des passages mal-expli-

qués, que mefme les Caluiniftes s'en eftoient
feruis ; il fut refolu, qu'ils fe diroient tous
Deffenfeurs de la Doctrine de S. Auguftin,
que fon authorité feruiroit de voile à la nouueauté de leur doctrine, & de piege pour furprendre les foibles efprits. Et afin de ne tomber en concurrence de mefme matiere, ils
diftribuerent entre eux les points & les maximes qu'ils s'obligeoient d'eftablir par leurs efcrits. C'eft ce qui a donné lieu, non feulement
au liure de Ianfenius, mais auffi aux autres qui
ont efté mis en lumiere à cette occafion, trait-
tans des poincts, dont eft faite mention cy-
deffus, que les Doctes peuuent aifement remarquer, fans que i'en face icy vn plus
particulier dénombrement. Le dernier qui
a paru à Paris, en confequence de la refolution de cette Affemblée, eft celuy des
deux chefs, par lequel ils pretendoient ruiner l'Eftat Monarchique de l'Eglife, & en
eftablir vn tout different, qu'ils euffent par
apres deftruit par vne autre plume, s'ils n'euffent rencontré cette mefme puiffance vigou-
reufe, qui a foudroyé cét Ouurage d'iniquité,
qui vouloit abolir la Monarchie de l'Eglife
par cette multiplicité de Chefs.

Voilà comme a efté projettée cette Cabale, (pourfuiuit cet Ecclefiaftique) & qu'en

verité cette Assemblée qui l'a formée, & à laquelle il auoit eu le malheur d'assister & de
participer, mais aussi le bon-heur d'y renon-
cer par apres, estoit vn conuenticule contre
la personne sacrée de Iesus-Christ, semblable à celuy qui auoit esté predit par le Prophete, *Conuenerunt in vnum, aduersus Dominum,
& aduersus Christum eius.* Et que si dépuis
cette nouuelle doctrine a pris le nom de *Iansenistes,* ce n'est qu'vn nom d'escorce & d'exterieur, & que la veritable dénomination qui
leur appartient, est celle de *Deistes,* leur secrete intention & la finale, estant d'introduire
la seule creance d'vn Dieu, sans Euangile, &
sans Redempteur, & d'abolir la foy du Sacrement du Baptesme, qui est rendu inutil
par la reprobation positiue, qu'ils establis-
sent sur la masse corrumpuë par le peché originel; en consequence de laquelle corru-
ption, Dieu a droict de damner ceux qu'il
predestine à la mort eternelle.

Comme le sieur Filleau a eu l'honneur
d'estre cognu de defunct Monsieur le Baron
de Renty, de saincte memoire, qui l'a souuent
honoré de ses Lettres, & mesme par icelles
luy a enuoyé diuers ordres de la Reyne, pour
des actions de pieté, que sa Majesté a charitablement fait exercer en cette Prouince; ie

ne dois passer sous silence, ce qu'il a apris
dudit sieur de Renty, touchant les derniers
sentimens de defunct Monseigneur Octaue
de Bellegarde Archeuesque de Sens, desquels il auoit esté depositaire, & chargé de
les porter à Monseigneur le Nonce, pour en
informer sa Saincteté, touchant le sieur Abbé
de sainct Cyran, & sa doctrine : d'autant que
par là, on pourra iuger auec plus de lumiere
& de certitude du dessein de cette Assemblée
de Bourg-fontaine.

Or entre autres choses, ledit Seigneur
Archeuesque declara qu'il estoit obligé de
croire ce party suspect à l'Eglise, pour auoir
veu que son commencement a esté dans l'illu-
sion, dont l'vn des effets a esté vne fausse
deuotion : & qu'il auoit sçeu par personnes
dignes de foy, que le sieur de sainct Cyran
parloit du Concile de Trente, comme d'vne
Assemblée politique, & qui n'estoit point vn
veritable Concile : que ledit sieur de S. Cyran tendoit à oster la frequente Communion
mesme à ses meilleurs amys, sous pretexte
d'vne Communion spirituelle, qu'il faisoit
passer pour plus sainte que la Sacramentale.

Qu'il ne faisoit aucune memoire de la Hierarchie Ecclesiastique, ny du Pape, ny des

Euefques, dans fon Catechifme leçon 6. lors
qu'il a definy l'Eglife.

Que ledit fieur de S. Cyran communiquoit
en particulier & à l'oreille fa mauuaife doctrine, à ceux qu'il efperoit attirer à fon party,
auec deffenfes d'en parler, autrement qu'il
leur bailleroit vn dementy : & que lors qu'il
traittoit publiquement, il difoit le contraire
de ce qu'il auoit infinué & declaré en particulier.

Qu'enfin S. Cyran & fes Difciples amu-
foient d'apparence, pour s'establir: pour apres
reprendre ce qu'ils tenoient fort caché, & ne
communiquoient mefmes qu'à peu de leurs
freres.

N'eft-il pas clair & éuident, par le témoignage de ce grand Prelat, que leurs creance eft
tout autre que celle qu'ils font paroiftre, &
que ce qu'ils tiennent caché, eft le deffein
d'establir la feule creance d'vn Dieu, mais
fans Iefus-Chrift, fans fes Sacremens & fans
fon Euangile ? Partant ceux qui ont embraffé
cette pernicieufe doctrine des Ianfeniftes,
pourront par cette declaration connoiftre le
precipice dans lequel ils ont efté conduits,
quoy que ce danger foit inconnu à la plus
part de ceux de cette Secte, qui n'enuifagent
que le corps de cette doctrine, & ne fçauent

pas

pas le premier desséin de ceux qui luy ont autres-fois donné la naissance, & dépuis, le
progrez.

Moyens par lesquels les Iansenistes com-
mancerent en Poictou la publica-
tion de leur doctrine.

CHAPITRE. III.

LA reformation ou le pretexte de la ré-
formation a toûjours seruy aux Heretiques de voye pour s'establir. Les Caluinistes
commãcerent au dernier siecle par vne reformation pretenduë, qui leur a donné le nom de
Pretendus Reformez. Les Iansenistes les ont
imité en cette Prouince : car lors que l'Eglise
estoit en paix, l'amertume de leur doctrine
commença a estre goustée par quelques esprits simples & faciles à croire trop de leger,
facta est in pace amaritudo Ecclesia amarissima.
Ceux qui furent enuoyez en cette Prouince,
pour en faire la publication, n'aduancerent
pas d'abord la question de la Grace : mais en
execution des resolutions prises par les grands
Directeurs de cette nouuelle doctrine, & selon l'esprit du Liure qui auoit parû peu auparauant, ils trauaillerent à disposer les esprits,

B

à ne point frequenter les Sacrements de
Penitence & de l'Eucharistie. On vit ces
nouueaux Missionnaires ne parler que de la
Penitence publique, des preparations requi-
ses pour receuoir le tres-sainct Sacrement, &
de l'abus qui regnoit parmy les Catholiques,
ausquels on donnoit si facilement l'absolu-
tion, sans auoir fait auparauant cette Penitence necessaire, qu'ils portoient à vn si haut
degré, qu'elle faisoit fremir ces pauures ignorans qui s'y croyoient obligés. Et ce fut lors
qu'on commença à s'écrier contre l'attrition,
& traitter de la necessité de la contrition auec
le Sacrement, à produire de grands scrupules
dans les Ames, & à blasmer la frequente
Communion, suiuant les maximes & les passages du Liure qui auoit esté mis en lumiere
quelque temps auparauant, & que ces grands
Zelateurs de la Reforme auoient tousiours en
main, & que l'vn d'eux appella son Euangile,
en presence du sieur Filleau.

On vit au mesme temps parêtre en cette
Prouince vn Docteur de Paris, qui porta
cette mauuaise doctrine à la Campagne, &
non content de l'enseigner aux Paysans, &
de la prescher publiquement, creut la mieux
insinuer dans les esprits par la lecture du Liure
qui introduisoit la penitence publique, &

attaquoit la frequente Communion. De forte
que ce Liure fut mis entre les mains d'vn Curé
de ce Diocefe, qui en faifoit lecture au peuple de fa Parroiffe, comme fi ç'euft efté
l'Euangile qui leur deuoit eftre annoncé.
On n'entendoit plus que des difcours pour
former des difpofitions impoffibles pour la
digne reception du tres-fainct Sacrement;
qui eftoient telles que les plus grands Saincts
de la terre à peine y ont pû atteindre. Ainfi
cette fimulée humilité furprit peu à peu les
efprits des plus fimples, & l'on fit paffer pour
plus deuots ceux qui s'abftenoient plus lon-
güement de ce mets facré.

On ne s'arrefta pas à la Campagne, mais
on porta & auec plus de difficulté cette doctrine de la penitence, & de la preparation
fi extraordinaire pour la faincte Communion,
iufques dans la ville de Poictiers. Elle n'y
parut pas fi-toft, qu'elle fut hautement con-
tredite par ceux qui fuiuoient la veritable
pratique de l'Eglife, & qui fçauoient ce que
le facré Concile de Trente auoit definy fur
ce fujet.

Les Predicateurs s'efcrierent auffi-toft, &
firent voir au public les inconueniens de cette
nouuelle pratique. Les paffages des Peres
ne furent pas obmis, non plus que leur veri-

table explication, defquels par vne verfion
non fidéle, l'on vouloit furprendre les moins
intelligens. On vit en cette Ville vn Religieux Predicateur, durant fes Sermons de
l'Aduent & du Carefme époufer le party de
ces nouueaux Reformateurs, & faire les Dimanches des Catechifmes pour infinuer dans
les efprits cette doctrine nouuelle ; mais auec
tant de chaleur contre ceux qui prefchoient
le contraire, que plufieurs des Auditeurs
entendans, plus-toft des fatyres que des Sermons, qui doiuent eftre toufiours accompagnés de charité, ne s'y rendirent plus affi-
dus, & commencerent à defcouurir que c'e-
ftoit vne doctrine de Cabale. Quelques particuliers s'y laifferent furprendre, & l'on ouït
toft apres dire en la Ville, qu'il y auoit des
femmes mariées, qui fe plaignoient de la nouuelle forme de vie de leurs maris, qui ne fe
tenoient plus que dans des greniers pour faire
penitence, abandonnans le trafic de leurs
boutiques, & foin de leurs familles, auffi
bien que la loüable couftume, qu'ils auoient
auparauant de frequenter fouuent les Sacremens de l'Eglife. Ce poifon fut porté jufques
dans vne Maifon de Filles Religieufes de
Poictiers, à la faueur d'vn Docteur Preftre
feculier leur Directeur, qui enuoyé de Paris

en cette Ville par ceux qui trauailloient à tel
eftabliffement , eut ce pouuoir fur leurs
efprits, que de les porter à des pratiques toutes contraires à l'efprit de leur fondateur, &
aux entretiens qu'il leur a laiffé. Voire mefme l'on vit dans l'Eglife de cette Maifon
Religieufe vn autre Preftre feculier, qui dans
fes Predications affectoit d'employer fon ta-
lent pour la deffenfe & eftabliffement de cette nouuelle pratique.

Cette Cabale pleine d'induftrie (comme
les enfans de tenebres font fouuent plus
clair-voyans dans la conduitte politique, que
les enfans de lumiere) ayant eu aduis, qu'il
y auoit vne Maifon de Religieufes Benedi-
ctines dans vne petite ville peu éloignée de
Poictiers, qui n'eftoit que dans les commencemens de fon eftabliffement , affez
foible pour ce qui eft du temporel, deputa
vers elles deux Preftres du party pour
leur propofer comme ils firent, de leur rendre toutes les affiftances fpirituelles & tem-
porelles gratuitement & charitablement,
mefme de fonder leur Monaftere , pourueu
qu'elles vouluffent fe mettre dans leur direction, & fuiure leur conduitte. Mais ces bonnes Filles ayans recognu, tant par les mouuemens interieurs que le fainct Efprit leur fug-

gera, que par la fuite de leurs entretiens , &
de la declaration qu'ils firent , de s'eftre mis
en chemin pour aller trouuer vne perfonne
de qualité releuée, qui eftoit affez cognuë de
toute la France , pour eftre l'vn des grands
Deffenfeurs de cette nouuelle doctrine , &
& qui l'a pratiquée iufques à la mort, refufe-
rent genereufement ces offres , quoy que
charmans , qui ne tendoient qu'à la deftru-
ction & ruine entiere de leur falut.

Les autheurs de ces artifices enuifagerent
tous ceux, qu'ils creurẽt leur pouuoir eftre vtiles. Et comme la doctrine bonne ou mauuaife, ne peut eftre fi facilement répanduë dans
les efprits , que par l'ordre & establiffement
des feminaires, il fut entr'eux refolu, d'attirer le plus qu'on pourroit de jeunes enfans,
pour leur imprimer, à la faueur de la tendreffe
de cet aage, leurs erreurs & fauffes maximes.
De forte qu'en execution de ce malheureux
confeil, on fit folliciter vn Officier de cette
Ville par vn de fes alliés faifant profeffion de
cette mauuaife doctrine , de confentir qu'on
le dechargeaft de deux de fes enfans , pour
les faire efleuer & inftruire gratuitement, au
lieu où ils euffent fait apparemment naufrage
dans le port , fi la pieté du Pere n'euft genereufement refifté à ces charmes, capables d'é-

branler tout autre d'vne vertu moins folide.

Diuerfes plaintes furent faites à defunct Monfeigneur l'Euefque de Poictiers de ces nouueaux Dogmatiftes. Et comme il eftoit ennemy de toutes nouueautés, fur tout au fait de la Religion ; des lors que le liure de la frequente Communion du fieur Arnaud eut paru, il dit fort judicieufement, que ce Liure n'eftoit bon que pour fauorifer les libertins, qui s'efloigneroient de la faincte Communion, fous pretexte de n'eftre pas dignes de la receuoir; qu'il n'appartient qu'au Confeffeur dans l'hypothefe de juger fi vne perfonne eft en eftat de communier fouuent ; que c'eftoit vne chofe blafmable dans la thefe de condamner la frequente Communion, qui n'auoit pas efté improuuée par les plus grands Docteurs de l'Eglife ; de forte que ledit Seigneur Euefque par des ordres fecrets arrefta le cours de ce defordre public. Mais fon decez arriué, l'on vit paroître derechef vn Predicateur Religieux, qui dans vne des Eglifes de cette Ville, où il y a affemblée de deuotion le troifiefme Dimanche de chaque mois, prefcha fi ouuertement qu'il ne falloit pas communier fouuent, qu'vn des Confeillers du Siege Prefidial, & vn des gens du Roy, qui s'y trouuerent prefens, furent sur le point d'en faire des plaintes publiques ; dont ils furent détournés en faueur de son Ordre.

La doctrine de Ianfenius preschée publiquement dans Poictiers.

CHAPITRE IIII.

LEs Deiftes, & cette forte de gens qui portent auiourd'huy le nom de Ianfeniftes, auoient defia fait quelque progrés dans cette ville ; puis qu'ils auoient perfuadé l'efloignement des Sacremens à quelques perfonnes Religieufes, comme auffi à quelques Laïques de l'vn & l'autre fexe. Il eftoit queftion de paffer outre, & de mettre en euidence les autres maximes fondamentales de leurs opinions. Il falloit publier cette Grace victorieufe & triomphante, Il falloit deftruire la liberté du Franc-arbitre, le faifant foufmis abfolument à la Grace, fans pouuoir luy refifter. Il falloit donner de mauuais fentimens de noftre Seigneur Iefus-Chrift, & le décrier parmy les Catholiques, le faifant paroître mourant pour quelques-vns feulement , & non generalement pour tous les hommes. Il

falloit, pour ruiner l'Euangile, & deftruire le
Myftere de l'Incarnation du Fils de Dieu,
faire retentir dans les Chaires par les Predicateurs, & dans les Efcoles par les Docteurs,
cette doctrine nouuellement fabriquée, ou
pluftoft tirée des vieilles erreurs de Luther,
Caluin & autres Herefiarques de l'autre fiecle: mais cela ne fe pouuoit faire qu'auec ad-
dreffe, & dorant ce poifon, qui à moins que
cela euft efté à contre-cœur aux plus fimples
Catholiques. C'eftoit vne marchandife de
mauuais debit, & partant l'on ne pouuoit
l'expofer que dans vne vente publique, & par
les mains de marchans qui fuffent dans la reputation, de ne fe point charger de mauuai-
fes drogues. En vn mot on ne pouuoit faire
receuoir cette doctrine, que la meflant auec
d'autres, & la faifant entendre au peuple dans
la chaire de verité.

C'eft l'induftrie de laquelle les Ianfeniftes
fe feruirent pour infinuer leur doctrine. Et
pour cet effet, comme ils ont grande corref-
pondance en diuers lieux, ils moyennerent
l'enuoy de quelques Predicateurs en cette
Ville, qui dans leurs Sermons debitoient toûjours quelqu'vne de ces maximes, & aduan-
çoient de temps en temps les propofitions
de la Grace, du Franc-arbitre, qu'ils faifoient

tomber fur le fujet de la Predeftination , &
autres matieres qui y eftoient connexes.
Les Predicateurs feculiers, quoy que Difpen-
fateurs de la Parole de Dieu , n'acquierent
pas fouuent vn pouuoir fi abfolu fur les efprits
de leurs Auditeurs, comme les Predicateurs
Religieux : d'autant que les Reguliers portent
vn habit qui prefche auec eux, & cette marque d'aufterité exterieure perfuade aduanta-
geufement les Propofitions qu'ils ont auparauant expliquées.   C'eft pourquoy l'on ne
vit point de Predicateurs feculiers s'engager
dans la deffence de cette doctrine. Mais il
s'en trouua de diuers Ordres Religieux, qui
eftallerent en Chaire , & la publierent fi hautement, que des perfonnes de diuerfes conditions , & des deux fexes en furent incontinent infectées : & ce qui eftoit le plus dangereux , c'eft que dans les tribunaux de la Con-
feffion , & dans les directions & entretiens
particuliers , ils cultiuoient fecretement le
fruict de leurs Predications.

Ie veux taire les noms & les Ordres Religieux de ceux qui ont efté en cette Ville les
premiers difleminateurs de ces nouueautés ;
d'autant que ie fuis obligé de croire pieufement qu'ils n'auront pas perfifté, & que la
decifion du fainct Siege Apoftolique aura

feruy de barriere à leur impetuofité, & qu'à
moins de participer à cette funefte refolution des premiers autheurs de cette Cabale,
ils auront plié fous le joug de la Bulle de
noftre fainct Pere le Pape, & auront captiué
leurs entendemens fous cette Conftitution
decifiue des poincts en matiere de foy.

On a encore les jdees prefentes de ces
Predicateurs, & plufieurs, quoy qu'abfens
ne fe trouuent que trop prefens dans la memoire de ceux qui les ont efcoutés. Celuy
qui inftruifoit de jeunes Religieux, & auoit
leur Direction Reguliere durant les années
importantes de leur efpreuue, & de leur No-
uitiat, a fait vne fi haute profeffion du Ianfenifme dans Poictiers, que toute la Ville le
recognoiffoit pour tel, & que mefme il a efté
fi hardy dans vne Predication, qu'il fit au
Chapitre Prouincial de fon Ordre, tenu dans
l'vne des Villes de cette Prouince, il y a peu
d'années, de debiter en Chaire à la veuë de fes
Superieurs, & des plus celebres de fa Religion, la pure doctrine des Ianfeniftes, comme s'il euft cru la deuoir ou pouuoir perfuader à ceux qui auoient droict de luy commander. Et quoy que l'on fçache, que la
plus grande & faine partie de cet Ordre a toûjours eu en horreur ces deteftables opinions,

qui ne font bonnes qu'à produire dans les
cœurs de ceux qui s'en trouuent perfuadés,
ou le libertinage, ou le defefpoir, toutefois
on a efté dans vn grand eftonnement, lors
qu'on a apris, que ce Predicateur, qui
auoit conuerty la Chaire Euangelique en
vne chaire de peftilence, auoit efté nommé
pour Superieur d'vn Conuent du mefme
Ordre, au lieu de fubir vne retraitte de penitence, dans laquelle il auoit deu eftre confiné,
Dieu a permis que l'on aye découuert, que
quelqu'vn qui auoit paffé dans les premieres
Charges de l'Ordre, auoit trauaillé pour le
faire nommer Prieur d'vn Conuent, d'autant
que comme luy il eftoit auffi infecté de la mefme doctrine. Cela mefme à bien affez paru en
ce que dépuis, fans rendre à la Bulle de noftre
fainct Pere le Pape l'obeïffance, dont il ne
fe pouuoit departir, il a fait l'office d'vn mauuais Ange; & au lieu d'vne medecine diuine,
dont fon nom le deuoit aduertir, a fait feruir vn mets empoifonné, ayant obligé par
l'authorité que la charge cy-deuant exercée
luy auoit acquife, de faire fouftenir des Thefes
le 24. Nouemb. de l'année 1653. dans le Con
uent de la principale Ville du Royaume, par
l'vn des Religieux du mefme Ordre, des Thefes (dis-je) qui ne côtiennent pas feulement la

pure doctrine de Ianfenius, condamnée par fa
Saincteté, mais qui adjoûtent quelque chofe
de pire & de plus dangereux. Car dans
la derniere defdites Thefes, (aufquelles il a
induit vn Religieux de Prefider, qui auoit
affez tefmoigné dans la ville de Poictiers auparauant, combien il eftoit efloigné du Ianfenifme) il eftablit la reprobation pofitiue des
damnés dans la volonté de Dieu antecedem-
ment à la preuifion des pechez, mefmes du
peché originel, qui eft vn nouueau blafpheme
qui ne peut fortir que de l'enfer, ou la Thefe
conceuë en ces mots a efté forgée : *Et fi vo-*
luntas, quâ Deus ab æterno damnationis pœnam
reprobis intendit peccati finalis præuifioni fubnixa
fit, vt fides innuit, actus tamen ille quo eofdem
excludere voluit à gloria vt à beneficio indebito
pofitiuus eft, antecedens peccatorum etiam origi-
nalis præuifionem : vnde, referente Auguftino,
multi falui non fiunt; non quia ipfi nolunt, fed
quia Deus nonvult. N'eft-ce pas la veritable
maxime des Deiftes, pire que celle de Caluin, qui au liure 3. de fes Inftitutions c. 23.
impute cette reprobation pofitiue à la maffe
corrompuë, en confequence du peché originel. Cette maxime confifte à croire vn Dieu,
qui fauue qu'il luy plaift, & damne qui il luy
plaift, par vne reprobatiõ pofitiue, méme fans

preuifion du peché originel, & que ceux qui
font damnés, le font, non pour ne vouloir pas
de leur part eftre fauuez, mais à caufe que
Dieu ne le veut pas. Ainfi à quoy bon l'Euangile, à quoy bon l'incarnation du Fils de
Dieu, fa mort & paffion, *Euacuata eft crux
Chrifti.* Cette temerité, & cette audace d'a-
uoir propofé telles Thefes, depuis la publication folennellement faite de la Bulle de
noftre fainct Pere le Pape, dans la ville &
fauxbourgs de Paris, comme elle eft indigne
d'vn Religieux, eft auffi digne d'vn chaftiment exemplaire. Et fi cette Relation eft
portée aux pieds de fa faincteté, i'efpere
qu'elle entrera en cognoiffance de caufe de
cette contrauention faite à l'authorité de fa
Conftitution, & qu'elle ne laiffera ce crime
impuny.

I'aurois teu cette action fraudeleufe, fi les
mefmes Thefes n'auoient point efté diftri-
buées publiquement dans cette ville de Poictiers, où elles ont efté enuoyées par celuy
qui les a fouftenuës, qui a defiré en faire part
à fa patrie & à fes parens, terniffant par cette
action (que l'on m'a affeuré toutefois, n'a-
uoir efté que l'effet d'vne obeïffance aueu-
gle) la candeur du nom qu'il porte.

La liberté de prefcher le Ianfenifme, eftoit

telle en cete Ville, qu'vn Religieux d'vn Ordre fort auftere, du Fondateur duquel la France garde les os, ayant efté inuité de prefcher dans vne Eglife Collegiale de cette
Ville, au iour d'vne des feftes de fa Patrone, au lieu de faire fon panegyrique,
& de publier les actions illuftres de cette
Saincte, qui auoit paru aux yeux de toute la
France fi admirable, en trois diuers eftats,
de Captiue, de Reine, & de Religieufe, il fe
jetta d'abord fur la matiere de la Grace efficace, & traitta cette doctrine auec fi peu de
fatisfaction de fon auditoire, que les plus doctes dirent hautement, qu'il auoit rabaiffé les
merites des actions exemplaires de cette
faincte Reine, donnant tout à la Grace, & ne
laiffant rien à celle qui auoit fi dignement
cooperé. De forte que le Superieur ayant
efté aduerty, du peu de fatisfaction que l'on
auoit reçeu de fon Religieux, voire mefme
que l'on eftoit fcandalifé de fa Predication,
dans laqelle il auoit ouuertement contreuenu au decret du Chapitre Prouincial de leur
Ordre de l'an 1650. touchant la doctrine de
Ianfenius, le fit auffi-toft eclipfer, n'ayant
dépuis paru à la veuë de ceux qui eftoient
reftez fi mal fatisfaits de fon premier entretien fpirituel.

*Les Ianseniftes taschent d'establir leur do-
ctrine à Poictiers, par la publication des
Theses par eux proposées.*

CHAPITRE V.

L'Vniuerfité de Poictiers ayant toufiours
fuiuy la faine doctrine, & reprouué les
erreurs, mefme les Efcoles publiques de
Theologie eftant remplies de Profeffeurs
qui prenoient à tafche de combatre les opinions de Ianfenius, faifoit perdre l'efperance
aux partifans de cette Secte d'auancer parmy
les Doctes leurs fauffes maximes. Dans cette
veuë ils rechercherent vn Religieux, qui en-
feignoit priuément la Theologie dans vn
Conuent, pour l'inftruction des jeunes Pro-
fez eftudians : & ayans appris qu'il fimboli-
foit auec eux, ils le porterent à diftribuer
des Thefes fur le fujet de la Predeftination,
dans lefquelles les Propofitions de Ianfenius
eftoient finement & delicatement employées.
Vn Religieux du mefme Ordre fut propofé
pour les fouftenir. Et afin de donner quelque
efclat à leur doctrine, & faire triompher leur
Grace victorieufe, l'on inuita quantité de
perfonnes de qualité, entre lefquels fe trou-

ua

ua defunct Monsieur d'Argenson Conseiller d'Estat, & pour lors Intendant de la Iustice en Poictou, qui aimoit ces Religieux, & par inclination, & par droict de voisinage. Les Theses furent attaquées & disputées en sa presence: Le sieur Filleau mesme, comme Docteur de l'Vniuersité, forma quelques arguments contre vne des Theses, que l'Auditoire estimoit pour lors n'auoir esté proposées, que pour donner plus de iour à la verité, & seruit de matiére de dispute en l'Escole, où les choses les plus contraires sont disputées, plustost que pour tenir lieu de resolution. C'est ce qui fit que la dispute n'aduança pas beaucoup cette nouuelle doctrine, & ne luy donna pas les aduantages que l'on esperoit en retirer.

Mais depuis vne nouuelle Escole de Theologie ayant esté establie dans vn des Conuents des Mendians, on voulut faire passer les erreurs de Iansenius pour les maximes de S. Augustin, & de S. Thomas : & pour mieux y reussir, on appella vn Professeur des Confins du Royaume pour establir cette nouuelle doctrine. Ce Docteur apres auoir regenté quelque année, proposa des Theses qui portoient pour titre : *Conclusiones Theologicæ ad mentem sancti Thomæ Doctoris Angelici.* Elles

C

furent souftenuës au mois d'Aouft de l'an 1649. auec cet artifice que fous le voile de la Predetermination Phyfique, on couuroit les erreurs de la nouuelle doctrine, touchant la Grace & le Franc arbitre. Et d'autant que tout le corps de l'Vniuerfité y auoit efté inuité, les Docteurs attaquerent fortement la fauffeté de ces Propofitions, & reduifirent le *Magifter Præfes* à ne pouuoir fatisfaire, & le laifferent dans vne telle confufion, qu'on le vit dénier des paffages de l'Euangile, defquels il ne pouuoit fe demefler. Sur tout cela parut en l'Argument qui fut propofé par vn des Docteurs, tiré du Chapitre vnziéme de S. Matthieu, où le Sauueur du monde parle en ces termes : *Væ tibi Corozain, væ tibi Bethfaida, quia fi in Tyro & Sidone facta effent virtutes quæ facta funt in vobis, olim in cilicio & cinere pænitentiam egiffent.* Car, pour foudre la confequence qu'on en tiroit, qui deftruifoit la Thefe impugnée, il refpondit que dans le paffage le mot *olim* n'y eftoit point, mais celuy de *fortè;* laquelle refponfe fut mefme fuggerée par vn Moine Bachelier en Theologie, frere de celuy qui auoit imprimé les Thefes, lequel faifoit oftentation publique du Ianfenifme. En quoy le peu d'apparence cette de refponce parut aux yeux de toute

l'Affemblée, par la feule lecture du Texte de
l'Euangile, (la queftion n'eftant plus que de
fait) qui contient le mot *olim*, quand il eft
parlé de *Corozain* & *Bethfaida*, & le mot *fortè*
n'ayant efté employé dans le mefme Chapitre de S. Mathieu, que lors qu'il eft parlé de
Sodome, en ces termes : *quia fi in Sodomis
facta fuiffent virtutes quæ facta funt in te, fortè
manfiffent vfque in hunc diem.*

Ce Regent n'ayant pas bien reüffi en fa
difpute, il fut renuoyé par les Religieux qui
l'auoient appellé, pour remplir la chaire de
leur Efcole d'vn autre eftranger, qui fe decla-
roit plus ouuertement Ianfenifte. Il fit des
leçons de Theologie l'efpace de deux ans, &
de tous fes Efcoliers il n'en trouua qu'vn qui
voulût fouftenir la doctrine qu'il auoit enfeignée. Il fit vne Tentatiue, où il commença à découurir fes opinions erronées, contre
lefquelles vn des Docteurs de l'Vniuerfité
ayant formé quelques arguments, il le pourfuiuit iufques à ce point, qu'ayant reprefenté
les deux objects differents qui fe rencontrent
dans la Paffion du Fils de Dieu, l'vn en la
perfonne de S. Pierre reniant fon Maiftre, &
fe repentant de fon peché, l'autre en celle de
Iudas vendant le fang innocent, & finiffant
fa vie par le defefpoir : & en fuitte ayant

formé la demande, pourquoy S. Pierre s'estoit recognu, & Iudas auoit perseueré en son crime : Ce Religieux, duquel on combatoit les Theses, rendit cette response, Que Iudas n'auoit point eu de Graces pour se garentir de vendre le Fils de Dieu, & l'ayant vendu, pour s'en repentir, & qu'il ne pouuoit faire autrement, sans toutefois auoir iuste sujet de se plaindre de Dieu : d'autant que se trouuant dans la masse corrompuë du peché originel, il meritoit la damnation, & Dieu n'estoit point obligé de l'en retirer. Cette response fut trouuée si injurieuse à Dieu, & si aduentageuse à Iudas pour accuser Dieu, que la Compagnie en resta scandalisée & cria Anatheme.

Ce Religieux passa de la Tentatiue à vne Dispute celebre & generale, à laquelle il inuita tout le corps de l'Vniuersité, & proposa des Theses intitulées, *Concordia sancti Thomæ cum sancto Augustino, quoad gratiam naturæ integræ, & lapsæ, efficaciam gratiæ, &c.* Ce fut au mois de May de l'an 1651. que l'on assigna le iour de la dispute. Le Recteur & tous les Docteurs s'y trouuerent, comme aussi plusieurs Religieux, vn desquels tres-celebre Predicateur, & d'vn Ordre tres-docte, attaqua l'vne des Theses, & pretendit monstrer

qu'elle eftoit Heretique, puis qu'elle eftoit
Caluiniftique, & de celles que Caluin re-
cognoift luy eftre particulieres, & differentes
de la creance de l'Eglife Romaine. Le foufte-
nant ayant nié que ce fut l'opinion de Caluin, l'attaquant cotta le paffage d'vn des
liures de l'Inftitutions dudit Caluin, & en
fit lecture publique. Ce Docteur qui prefi-
doit fe voyant confondu, & ne fachant que
refpondre pour garantir fa Thefe, refpondit
qu'il n'eftoit pas obligé de recognoiftre les
œuures de Caluin en François, & que l'on
deuoit faire lecture du texte Latin. On re-
pliqua que la verfion eftoit fidele, & que c'e-
ftoit vn efchapatoire: ce qui obligea vn des
Docteurs de fe leuer, & d'aller iufques en fa
maifon pour querir ledit liure de Caluin, lequel ayant efté apporté dans l'Affemblée, la
citation fe trouua veritable, & la Verfion
Françoife conforme au Texte Latin. Ce fut
alors que l'on commença à recognoiftre que
le Ianfenifme eftoit la creme du Caluinifme,
& que ce docte Predicateur auoit eu raifon
dans les Efcoles de faincte Oportune, où il
argumenta contre quelques Thefes concer-
nans cette nouuelle doctrine, de dire que telles Thefes eftoient *Ianfenio-Caluiniftica.*

Les Predicateurs ont fait voir dans Poi-
ctiers que la doctrine des Iansenistes
estoit celle de Caluin.

CHAPITRE VI.

CEs Theses ainsi proposées & disputées,
& confrontées auec les erreurs de Caluin, obligerent beaucoup de Predicateurs
zelés pour la defense de la veritable doctrine,
de combatre ces Propositions comme Heretiques, & de faire voir aux peuples l'intelligence qui estoit entre Caluin & Iansenius, &
que toutes les cinq Propositions estoient
tirées des Heresiarques de l'autre siecle. On
fit voir au peuple de Poictiers en diuerses
Eglises, & par diuerses Predications, que la
Proposition soustenuë par les Iansenistes,
touchant les Commandemens de Dieu, &
l'impuissance de les obseruer, estoit la veritable Heresie & opinion de Caluin, rapportée
& expliquée par Beze au liure de la Predesti-
nation, où il impute cette impuissance de
faire ce que Dieu nous commande à la cor-
ruption de la nature : Que celle touchant la
mort de Iesus Christ, que les Iansenistes nient

auoir efté pour tout le monde, croyant que
Dieu n'a pas eu la volonté de fauuer tous les
hommes, eftoit vne des erreurs, ou pluftoft
vn des blafphemes de Caluin fur le Chap. 17.
de S. Iean, & qu'il auoit puifé de Bucer en fes
Commentaires auffi fur S. Iean, & que tous
les Heretiques l'auoient ainfi vnaniment en-
feigné ; comme Beze dans le Colloque de
Mombeliard, & dans les Apologies qu'il a faites pour ce Colloque. Et de cette Propofition
fouftenuë par les Ianfeniftes, les Caluiniftes
en ont fait vn Article de Foy dans le Synode
de Dordrecht chap. 2. art. 6. dans celuy d'A-
lets tenu l'an 1610. & dans celuy de Charen-
ton tenu l'an 1623. Et il eft tout public que
Beze prefcha vn iour cette Propofition, que
Iefus-Chrift n'eftoit pas mort pour tous les
hommes, en prefence du Prince Frideric, qui
trouua cette opinion fi impie, qu'il ne la put
fouffrir, & impofa filence à ce nouueau Predicateur.

Quant à la Propofition concernant le libre
arbitre, lequel les Ianfeniftes fouftiennent
n'eftre point bleffé par la neceffité, mais par
la contrainéte feulement, & qu'il fait volontairement tout ce qu'il fait neceffairement,
pourueu que ce foit fans contrainéte ; les Predicateurs firent voir qu'elle eftoit tirée du

mefme Arfenac des Heretiques, & que Caluin l'auoit enfeignée au liure fecond de fon
Inftitution chap. 3. en ces termes : *Quand
ie dis que nous pechons neceffairement, ceux qui ne
fçauent pas diftinguer la neceffité d'auec la contrainéte, ne le peuuent fouffrir, &c.* Puis donc
que la neceffité n'ofte point à Dieu le libre arbitre, pourquoy pecherons nous moins librement,
par ce que nous le faifons auec neceffité ? Cet
Herefiarche repete encores cela mefme au
liure fecond du libre Arbitre. Luther en dit
de mefme au liure de l'Arbitre efclaue ; &
apres eux Dumoulin en fon Bouclier de la
Foy chap. 9. en parle en ces termes : *La neceffité ne repugne point à la liberté, mais la contrainéte. Ainfi Dieu neceffairement bon, eft
fouuerainement libre.* Et on fait voir, que
les Ianfeniftes ne peuuent defadoüer, que
cette opinion ne foit de Caluin; puis que Ianfenius mefme au liure de la Grace de Iefus-
Chrift chap. 21. eft demeuré d'accord par
diuerfes fois, que Caluin tenoit auffi, que la
feule contrainéte ruine le libre arbitre. Les
mefmes Predicateurs firent voir felon fainét
Thomas 1. part. qu. 29. art. 10. que le fondement des Ianfeniftes & des Caluiniftes eft
faux, & que Dieu n'a point de liberté, qu'au
regard des chofes qu'il aime fans neceffité.

Quant à cette Grace efficace triomphante & victorieuse, à laquelle les Iansenistes soustiennent que la volonté ne peut resister, dans l'estat de la nature corrompuë ; les Predicateurs de cette Ville firent voir clairement, que telle Proposition estoit tirée des Heretiques Caluinistes ; & que Caluin au liu. 2. de son Institution chap. 3. num. 10. 11. & suiuans l'auoit aussi soustenuë : & au liu. 5. du libre arbitre, où il se preuaut en deux endroits d'vn passage de S. Augustin au liu. de la Correction & de la Grace, qui a esté tres-mal par luy entendu. Le mesme Caluin sur le Concile de Trente sess. 6. attaque les Peres du Concile de Trente, qui ont definy, que *l'homme peut ne pas consentir, s'il veut, aux mouuemens du sainct Esprit. Les Peres de ce Concile se trompent*, dit Caluin en cet endroit, *en ce qu'ils ne remarquent pas la difference qu'il y a entre la grace de la regeneration, qui fortifie nostre foiblesse, & celle qui fut donnée à Adam.* Les Caluinistes ont renouuellé cette opinion dans les actes de leur Synode tenu à Dordrecht, en ces termes : *Nous asseurons que Dieu meut nos volontez par la Grace, non point comme croyent les Papistes, de telle sorte qu'il soit en nostre liberté de la suiure, ou de la rejetter.*

Les Ianseniftes introduifans cette Grace
feule efficace, ont par mefme moyen rejetté
la Grace fuffifante : & les Predicateurs ont ju-
ftifié que c'eft l'opinion de Caluin, & que les
Caluiniftes en ont fait vn Article de foy, au
Synode de Dordrecht, où ils ont declaré,
que la difference de la Grace fuffifante & effi-
cace ne deuoit point eftre receuë, par ce que
le Sainct Efprit donne à tous ceux qu'il attire,
non feulement le pouuoir, mais auffi l'effet. Et
dautant que les Ianfeniftes, pour donner
quelque authorité à leurs erreurs, & pour furprendre les plus fimples, fe publient les Difciples de S. Auguftin, & les Defenfeurs de fa
veritable doctrine, (felon qu'il auoit efté arrefté entre les Autheurs de la Cabale, en
l'Affemblée de Bourg-fontaine) les Predicateurs firent auffi paroiftre publiquement en
cette Ville, que les Herefiarques en auoient
vfé de la forte pour s'eftablir, & qu'ils auoient
voulu fe couurir, comme les Ianfeniftes, de
l'authorité de S. Auguftin. C'eft ainfi que
Melancton dans fa Déclamation fur S. Auguftin, loüe fon Maiftre Luther, & publie
hautement qu'il a fait comme renaiftre S. Auguftin dans les derniers fiecles, qu'il a refta-
bly & merueilleufement éclarcy fa doctrine,
qui depuis fi long-temps eftoit obfcurcie,

C'eſt par l'authorité de S. Auguſtin que Caluin a entrepris de combatre le Concile de Trente, & qu'il a aduancé que les Autheurs de ce Concile ne ſçauoient pas la doctrine de ce grand Sainct. Qui ne ſçait que Melancton dans l'Apologie de Luther, accuſe Meſſieurs de Sorbonne de condamner S. Auguſtin en la perſonne de Luther? il a meſme eſté ſi temeraire d'aduancer, qu'il paroiſſoit par là que dans toute la Sorbonne il n'y auoit perſonne qui euſt leu S. Auguſtin.

Le meſme Caluin, au liure du libre arbitre, & en celuy de la predeſtination proteſte, qu'il n'a rien dit de la Grace & du Libre-arbitre, que S. Auguſtin n'ayt dit en meſmes termes, & qu'il n'y a pas vne ſyllabe de different entre ſon opinion & celle de ce grand Sainct. Et c'eſt ainſi que les Predicateurs ont inſiſté, que les Ianſeniſtes ſimboliſoient auec les Caluiniſtes.

Partant ceux là n'ont-ils pas eu raiſon qui ont tiré les Anagrammes du nom de *Cornelius Ianſenius?* La premiere adjouſtant ſeulement vn *a*, porte, *Eris Ioannes Caluinus.* l'autre, ſans rien adjouſter, *Caluinus in ore ſenis:* l'autre auſſi ſans rien changer, *Caluini ſenſus in ore:* l'autre auſſi ſans aucune addition, *Eris in ore Caluinus.*

*La Confederation & vnion des Ianseniftes
auec les Caluiniftes découuerte
dans Poictiers.*

CHAPITRE. VII.

CE n'eft pas feulement par la Declaration qui fut faite en chaire par les Predicateurs, qu'on eut vne parfaite cognoiffance
de l'vnion, qui eftoit entre les Ianseniftes &
les Caluiniftes, n'y ayant qu'vne démarche
à faire des vns aux autres, comme a publié
cet Apoftat Ianfenifte & Caluinifte *La Badie,*
pour qui les Ianseniftes ont fait de fi fauora-
bles Apologies, & qui, apres auoir fait profeffion du Caluinifme à Montauban, a fait
imprimer au mefme lieu des Liures, par lefquels il juftifie, que la doctrine des Ianfeniftes touchant la Grace, le Libre-arbitre, & la
Predeftination, eft la mefme que celle des
Caluiniftes, & que luy mefme, fous le nom
de Ianfenifte auoit femé dépuis dix ans cette
mefme doctrine dans la France. Mais on a
efté confirmé dans cette verité par d'autres
tefmoignages tres-éuidens. Au mefme temps
que le Ianfenifme fut porté dans Poictiers,

on vit des femmes & des filles, qui dans les
Compagnies répandoient le venin qu'elles
auoient receu de quelques mauuais Directeurs, & se mocquoient des Indulgences &
Suffrages de l'Eglise, faisant les capables &
les esprits forts, accusoient de simplicité ceux
qui viuoient dans cette saincte creance.   Vn
iour de feste solennelle, on auoit attaché à la
porte d'vne des Eglises de cette Ville vn tableau, où ces mots estoient escrits, *Indulgen-*
ce pleniere : pour aduertir les personnes deuo-
tes du Thresor Ecclesiastique ouuert ce iour
là en ce lieu, suiuant la concession qui en
auoit esté faite par sa Saincteté : on remarqua
que quelques Dames & Damoiselles ayant
porté les yeux sur ce tableau, & en ayant leu
l'inscription, jetterent quelques sousrits, &
s'entreregardant dirent, *Voila pour attraper les*
foibles esprits ; faisant connoistre par là quel
estoit leur sentiment, touchant les Indulgences. Et quoy qu'elles ne fussent pas Caluinistes, mais frequentassent les Eglises, sans
frequenter toutefois, comme elles faisoient
quelques années auparauant, la saincte Communion, elles auoient neantmoins vne mesme
creance que ces pauures deuoyés, sur le fait
des Indulgences.

Vn Religieux d'vn Ordre tres docte &

tres-celebre, Missionnaire dans la Guyenne,
où il a laissé des marques illustres de sa pieté
& de sa haute doctrine, fit le recit au sieur
Filleau Aduocat du Roy, lors qu'il le visita
en cette Ville, d'vne chose tres-remarquable,
qui luy estoit arriuée en sa Mission. Ayant
demeuré quelques iours, dit-il, dans la
maison d'vn Seigneur de haute condition,
comme chez vn bon Catholique, & qui en
faisoit la profession, il fut estonné que ce
Seigneur luy proposa les principales maximes des Iansenistes, y esperant receuoir
de nouuelles instructions par la bouche de
ce Missionnaire, dans l'opinion que ce bon
Seigneur auoit, que telle estoit la creance
generale des veritables Catholiques. A quoy
ce Religieux ayant tesmoigné grande auersion, & en peu de mots fait connoistre l'erreur de cette doctrine, ce Seigneur luy re-
pliqua, qu'vn de ses parents Ecclesiastique,
dont il ne pouuoit douter de la probité, non
plus que de la capacité, luy auoit enseigné
ces choses, & qu'il s'en estoit rapporté à
sa suffisance, ainsi que cet Ecclesiastique eût
fait en son endroit, s'il eut esté question de
quelques poincts, ou de la guerre, ou de la
chasse, chacun estant croyable dans sa profession. Ce Religieux s'apperçeut, que l'au-

thorité du parent de ce Seigneur, & la deffe-
rence qu'il rendoit à sa doctrine, estoient des
obstacles au dessein de sa conuersion : De
sorte qu'il se contenta de luy cotter quelques
consequences qui pouuoient estre tirées de
telle creance; & particulierement, qu'il n'y
auoit point de Purgatoire ; qu'il ne falloit
point faire de prieres pour les Morts, ny
gagner des Indulgences : & obligea ce Seigneur d'escrire à celuy qui l'auoit trompé
pour auoir de luy quelque resolution sur ces
poincts, qui composent la creance des Caluinistes. Ce Seigneur executa ce qu'il auoit promis, & reçeut cette réponse de son parét Ianseniste, que la doctrine des Caluinistes touchant le Purgatoire, la priere pour les Morts, &
les Indulgences, estoit veritable; & qu'il falloit auoir les mesmes sentimens. Cela heurta
si fort ce Seigneur, qui voyoit par là l'vnion
du Iansenisme auec le Caluinisme, & que
pour estre Ianseniste, il falloit estre Calui-
iste; qu'incontinent apres la réponse reçeuë, il
monta à cheual, & fit vingt lieuës de chemin
dans la Guyenne, pour trouuer le Pere Missionnaire, auquel il fit mille actions de graces de l'auoir détrompé, & en suitte detesta
vne doctrine si pernicieuse, & qui estoit si
estroittement attachée à celle de Caluin.

Cette vnion des Ianseniftes auec les Caluiniftes a paru clairement & a la veüe d'vne petite ville d'Anjou, en laquelle des Preftres Profeffeurs propoferent des Thefes compofees des opinions de Ianfenius, contre lefquelles, ceux qui formerent des arguments pour les combattre, s'attacherent à monftrer que c'eftoit l'opinion des Caluiniftes : & comme les textes pour le iuftifier ayant efté alleguez, l'affaire fut rendue toute claire & euidente, vn Officier de la R. P. R. qui eftoit prefent à la difpute, fe leua, & affeura que les Thefes que l'on combattoit, contenoient l'opinion des Caluiniftes, & que le Confiftoire de leur Religion deputeroit vers ces Meffieurs, pour les remercier, de ce qu'ils auoient fouftenu la mefme doctrine dont ils faifoient profeffion.

Ie ne doute point, que s'il fe fut trouué des Officiers de la R. P. R. dans la ville capitale de l'Anjou, ils euffent fait paroiftre pareils remercimens aux Preftres Profeffeurs qui propoferent des Thefes le 17. Iuillet de l'an 1652. qui portoient le titre, *Thefes felectæ ex Philofophia Chriftiana & prophana*, lefquelles on fit voir fi euidemment fimbolifer auec le Caluinifme, que ceux qui les foûtenioent, pour faire perdre l'opinion que tous

les

lès Auditeurs auoient conçeu, qu'ils auoient
ſouſtenu des Hereſies, publierent vne petite
Apologie, intitulée : *Theſes morales ab ipſo
Auguſtino vindicate.* Et ſur la fin de cette
Apologie, quand ils parlent de la Bulle du
Pape Vrbain VIII. donnée en conſequence
de celle de Pie V. Ils témoignent aſſez
quelle eſt l'eſtime qu'ils en font, par ces paroles, *Scitis quid Illuſtriſſimus Archiepiſcopus
Mechlinenſis & Illuſtriſſimus Epiſcopus Ganda-
aenſis reſponderint.*

I'adjouſte que ceux qui tiennent le party
des Ianſeniſtes, ont diſtribué en cette Ville vn
liure intitulé, *Villicationis ſuæ de medio anima-
rum ſtatu ratio, Epiſcopo Chalcedonenſi reddita,
à Thoma Anglo ex Albijs Eaſtſaxonum, Pariſijs
anno Domini 1653.* Ils luy donnent cours, &
s'intereſſent à ce qu'il paroiſſe à la veuë des
plus doctes. Ce qui fait voir quelle eſt leur
creance touchant le Purgatoire, la priere
pour les Morts, & les Indulgences.

I'aurois découuert les Hereſies de ce Liure
diſtribué par les Ianſeniſtes, ſi ie n'eſtois aſ-
ſeuré de bonne part qu'on eſt ſur le point
de publier vn ouurage en cette Ville, qui
les fait voir clairement, ce qui pourra tres-
bien ſeruir d'Antidote au poiſon que les Ianſeniſtes ont diſtribué par le ſtile d'vn Eſcri-

D

uain déguisé, & qui a emprunté le nom d'vn Estranger.

Enfin pour vne preuue recente de l'intelligence, & de la confederation qui est entre les Ianseniftes & les Caluiniftes, & dont nous auons esté asseurés par vne personne tres-docte, & bien cognuë dans la France & dans l'Italie, je me contenteray de transcrire icy la Lettre, que ce personnage digne de foy, & qui rapporte ce qu'il a pleinement aueré dans son voyage, a escrit au sieur Filleau, dattée de Paris le 4. Decembre 1653. en ces termes:

Monsieur,

I'ay reçcu les voftres par N. qui m'ont donné grande satisfaction, pour recognoistre toufiours de plus en plus voftre zele pour la cause de Dieu. Ie vous prie toufiours de continuer. Vous auez vn beau champ contre les Ianseniftes, defquels i'espere que les suppofitions, menfonges & calomnies paroistront auec le temps. Leur confederation auec les Caluiniftes est assez manifefte par les longues conferences qu'ils ont euës reuenant de Rome auec les Miniftres de Schafouze, Zurich, Bafle, Geneue ; les festins où ils ont traitté les Miniftres, & ont esté traittés, & par la suite des Predications desdits Miniftres,

dépuis leur départ, & Synode tenu à Zurich.
Ie ne vous en escriray pas dauantage, puis
que vous commencez à les cognoistre par les
pieces qu'ils joüent à Poictiers, & N. vous
en pourra instruire, comme ayant veu à Rome & par deça leurs procedures. Il vous en
peut entretenir tout au long, & vous asseurer
de mon tres-humble seruice, comme de celuy
qui est, & sera toute sa vie

Monsieur   Vostre tres-humble & tres-
                    obeissant Seruiteur N.

De Paris ce 4. Decemb. 1653.

Celuy des Iansenistes qui a dépuis peu
de iours pris pour sujet de sa boufonnerie,
l'Almanach intitulé *La Desroute des Ianse-*
nistes, qui a traitté vne matiere digne de
respect & d'vn stile serieux, burlesquement,
ridiculement & d'vne façon fort extraordinaire, pour ceux qui ne parlent, & ne doiuent parler que par les mouuemens du sainct
Esprit; qui a par ce moyen profané des poincts
de foy, par vne raillerie bien esloignée de la
pieté de S. Charles Borromée, qui ne lisoit
iamais la saincte Escriture, qu'estant proster-
né à genoux; qui a tellement voulu rendre
par ses Vers Burlesques la matiere de la Gra-

ce, du Libre arbitre & de la mort d'vn Dieu-
homme, le sujet de risée & de facetie, qu'il
ne restoit plus que d'en faire le recit dans
l'Hostel de Bourgogne; celuy-là, di-je, a voulu faire part de son ouurage sacrilege au sieur
Filleau, & luy a enuoyé par la Poste vn pacquet, dans lequel estoient deux de ses liurets,
sans les auoir accompagnés d'aucune Lettre,
qui peût faire cognoistre son nom.

Or par ces Vers Burlesques il paroist que
les Iansenistes n'ignoroient pas le bruit, qui
couroit de cette confederation auec les Caluinistes, & pour éluder cette verité, il a voulu
la tourner en raillerie, lors qu'en la page
penultiesme il a escrit ces deux vers :

Dépuis peu six ont fait festin
Auec le Ministre Aubertin.

Il auoit deu adjouster deux autres Vers,
qui fissent mention des festins publics, faits
reciproquement par les Deffenseurs de la
doctrine de S. Augustin, auec les autres Ministres de Schafouse, Zurich, Basle & Geneue. Mais comme il n'y a rien qui offense si
fort qu'vn reproche veritable, il a obmis à
dessein cette plainte que l'on fait contre les
Iansenistes, d'auoir esté regalés par lesdits
Ministres, ce qui n'a peu se faire sans vne secrette intelligence. De sorte que lors qu'ils

diront leur Breuiaire, qu'ils ne prononcent
point, s'ils ne veulent dementir la verité, le
verset du Prophete Royal Psal. 24. *Innocentes
& recti adhæserunt mihi, quia sustinui te.* Au
contraire celuy qui sera esloigné de leurs erreurs, & qui ne voudra point participer à leurs
funestes confederations, chantera confidem-
ment, & auec esperance de recompense eternelle, *Non sedi cum concilio vanitatis, & cum
iniqua gerentibus non introibo, odiui Ecclesiam
malignantium, & cum impijs non sedebo. Ps. 25.*

---

*Le peu de respect que les Iansenistes ont rendu
au tres-sainct Sacrement à Poictiers.*

CHAPITRE VIII.

MEssire Henry-Louis Chasteigner de
de la Rochepozay cy-deuant Euesque
de cette ville, voulant faire rendre quelque
respect exterieur au Tres-sainct Sacrement
de l'Autel, & sa pieté ne pouuant souffrir
qu'il fut porté aux malades auec si peu de reuerence, comme l'on auoit fait iusques alors,
fit publier vne Ordonnance, par laquelle il
exhorta tous ses Diocesains à l'accompagner
par les ruës, leur eslargissant pour chaque

fois vne Indulgence de 40. iours. Ce fut ainſi
qu'il reueilla la deuotion des Habitans de la
Ville enuers cet auguſte Myſtere, & deſlors
on commança à voir des Proceſſions entieres
par les ruës, où cet adorable Seigneur eſtoit
porté par les Preſtres iuſques dans les mai-
ſons des malades. Les perſonnes de toutes
conditions, ſexe & aage embraſſerent cette
deuotion : mais on n'y a veu aucun de ceux
qui font profeſſion du Ianſeniſme, ou qui ſont
ſoubçonnés d'eſtre enueloppés en cette erreur; iuſques là meſme, qu'vn d'eux, proche
voiſin d'vne Egliſe parroiſſiale, n'eſt iamais
ſorty de ſa boutique, pour accompagner ſon
Maiſtre, qu'il voyoit deuant ſa maiſon.

Ce n'eſt pas ſeulement en cela qu'on a juſtifié le peu de reſpect qu'ils portoient au tres-
ſainct Sacrement de l'Autel, mais auſſi en
ce que ceux de cette ſecte, quoy qu'ils aſſiſtent
à la ſaincte Meſſe, & qu'à l'exterieur on ne les
puiſſe reprendre d'immodeſtie (comme ils
ſont curieux, à l'exemple des Scribes & Pha-
riſiens, de compoſer leur contenance exterieure) on ne les a point veu s'approcher de
la ſaincte Table, & participer, comme les autres Catholiques, à la ſaincte Euchariſtie.
Peut-eſtre ſont ils inſtruits de ſuiure la nouuelle doctrine contre la frequente Commu-

nion; peut-eftre l'imagination de leur penitence non accomplie, ou la fauffe humilité à
s'eftimer indignes de s'approcher de ce redoutable, mais tres-amoureux Sacrement, les en
efloigne: comme fi Dieu demandoit de nous
vne preparation & vne dignité qui réponde
auec égalité à la grandeur de ce haut Myftere.
Ils veulent imiter fans doute ceux dont l'Autheur du liure de la frequente Communion
parle en fa preface. Il dit hautement en cet
endroit, qu'à 25. lieües de Paris il y a des
perfonnes qui fouffrent non feulement qu'on
leur retranche la Communion du Fils de
Dieu, mais qui veulent eux-mefmes en eftre
feparés, où ils fuiuent les erreurs du defunct
Abbé de fainct Cyran, preferant la Communion fpirituelle à la Sacramentale, la publiant
pour plus faincte & remplie de plus de graces.

Et ce qui furpaffe la creance ordinaire, &
qui a caufé vn grand fcandale en cette Ville,
c'eft la deffenfe qu'vn des premiers Emif-
faires du Ianfenifme a voulu faire, d'ofter le
chapeau, lors qu'on nomme le Tres-fainct Sacrement de l'Autel. Ce qui parut le 25.
Aouft de l'an 1647. lors que cét homme Ecclefiaftique feculier faifoit le Catechifme
dans l'Eglife d'vne Communauté de Filles
Religieufes, pour l'inftruction de quelques

petits enfans du voiſinage, qu'il y auoit aſſemblés. Car ayant par diuerſes fois nommé
le ſainct Sacrement de l'Autel, vn Officier
du Siege Preſidial, qui ſe trouua preſent, oſta
le chapeau auſſi-toſt, auſſi-bien que tous les
aſſiſtans, ſuiuant la loüable couſtume obſer-
uée en cette ville de Poictiers, de rendre ce
culte exterieur au tres-ſainct Sacrement, comme il eſt rendu au nom de Ieſus. Ce qui de-
pleut à ce Catechiſte, & luy fit dire d'vn ac-
cent aſſez rude, qu'il ne falloit pas ſe découurir à la prononciation du S. Sacrement, &
que l'Egliſe n'approuuoit cet acte de culte
exterieur, qu'à la prononciation du nom de
Ieſus. Ce qui cauſa vn ſi grand ſcandale dans
les Auditeurs, & dépuis dans toute la Ville,
que la choſe eſtant venuë à la cognoiſſance
de defunct Monſeigneur l'Eueſque de Poictiers, & que ledit Seigneur eut appris le danger éuident où cet Eccleſiaſtique pouuoit
jetter cette Communauté Religieuſe par ſa
mauuaiſe doctrine, & qu'il auoit meſme compoſé des oraiſons particulieres, qu'il diſoit à
haute voix dans l'Egliſe de ces Filles és iours
de l'expoſition du Tres ſainct Sacrement, laiſſant l'oraiſon ordinaire, dont l'Egliſe vniuerſelle ſe ſert en telle action, enfin il luy oſta la
direction de cette maiſon, & l'obligea de ſe

retirer hors de fon Diocefe.

On confulte le Sindic de la faculté de Theo-
logie de Paris, fur le fujet des nouuel-
les opinions de Ianfenius , le-
quel fait refponfe.

CHAPITRE IX.

CEtte diuifion d'efprits , qui paroiffoit
dans Poictiers , pouuoit caufer quelques partialités dangereufes & prejudicia-
bles à l'Eglife , & au feruice du Roy. Car il
n'y a rien qui anime dauantage les cœurs que
l'intereft de la Religion : il rend les Peres ennemis des enfans ; il diuife les familles : il
porte le diuorce entre ceux que le lien naturel ou ciuil auoit rendu plus eftroittement
vnis. C'eft ce zele de Religion qui a fait voir
au dernier fiecle *caftra ex vna parte contraria,*
& parentum liberorumque Sacramenta diuerfa.

Pour empefcher que cette contention d'o-
pinions & de fentimens fi differens , n'alte-
raft enfin le repos public , & donnaft quelque
atteinte à l'vnion qui eftoit auparauant entre
les concitoyens , le fieur Filleau , qui auoit
veu naiftre depuis quelques années cette

contention d'esprits dans les disputes, estima
estre obligé d'en rechercher le remede en
qualité d'Aduocat du Roy, qui l'attache à
procurer le calme dans les interests publics.
Et comme la Sorbonne de Paris est l'Oracle
des verités Catholiques, il estima ne pouuoir
mieux reüssir dans son dessein, que s'addres-
sant à cette celebre Compagnie, dans laquelle, comme dans vn Ocean de doctrine, il puis-
seroit les decisions importantes de cette matiere contentieuse. Il escriuit donc à Monsieur Hallier, qui estoit pour lors Sindicq
de la faculté de Theologie de Paris, & le pria
instamment, de luy declarer quelle estoit la
creance generale, touchant les Propositions
que les Iansenistes auoient mises en auant,
lesquelles ils attribuoient à S. Augustin, comme à leur source primordiale. Sur quoy Monsieur Hallier fit response audit sieur Filleau,
en la forme qui s'ensuit.

Monsieur,

Ie loüe extremement vostre zele contre
les noüueautés des doctrines qui courrent à
present. Et ie vous asseure que les deux tiers
& dauantage de la faculté de Theologie de
Paris sont bien de mesme aduis que vous, &
deplorent la diuision & partialités, que cau-

fent telles doctrines nouuelles, & ne font pas
fans crainte , qu'elles ne degenerent en vne
Herefie manifefte , & Schifme tres-dange-
reux. Nous receûmes en noftre faculté auec
refpect la Bulle d'Vrbain VIII. contre le
liure de Ianfenius. Nous auons autre-fois
condamné quantité de chefs contenus en ce
Liure, dans les cenfures contre Luther, Melancton, Caluin & Michel Bajus. La faculté
en receuant la Bulle d'Vrbain, deffendit auffi
qu'on ne fouftint dans l'Efchole de Theologie aucunes des Propofitions notées par la
Bulle. Et neantmoins, la nouueauté porta
quelques Bacheliers à vouloir defendre ces
opinions. Cela fit du bruit, & obligea le Sindic, qui eftoit pour lors, d'en demander la
condemnation. La cenfure fut formée par
ceux qui auoient efté commis à la dreffer. Le
rapport en fut fait : la deliberation publique
fut empefchée par mille artifices, & la condemnation, par voye de fait : furprifes faites
en la Cour de Parlement : monopoles, crie-
ries, qui ayant abbatu le courage de plufieurs,
on fe contenta de declarer, que telles opinions n'auoient befoin de condemnation,
ayant defia efté condamnées par le Concile
de Trente, la Bulle du Pape, & les cenfures
de la faculté de Theologie. On a tafché de

viure en paix dépuis ce temps là, & on n'a
pû. Les diuisions d'Estat ont fait aprehender
quantité d'inconueniens, si on pressoit ces
Nouateurs en Religion. Soit que cette Procedure soit raisonnable ou non, elle a empes-
ché que nous ne vous puissions enuoyer
d'icy vne Censure publique de ces opinions,
qui dépuis peu ayant esté abhorrées par des
Docteurs, Bacheliers, & autres Prestres d'Hybernie, qui dresserent & signerent vn escrit,
par lequel ils protestoient de ne deffendre
jamais telles opinions ; Monsieur le Recteur
du corps de la faculté des Arts , auec trois
Doyens, ou substitués par les Doyens des facultés superieures, & quatre Procureurs des
Nations de ladite faculté des Arts, firent vn
Decret, obligeans sur quelques grieues peines lesdits Hibernois, de reuoquer leur Declaration. Nostre faculté prit leur fait &
cause , improuua le Decret de Monsieur le
Recteur, interuint pour eux en Cause à la
Cour. Les affaires sont à present en cet
estat. Si, par vostre authorité, vous pouuiez
ménager, que l'Vniuersité de Poictiers con-
demnast cette doctrine, vostre exemple pourroit animer les autres facultés, & mesme la
nostre. Ie laisse cela à vostre prudence. Vous
auez l'exemple de Nosseigneurs les Eues-

ques, qui, au nombre de plus de quatre-vingt,
ont efcrit à noftre fainct Pere le Pape, pour
le prier de condamner cette nouueauté. Ie
defirerois fort que les Vniuerfités en fiffent
de mefme. Et comme les grandes machines
font plus difficiles à émouuoir que les autres,
ie ne doute point, que noftre Faculté, plus
nombreufe fans comparaifon que les autres,
ne s'émeuft à faire quelque chofe digne d'elle.
Ie recommande cette affaire à vos bonnes
prieres, & à celles des gens de bien : & vous
puis affeurer, qu'autant que ie defire la paix
de l'Eglife, ie tâcheray felon mon petit pouuoit à contribuer à l'aduancement de ce bon
œuure. Ie fuis,

Monfieur,   Voftre tres-humble & tres-obeïffant
          feruiteur   HALLIER,
Sindic de la faculté de Theologie de Paris.

De Paris ce 23. Iuin 1651.

Au deffus de cette Lettre efcrit :

A Monfieur Monfieur Filleau , Aduocat du
Roy , & Docteur Regent és Droicts , à
Poictiers.

Les plus fenfés de la Ville de Poictiers
jugerent, qu'il eftoit à propos, de ne pas ce-
ler ce témoignage authentique d'vn perfon-

fonnage de cette qualité, lequel comme perfonne publique, n'auoit pas efcrit fur le fujet
d'vne caufe publique à vn Officier du Roy,
dont les fonctions de fa Charge le rendent
tout public, que pour publier ce qui luy eftoit
efcrit. C'eft pourquoy, pour détromper ceux
qui fe laiffoient piper en cette Prouince, à
ces noueaux Difleminateurs du Ianfenifme,
qui eftoient fi hardis, que d'aduancer dans
les Affemblées, que la doctrine qu'ils pro-
feffoient eftoit celle de la Sorbonne, on fit
diftribuer par la ville de Poictiers quelques
exemplaires de cette Lettre. Mais elle n'eut
pas pluftoft paru, que les Ianfeniftes commencerent à l'arguer de faux, & de fuppofition, fouftenans qu'elle n'auoit qu'vn nom
emprumté, fans eftre iamais partie de la
main de Monfieur Hallier Sindic. On fit voir
aux plus curieux d'entre eux l'original de la
Lettre; & cela joint aux nouuelles qu'ils re-
ceurent de leurs Sectaires qui eftoient à Paris, fit qu'ils n'eurent plus lieu d'en douter.
Alors ils changerent de batterie, & commencerent à déclamer contre ledit fieur Hallier, le qualifians Deferteur du vray party,
Sectaire des Peres Iefuites, ennemy intereffé
de la verité. Et comme l'efprit d'orgueil conduit les Heretiques, ils eurent recours à la

vanité d'vn efcrit imprimé, contenant vne
pure jactance, de fournir bien-toft la réponfe, auec vn acte de la Sorbonne, qui demen-
tiroit ce qui eftoit rapporté dans la Lettre dudit fieur Hallier. Mais tout cela eft demeuré
fans effet, foit que leur ouurage ait fait naufrage dans le Port, ou que la Grace efficace leur
ayt manqué en cette rencontre, ou qu'ils
n'ayent peu eftre predeterminés à cette
action.

---

*Les Gens du Roy arreftent à Poictiers les
entreprifes des Ianfeniftes, par le moyen
d'vne Ordonnance renduë fur
leurs remonftrances.*

CHAPITRE. X.

LA Lettre du fieur Hallier cy-deffus
tranfcritte, faifoit mention de la Bulle
du Pape Vrbain VIII. enuoyée à la Sorbonne, auec les Lettres du Roy defunct : ce qui
donna ouuerture aux Gens du Roy du Prefidial de cette Ville, de fe feruir de cette Bulle,
mefme pour arrefter le cours des entreprifes
des Ianfeniftes, qui publioient des opinions,
que le fainct Siege auoit defia condamnées.

Ayant rencontré vn exemplaire autentique
de cette cenfure, qui eft encores à prefent au
Greffe de ce Siege, ils firent leur remonftrance à celuy, qui en l'abfence du fieur
Lieutenant general & particulier tenoit pour
lors le Siege, & exerçoit la Iuftice ordinaire.
Sur laquelle remonftrance, qui fut faite par
le fieur Filleau Aduocat du Roy, les fieurs
Procureurs du Roy pour lors abfens, interuint l'Ordonnance, qui s'enfuit.

DE PAR LE ROY.

Sur ce qui Nous a efté remonftre par le
Procureur du Roy, comparant par Maiftre
Iean Filleau Aduocat dudit Seigneur : que
dans cette Ville, & autres de noftre Reffort,
quelques perfonnes fouftiennent, tant publiquement, qu'en plufieurs affemblées particulieres, les opinions de Ianfenius, touchant la Grace & le Libre-arbitre, inferées
dans fes œuures, portant ce titre, *Cornelÿ
Ianfenÿ Epifcopi Iprenfis Auguftinus*, imprimées à Paris l'an 1641. & auparauant à
Louuain l'an 1640. defendent lefdites opinions, propofent des Thefes conformes à
icelles, efcriuent & font imprimer des Liures, pour defendre & maintenir telles opinions, voire mefme dogmatifent & inftrui-
fent

fent diuerfes perfonnes dans la doctrine dudit
Ianfenius. Ce qui caufe des partialités &
diuifions entre les fujets du Roy, engendre
des fcandales publics, & met de la diffenfion
dans les efprits, auec trouble du repos public.
Ce qui ne doit eftre toleré, puis que par la
Bulle de noftre S. Pere le Pape Vrbain VIII.
en datte du mois de Mars de l'an 1642. & de
fon Pontificat le 19. confirmatiue des autres
Bulles des Papes Pie V. Gregoire XIII. &
Paul V. prohibitiues de difputer de telles matieres, contenuës fous le nom general *de
Auxilys*, il eft expreffement defendu de traitter, parler, efcrire & difputer defdites opinions, ny mefme de lire le liure de Ianfenius,
contenant lefdites opinions, que les Papes
fes Predeceffeurs auoient auparauant condamnées ; le tout fous les peines d'excommu-
nication & autres portées par ladite Bulle,
requerant luy eftre fur ce pourueu : pour empefcher le defordre public que telles nouuelles opinions ont defia caufé, & font fur le
point de caufer à l'aduenir, s'il n'y eft reme-
dié. A ces caufes, faifant droict fur le requi-
fitoire du Procureur du Roy, NOVS, con-
formement à la Bulle de noftre fainct Pere le
Pape Vrbain VIII. qui Nous a efté repre-
fentée, Auons fait inhibition & deffenfes

E

à toutes personnes de quelque estat & condition qu'elles soient, tans Ecclesiastiques Reguliers que Seculiers de nostre Ressort, de
proposer & soustenir tant en public qu'en particulier les opinions de la Grace, & du Libre-
arbitre, contenuës dans ledit liure & œuure
de Iansenius, soustenir aucunes Theses, où
lesdites opinions de Iansenius soient employées, escrire ou faire imprimer & debiter
aucun Liure au dedans de nostre Ressort, en
faueur desdites opinions, ou icelles enseigner
& dogmatiser, à peine de mil liures d'amende, & d'estre lesdites Theses & Liures lacerés
& confisqués, & de peine corporelle contre
les Imprimeurs qui auront contreuenu à nostre presente Ordonnance; de laquelle amende les Superieurs des personnes Regulieres
demeureront responsables. Permis & permettons au Procureur du Roy, de faire informer des contrauentions, si aucunes sont faites à nostre presente Ordonnance, laquelle,
afin que personne n'en ignore, sera leuë &
publiée à son de trompe, par les Cantons &
Carrefours de cette Ville, imprimée & affichée aux lieux ordinaires, & signifiée à tous
ceux que le Procureur du Roy verra estre necessaire, executée nonobstant oppositions ou
appellations quelconques, & sans prejudice

d'icelles. Mandons aux Huissiers ou Sergens
sur ce requis, de faire tous exploits en consequence & execution d'icelle, dont ils seront
requis par ledit Procureur du Roy.   Donné
& fait par Nous Iean Dupont Conseiller du
Roy, Lieutenant particulier & Assesseur criminel en la Senechaussée & Siege Presidial
de Poictou à Poictiers, l'vnisiesme iour d'Aoust
mil six cens cinquante - vn.
Signé D v p o n t, Et I. F i l l e a v,
      Messieurs les Procureurs du Roy absens.
Et au bas de l'Ordonnance est la Publica-
cation qui en a esté faite.

L'an 1651. le 14. Aoust, Ie Huißier souβigné
certifie auoir leu & publié en la Salle du Palais
& Cantons de cette ville de Poictiers, l'Ordon-
nance cy-deßus, ayant auec moy Pierre Pareau
Huche & Trompette de cette Ville. Signé Morin
Huißier, P. Pareau Huche & Trompette.

Cette Ordonnance ainsi publiée, fut suiuie d'vne obeïssance, ou volontaire ou for-
cée ; car depuis on ne fut plus si hardy que
de prescher ou enseigner publiquement les
Propositions de Iansenius, comme on faisoit
auparauant : attendu mesme que la dite Ordonnance fut signifiée à la Requeste des
Gens du Roy à tous les Superieurs des Mai-

fons Religieufes, auec proteftation, en cas
de conniuence de leur part, de les rendre ref-
ponfables de l'amende y portée. On vit en
fuitte l'Efcole eftablie dépuis peu d'années
dans vne des Maifons des Mendians deferte,
& fans profeffeur. Car celuy qui auoit leué
l'eftendart du Ianfenifme & propofoit des
Thefes, telles qu'on les a cy-deffus fpecifiées,
fe retira de la Ville, & prit party auec vn
Seigneur Ecclefiaftique de la Prouince : chez
lequel toutefois il n'a pu faire vn fi long fejour
qu'il auoit efperé, foit que ce Seigneur ait
recognu que l'entretien d'vn homme infecté
de cette mauuaife doctrine, ne luy pouuoit
eftre que defaduentageux, foit qu'il n'ap-
prouuaft pas vne opinion nouuelle, & qui paroiffoit fufpecte d'Herefie.

*Leurs Majeftés eftant en cette Ville, font
informées de ce qui s'eft paffé contre
les Ianfeniftes.*

CHAPITRE XI.

DEux mois apres la publication de cette
Ordonnance, les affaires de l'Eftat ap-
pellerent leurs Majeftés en cette Ville, où

elles pafferent vne partie de l'hyuer. Ce fejour donna le temps & l'occafion au fieur Filleau Aduocat du Roy, de conferer auec quelques-vns de Noffeigneurs les Euefques, & autres perfonnes de qualité releuée dans la Cour, des affaires du temps, touchant les entreprifes des Ianfeniftes, & l'ordre que l'on y auoit apporté : mefmes il fit cognoiftre le grand intereft que leurs Majeftés auoient de ne pas fouffrir le progrés d'vne nouuelle doctrine en cette Prouince, où les debris des Eglifes, & les funeftes ruines des lieux fainéts, eftoient des tefmoins, qui publioient affez qu'il falloit arrefter ces nouueautés dans leur naiffance, fans en attendre le progrez, qui ne pouuoit eftre que contraire à la paix de l'Eglife, & au repos de l'Eftat.

La refolution de ces conferences aboutit à ce poinét, qu'il eftoit à propos que le fieur Filleau fit entendre à la Reyne la confequence de cette affaire, & le remede qu'il y auoit apporté ; attendu que fa Majefté auoit fait paroître tant de zele, pour s'oppofer à cette Herefie naiffante, qu'elle n'auoit refufé aucune occafion, où fon authorité y auoit efté jugée neceffaire. Mais l'importance de ce que l'on deuoit traitter aupres de fa Ma-jefté, ne permettoit pas que ce fût en public.

De sorte qu'on moyenna audit sieur Filleau
le temps & la commodité, pour entretenir
la Reyne, lors qu'elle seroit seule dans son
Cabinet. Et cela ayant esté proposé à sa
Majesté, elle témoigna l'aggréer, & donna
iour. Délors ledit sieur Filleau ayant esté
introduit dans le Cabinet de la Reyne, où elle
estoit seulement accompagnée d'vne Dame,
il prit occasion d'abord de remercier sa Majesté de l'honneur qu'elle luy auoit fait cy-
deuant par le choix de sa personne, soit pour
faire inscrire les noms de leurs Majestés dans
le Registre de la Congregation du Tombeau
de la grande Reyne de France saincte Radegonde, Patrone de Poictiers ; soit aussi pour
presenter, comme il auoit fait la figure des
cœurs de leurs Majestés à la mesme Saincte.
Et prit de là occasion, en consequence du
zele qu'auoit eu saincte Radegonde, lors
qu'elle portoit la couronne en teste, d'aduancer la gloire de la Religion, par la destruction
des Infideles qui la combattoient de son
temps, de faire entendre à sa Majesté le peril
éuident où l'Eglise se trouueroit, & pareillement l'Estat, qui florit à mesure que sa puissance est employée pour les interests du Ciel, si
on permettoit que la doctrine nouuelle des
Iansenistes s'establist dans la France. Que

toute l'Europe fçauoit combien fa Majefté y
auoit témoigné de repugnance , & qu'on
pouuoit dire qu'elle auoit brifé la tefte de ce
ferpent : qu'en qualité d'Officier du Roy, il
auoit eftimé eftre obligé de fuiure fon exemple, & d'employer ce petit Rayon d'authorité
Royale , que fa Charge auoit fait reflechir
fur fa perfonne, pour preuenir les defordres
que cette Secte cauferoit vn iour dans cette
Prouince, qui auoit eu le malheur autre-fois
d'eftre le Theatre de la fureur des Caluiniftes.
Que pour y paruenir, il auoit fait fa remonftrance aux Officiers du Siege Prefidial, &
obtenu d'eux vne Ordonnance, de laquelle il
prefentoit à fa Majefté vn exemplaire , la
fuppliant tres-humblement de vouloir appuyer de fon authorité & puiffance Royale,
les foibles entreprifes du moindre de fes Officiers. Et apres auoir fommairement deduit,
ce qui eftoit contenu dans cette Ordonnance , il reçeut cette fauorable refponfe de la
bouche de fa Majefté, qu'elle aggreoit fa
Procedure, & qu'il eftoit vray qu'elle auoit
detefté cette pernicieufe doctrine, & l'auoit
euë en horreur; qu'il eût à continuer fes foins,
& que dans les occafions, où fon authorité
feroit neceffaire, qu'elle luy promettoit toute affiftance ; repetant deux fois , qu'il luy fe-

roit grand plaisir de continuer, & que sa Majesté donneroit ordre, à ce que durant son
sejour dans Poictiers, il eût facile accez aupres d'Elle. Ce que sa bonté Royale fit éxe-
cuter, & aggrea, qu'à diuerses fois ledit sieur
Filleau eut l'honneur de luy parler : & mesme
dans sa derniere audience, il obtint de sa
Majesté vn commandement au grand Pre-
uost de l'Hostel, pour empescher les jure-
mens à la suitte de la Cour.

Quelques iours apres que led. sieur Filleau eut
fait entendre à la Reyne l'importance de cette
affaire, il fut visité par le Confesseur du Roy,
qui l'asseura, que sa Majesté estoit tres-satis-
faite de sa proceddure, & l'asseuroit de sa
part, que si l'on contreuenoit à l'Ordonnance
qu'il auoit fait publier contre les Iansenistes,
il luy feroit chose tres-agreable, d'en faire les
poursuites necessaires, & où l'authorité de sa
Charge ne seroit assez grande, que celle des
Puissances superieures ne luy manqueroit pas.

Le sieur Filleau ne jugea pas à propos, de
tenir dans le secret que cette protection luy
estoit promise pour vne chose si juste. Il le
fit sçauoir à ceux qui auoient commerce auec
quelques Iansenistes, afin que dans la crainte
d'estre poursuiuis, ils desistassent d'estaller
cette fausse doctrine. Ce qui reüssit si aduan-

rageufement, que les Ianfeniftes furpris d'vne nouuelle frayeur à la veuë de la Puiffance Royale, n'oferent plus paroître fi ouuertement Deffenfeurs de ces nouuelles opinions; & plufieurs d'entre eux en diuerfes compagnies nierent eftre de ce fentiment, témoignant ainfi la fauffeté de leur doctrine, bien éloignée de la veritable qu'on publie par tout, & dont on eft preft de feeller la creance par l'effufion de fon fang.

On eft demeuré en cét eftat dépuis le depart de leurs Majeftés. Et durant les troubles derniers Dieu a fait vifiblement paroître vne protection fpeciale pour leurs Majeftés, faifant combattre les faifons & les Elements, auffibien que les hommes à l'aduantage du Roy, que le Ciel a donné miraculeufement à la France, & qu'il a fufcité, par des deffeins d'vne prouidence eternelle, pour deftruire dans le Midy de fon aage tous les ennemis de l'Eglife, comme il a fait dans l'Orient de fes iours, tous ceux qui ont efté fi temeraires, que de broüiller le repos de fon Eftat.

Ce n'eft pas que les Ianfeniftes ayent difcontinué l'execution de leurs deffeins, ou qu'ils ayent renoncé à leurs erreurs. Mais dans l'apprehenfion d'vne pourfuitte judiciaire, ils fe font tenus couuerts, & vfé d'vne plus grande retenuë qu'auparauant.

---

*La Bulle de noſtre ſainct Pere le Pape In-
nocent X. eſt enuoyée à Poictiers, au
Chapitre de l'Egliſe Cathedrale, le Siege
Epiſcopal vacant, qui la fait publier par
les Curés.*

CHAPITRE. XII.

IL faut qu'il y ayt des Hereſies, dit l'Apoſtre des Gentils, & cela eſt neceſſaire &
vtile à l'Egliſe, pour découurir ceux qui
ſuiuent les Verités Euangeliques. Mais il
n'eſt pas raiſonnable que les Hereſies mar-
chent toûjours de pair auec la ſaine doctrine.
Il faut enfin que la paille ſoit ſeparée du bon
grain, & que l'Eſpouſe legitime demeure
Maiſtreſſe dans la maiſon, la Seruante en
ayant eſté chaſſée.

C'eſt pourquoy Noſſeigneurs les Prelats
de France ayans eſcrit à noſtre ſainct Pere
le Pape Innocent X. & ſupplié ſa Saincteté,
de vouloir examiner les cinq Propoſitions
tirées des œuures de Ianſenius, telles que
les Ianſeniſtes les auoient propoſées en ce
Royaume, il donna diuerſes audiences aux

Ianfeniftes, efcouta toutes leurs raifons, auec vne patience toute extraordinaire, y employant des cinq & fix heures à chaque affemblée ; & enfin apres auoir fait faire des prieres generales à Rome, affifté du Sainct Efprit, qu'il auoit fi fouuent inuoqué, prononça dans la Chaire de S. Pierre, & en qualité de Souuerain Pontife, & de legitime Vicaire de Iefus-Chrift, l'Oracle Apoftolique, par lequel il condemna les cinq Propofitions des Ianfeniftes.

La Bulle du 31. May 1653. fut enuoyée au Roy auec vn Bref de fa Saincteté, en confequence duquel fa Majefté a fait la Declaration cy-apres inferée en fuitte de ladite Bulle, que le Chapitre de l'Eglife Cathedrale de Poictiers, le Siege Epifcopal vacant, enuoya aux Curés de cette Ville, auec le mandement en la forme qui fuit:

Sanctißimi in Chrifto Patris ac D. N. P.
Innocentij diuina prouidentia Papæ X.
Conftitutio. Qua declarantur & definiuntur quinque Propofitiones in materia Fidei.

INNOCENTIVS
EPISCOPVS
SERVVS SERVORVM DEI,

*Vniuersis Christi fidelibus salutem , &
Apostolicam Benedictionem.*

CVm occasione impressionis libri, cui titulus , *Augustinus Cornelij Ianfenij Episcopi Iprensis* , inter alias eius opiniones orta fuerit præsertim in Gallijs , controuersia super quinque ex illis ; complures Galliarum Episcopi apud nos institerunt, vt easdem Propositiones nobis oblatas expenderemus, ac de vnaquaque earum certam & perspicuam ferremus sententiam,

*Tenor vero præfatarum Propositionum est
prout sequitur.*

PRima : Aliqua Dei præcepta hominibus iustis volentibus, & conantibus secundùm præsentes, quas habent vires, sunt impossibilia ; deest quoque illis gratia, quâ possibilia fiant,

Secunda : Interiori gratiæ in statu naturæ lapsæ nunquam resistitur.

Tertia : Ad merendum, & demerendum

in ftatu naturæ lapfæ non requiritur in homine libertas à neceffitate, fed fufficit libertas à coactione.

Quarta: Semipelagiani admittebant præuenientis gratiæ interioris neceffitatem ad fingulos actus, etiam ad initium fidei, & in hoc erant Hæretici, quod vellent eam gratiam talem effe, cui poffet humana voluntas refiftere, vel obtemperare.

Quinta: Semipelagianum eft dicere, Chriftum pro omnibus omnino hominibus mortuum effe, aut fanguinem fudiffe.

NOs, quibus inter multiplices curas, quæ animum noftrum affiduè pulfant, illa in primis cordi eft, vt Ecclefia Dei nobis ex Alto commiffa, purgatis prauarum opinionum erroribus, tutò militare, & tanquam nauis in tranquillo mari, fedatis omnium tempeftatum fluctibus ac procellis, fecurè nauigare, & ad optatum falutis portum peruenire poffit.

Pro rei grauitate, coram aliquibus S. R. E. Cardinalibus ad id fpecialiter fæpius congregatis, ac pluribus in facra Theologia Magiftris, eafdem quinque Propofitiones, vt fuprà nobis oblatas, fecimus fingillatim diligenter examinari, eorumque fuffragia, tum voce, tum fcripto relata, maturè confiderauimus, eofdemque Magiftros, varijs coram nobis actis Congregationibus , prolixè super eifdem , ac super earum qualibet differentes audiuimus.

Cùm autem ab initio huiufcemodi difcuffionis ad diuinum implorandum auxilium multorum Chrifti fidelium preces, tum priuatim , tum publicè indixiffemus , poftmodum iteratis eifdem feruentiùs , ac per nos follicitè implorata Sancti Spiritus affiftentia , tandem diuino numine fauente , ad infrafcriptam deuenimus Declarationem , & Definitionem.

Primam prædictarum Propofitionum: Aliqua Dei præcepta hominibus iuftis volentibus , & conantibus , fecundùm præfentes , quas habent vires , funt impoffibilia : deeft quóque illis gratia , quâ poffibilia fiant : temerariam, impiam, blafphemam, anathemate damnatam & hæreticam declaramus , & vti talem damnamus.

Secundam : Interiori gratiæ in ftatu naturæ lapfæ nunquam refiftitur , hæreticam declaramus, & vti talem damnamus.

Tertiam : Ad merendum & demerendum in ftatu naturæ lapfæ non requiritur in homine libertas à neceffitate , fed fufficit libertas à coactione : hæreticam declaramus , & vti talem damnamus.

Quartam : Semipelagiani admittebant præuenientis gratiæ interioris neceffitatem ad fingulos actus, etiam ad initium Fidei, & in hoc erant Hæretici, quod vellent eam gratiam talem effe, cui poffet humana voluntas refiftere, vel obtemperare : falfam & hæreticam declaramus, & vti talem damnamus.

Quintam : Semipelagianum eft dicere, Chriftum pro omnibus omnino hominibus mortuum effe, aut fanguinem fudiffe : falfam, temerariam, fcandalofam : & intellectam eo fenfu, vt Chriftus pro falute dumtaxat Prædeftinatorum mortuus fit; impiam, blafphemam, contumeliofam, diuinæ pietati derogantem, & hæreticam declaramus, & vti talem damnamus.

Mandamus igitur omnibus Chrifti fidelibus vtriufque fexus, ne de dictis Propofitionibus fentire, docere, prædicare aliter præfumant, quàm in hac præfenti noftra Declaratione & Definitione continetur, fub cenfuris, & pœnis contra Hæreticos, & eorum fautores in iure expreffis.

Præcipimus pariter omnibus Patriarchis, Archiepifcopis, Epifcopis, alijfque locorum Ordinarijs, nec non hæreticæ prauitatis Inquifitoribus, vt contradictores & rebelles quofcumque per cenfuras, & pœnas prædictas, cæteráque iuris & facti remedia opportuna, inuocato etiam ad hoc (si opus fuerit) auxilio brachij sæcularis, omnino coërceant & compescant.

Non intendentes tamen per hanc Declarationem, & Definitionem, super prædictis quinque Propositionibus factam, approbare vllatenus alias opiniones, quæ continentur in prædicto libro Cornelij Iansenij. Datum Romæ apud S. Mariam Majorem, anno Incarnationis Dominicæ 1653. pridiè Kal. Iunij, Pontificatus nostri anno nono.

HI. DATARIVS. G. GVALTERIVS. P. CIAMPINVS.

Anno á Natiuitate D. N. IESV-CHRISTI millesimo sexcentesimo quinquagesimo tertio, indictione sextâ, Pontificatus sanctissimi in Christo Patris, & D. N. D. INNOCENTII diuinâ prouidentiâ Papæ X. anno nonó, die verò nona mensis Iuny, supradicta Constitutio affixa & publicata fuit in Ecclesia Lateranen. ac Basilicæ Principis Apostolorum de vrbe, nec-non Cancellariæ Apostolicæ valuis, ac in acie Campi Floræ, per me Hieronymum Macellam, sanctissimi D. N. Papæ Cursorem.

Pro D. Mag. Cursorum P. PAVLVS DESIDERIVS Cursor.

Concordat cum suo Originali. Datum Parisijs die 8ª Iuly 1653.

NICOLAVS Archiepiscopus Athenarum Nuntius Apostolicus.

Hinc ORLANDVS pro Secretario.

Inno-

INnocentius X. summus Pontifex, Propositiones quinque condemnauit; Illustrissimi Galliæ Prælati censura notarunt, Easdem Decanus, Canonici & Capitulum Ecclesiæ Pictauiensis, in Concionibus & Scholis proponi inhibent. Ne quis igitur contra nitatur; sub interminatione à corpore Christi iliminationis, & ab officijs diuinis, & concionibus habendis interdicto. Ne quis præterea opprobria intentet : Ne quis distinguat aut interpretetur : Ne quis etiam vocabula proferat, per quæ charitas omnis auellitur. Sic statutum in Capitulo die Augusti vigesimâ quintâ.

Sic signatum,

THOREAV Decanus Eccl. Pictau.

De mandato Capituli FROMAGET Scriba.

MICHELLET Secretarius.

Et d'autant que nostre sainct Pere le Pape ayant escrit au Roy, sa Majesté a fait vne Declaration pour l'execution de cètte Bulle, i'ay estimé à propos d'inserer ces pieces icy.

F

Chariſſimo in Chriſto Filio noſtro LV-
DOVICO, Francorum Regi
Chriſtianiſſimo,

INNOCENTIVS PP. X.

*CHARISSIME in Chriſto Fili
noſter, Salutem & Apoſtolicam benedictionem. Conſtitutionem, qua poſt lon-
gam accurati examinis indaginem, & Spi-
ritus-ſancti lumen publicè, ac priuatim ſæ-
pius imploratum, quid ſentiendum ſit de
quibuſdam Propoſitionibus, declarauimus,
& definiuimus, Majeſtati tuæ cum his literis mittimus. Ex ea ſententiam Catholicæ
fidei in graui hoc negotio à nobis aŭdies : nec
dubitamus quin eadem futura ſit cùm po-
pulis Chriſtianis ſalutaris, tum ſummopere
grata pietati tuæ : cùm præſertim & ipſe
per Oratorem tuum pro ſanctæ huius Sedis
ſuper his deciſione apud nos inſtiteris. Majeſtati tuæ benedictionem Apoſtolicam a-
mantiſſimè impartimur.   Datum Romæ
apud ſanctam Mariam Majorem, ſub an-*

nulo Piſcatoris, die 31. Maÿ, 1653. Pon-
tificatus noſtri anno nono.

F. FLORENTIN.

Declaration du Roy, enuoyée aux Arche-
ueſques & Eueſques de France, pour
l'execution de la Bulle du Pape
du 31. May dernier.

LOVIS par la grace de Dieu Roy de
France & de Nauarre, A nos amez &
feaux Conſeillers les Archeueſques & Eueſques de nos Royaumes, Pays & Terres de
noſtre obeïſſance, S A L V T. Noſtre S. Pere
le Pape ayant par ſa Bulle, de laquelle copie
eſt cy-attachée ſous le contre-ſeel de noſtre
Chancellerie, decidé cinq Propoſitions di-
uerſement enſeignées, & apres auoir inuoqué
le S. Eſprit, & pris les avis de pluſieurs Cardinaux, Prelats, & autres grands & ſçauans
perſonnages, decerné ce qui en doit eſtre
crû : à quoy il s'eſtoit d'autant plus volontiers
diſpoſé, qu'il auoit ſouuentes fois eſté requis
de noſtre part de le faire, afin de preuenir les
diuers maux qui en pouuoient naiſtre, ſi le
remede euſt eſté plus long temps differé : Et
le ſieur Bagny Archeueſque d'Athenes, Non-

ce de fa Sainćteté pres de noftre perfonne, nous ayant requis de fa part en nous prefentant fon Bref en datte du trente vniéme May, de faire publier ladite Bulle, & icelle executer dans l'eftenduë des Eftats que la diuine bonté nous a foûmis. Novs, qui à l'imitation des Roys nos predeceffeurs, nous glorifions bien dauantage du titre de Roy Tres-Chreftien & fils aifné de noftre Mere Saincte Eglife, que de ceux qui font communs aux autres Princes & Monarques ; ayant veu qu'en ladite Bulle il n'y a rien de contraire aux libertez de l'Eglife Gallicane & droićts de noftre Royaume, & defirans en ce rencontre donner vne marque affeurée de noftre pieté enuers Dieu, & noftre reconnoiffance de tant de graces defquelles nous luy fommes redeuables, & de noftre deuotion enuers N. S. P. le Pape. Novs vous exhortons, & neantmoins vous enjoignons, que le contenu en ladite Bulle vous ayez à faire publier & executer en toute l'eftenduë des Archeuefchez & Euefchez de noftre Royaume, Pays & Terres de noftre obeïffance. Mandons en outre à tous nos Officiers & fujets qu'il appartiendra, & qui feront par vous ou vos Promoteurs requis, de tenir la main à l'execution des prefentes, de vous ayder &

assister, sans attendre autre commandement
de nostre part, que celuy contenu en cesdi-
tes presentes. Car tel est nostre plaisir. Donné à Paris le quatriesme iour de Iuillet, l'an
de grace mil six cens cinquante-trois, & de
nostre regne l'onsiesme. Signé, LOVIS.
Et plus bas, Par le Roy, DE LOMENIE.

La Rebellion des Iansenistes contre la Bulle de nostre sainct Pere le Pape éclatte en cette ville de Poictiers.

CHAPITRE XIII.

ON esperoit que la Bulle de sa Saincteté
feroit cesser les tempestes excitées par
le vent impetueux du Iansenisme: On croyoit
auec raison qu'elle deuoit estre le brisant &
l'éceüil de cette malheureuse & infortunée
doctrine, & que ceux qui auoient si dange-
reusement vogué dans vn vaisseau, battu de
foudres & d'anathemes penseroient à se retirer dans vn port asseuré, pour n'estre plus
le joüet de la mer & des orages.

L'effet a esté tout contraire à ce qu'on
auoit esperé, & comme s'il eust esté question
d'vne defaite d'armée, qu'on eust voulu de

nouueau rallier, cherchant de nouuelles forces pour la remettre sur pied ; on veit cette
Secte superbe des Ianseniftes reprendre courage dans Poictiers, & auec autant d'infolence que de temerité, refifter à la fupreme authorité du Chef de l'Eglife, dont ils commen-
cent à difputer le pouuoir, & reuoquer en
doute l'infallibilité.

On a fçeu, qu'vn Religieux, dont ie veux
taire le nom, pour ne le pas rendre odieux &
infame à la pofterité, terniffant la candeur
de fa robe, eut la hardieffe, ou pluftoft l'infolence de proferer en quelques lieux particuliers ces paroles: *Malo errare cum Auguftino,*
quàm benè fentire cum Papa. Il dit cela mefme
en termes François à vne femme deuote, qui
en fut fi fcandalifée, qu'elle fe retira incontinant de fa direction. Vn autre fut fi aueuglé
de fa paffion, qu'il aduança ces paroles, *qu'il*
falloit eftre plus grand Theologien que Ianfenius,
pour condamner la doctrine de Ianfenius: voulant
inferer de là, que fi le Pape n'eftoit pas fi profond en doctrine que cet Euefque d'Ipre, il
ne pouuoit en eftre le Iuge.

Les plus raffinés Ianfeniftes ne s'arrefte-
rent pas à ces inuectiues, qu'ils preuoyoient
ne pouuoit feruir qu'à preparer des feux, contre ceux qui traittent outrageufement les

puiſſances, qu'ils doiuent honorer, & en effet
les gens du Roy de Poiƈtiers n'euſſent point
manqué à leur deuoir, ny laiſſé ce crime dans
l'impunité, ſi ceux qui en pouuoient dépoſer
n'euſſent point eſté ſi laſches que de trahir
leur propre conſcience, ſe laiſſant ſurprendre
aux reſpeƈts humains qui eſtoufferent les legitimes ſentimens, qu'ils eſtoient obligés d'a-
uoir pour le Pere commun des Fideles.

Ils s'aduiſerent d'vn ſtratageme aſſez groſ-
ſier, qu'on qualifia le Faƈtum d'vn procez perdu. Car ils firent imprimer, & courir dans
toutes les compagnies des feüilles volantes,
qui portoient ce titre, *Diſtinƈtion abbregée des
cinq Propoſitions qui regardent la matiere de la
grace, où l'on voit clairement en trois Colomnes
les diuers ſens, que ces Propoſitions peuuent receuoir, & les ſentimens*

> *Des Caluiniſtes, & des Lutheriens,*
> *Des Pelagiens, & des Moliniſtes,*
> *De ſainƈt Auguſtin, & de ſes Diſciples.*

Leur intention eſtoit de perſuader, ou aux
ignorans, ou aux ſçauans qui n'auoient jamais leu les œuures de Ianſenius, que la condemnation portée par la Bulle de noſtre ſainƈt
Pere le Pape, contre les cinq Propoſitions,
ne touchoit pas le ſens, dans lequel les preten-

dus Difciples de fainct Augustin les auoient fouftenuës.

Comme cette pretenduë diftinction abregée des cinq Propofitions en trois colomnes, euft paru en cette Ville, on luy oppofa la copie de la Lettre efcritte à fa Saincteté par Noffeigneurs les Euefques de France, qui juftifioit que ces illuftres Prelats s'eftoient plaints du trouble, que caufoient dans le Royaume les cinq Propofitions tirées du liure de Ianfenius. De forte, que noftre fainct Pere le Pape ayant declaré par fa Bulle qu'à l'occafion de l'impreffion du liure de Ianfenius, il y auoit eu de grandes conteftations en France, touchant les opinions de Ianfenius, qui auoient efté propofées à fa Sainceté par nofdits Seigneurs les Euefques, afin qu'il les examinaft, & en portaft vn jugement definitif, il eftoit plus qu'éuident, que le S. Siege auoit condamné lefdites cinq Propofitions, au fens que Ianfenius les auoit fouftenuës, & que les Ianfeniftes les auoient publiées. Et afin que ie n'obmette rien de la preuue du fait, i'ay voulu icy tranfcrire la Lettre des Euefques de France.

Beatiffime Pater,
　Majores caufas ad fedem Apoftolicam re-

ferre folemnis Ecclefiæ mos eft, quem fides
Petri numquam deficiens perpetuò retineri
pro iure fuo poftulat. Æquiffimæ huic Legi
obfequentes, de grauiffimo circa Religionem
negotio, Sanctitati veftræ fcribendum effe
cenfuimus. Decennium eft, ex quo vehe-
mentiffimis turbis Gallia, magno noftro mœ-
rore, commouetur, ob librum pofthumum,
& doctrinam reuerendi Cornelij Ianfenij
Iprenfis Epifcopi, Tales quidem motus fe-
dari oportebat, tum Concilij Tridentini authoritate,tum Bullæ illius,quâ Vrbanus VIII.
felicis memoriæ, aduerfus Ianfenij dogmata
pronuntiauit, & Decreta Pij V. ac Grego-
rij XIII. in Bajum edita confirmauit : atque
hujus quidem Bullæ veritatem ac robur nouo
diplomate vindicafti. Sed quia nulli figilla-
tim Propofitioni certâ cenfuræ notâ inufta
fuit, locus etiamnum aliquis quorumdam
cauillis & effugio relictus eft. Intercluden-
dum autem penitus fperamus, fi, vt precamur, Sanctitas tua, quid hac in re fentiendum
fit clarè, diftinctèque definiat. Obteftamur
ergò, vt has præfertim Propofitiones, de quibus difceptatio periculofior ac contentio ar-
dentior eft, Sanctitas tua expendat, ac per-
fpicuam & certam de vnaquáque fententiam
ferat.

I. Aliqua Dei præcepta hominibus iuftis volentibus & conantibus, fecundùm præfentes quas habent vires, funt impoffibilia : deeft quoque ijs gratia, quâ poffibilia fiant.

II. Interiori gratiæ in ftatu naturæ lapfæ numquam refiftitur.

III. Ad merendum & demerendum in ftatu naturæ lapfæ, non requiritur in homine libertas à neceffitate, fed fufficit libertas à coactione.

IV. Semipelagiani admittebant præuenientis gratiæ inferioris neceffitatem ad fingulos actus, etiam ad initium Fidei : & in hoc erant Hæretici, quod vellent eam gratiam talem effe, cui poffet humana volontas refiftere, vel obtemperare.

V. Semipelagianum eft dicere, Chriftum pro omnibus omninò hominibus mortuum effe, aut fanguinem fudiffe.

Experta eft nuper Beatitudo tua, quantum Apoftolicæ fedis, in gemini Ecclefiæ capitis errore profligando valuerit authoritas : continuò fedata eft tempeftas, atque ad Chrifti vocem & imperium venti & mare obedierunt. Quamobrem flagitamus, beatiffime Pater, vt clarâ, firmaque, de Propofitionum iftarum fenfu prolatâ fententiâ, cui etiam Reuerendus ipfe Ianfenius, morti proximus opus fuum

fubiecit, caliginem omnem difcutias, animos
fluctuantes componas, diffidia prohibeas, Ecclefiæ tranquillitatem , fplendoremque refti-
tuas.　Dùm hæc fpes mentibus noftris afful-
get, Sanctitati tuæ multos & profperos annos, fæculóque beatiffimam æternitatem Rex
fæculorum immortalis adijciat, optamus ac
vouemus.

Il n'eft pas difficile aux perfonnes intelligentes de recognoiftre , que le cayer des trois
fens n'a efté fait, que pour tromper le peuple;
qu'il choque directement l'authorité du S.
Siege ; & qu'il embroüille feulement les Propofitions condamnées.　Mais par ce qu'on y
a fait en cette Ville vne Réponfe , qui merite
d'eftre conferuée à la pofterité, i'ay jugé à
propos de l'inferer en cet endroit.

Refponfe à la diftinction abbregée des cinq
Propofitions de Ianfenius, condamnées
par le Pape Innocent X.

CHAPITRE XIV.

C'Eftoit le fentiment de toute la France
qu'il ne falloit point faire de réponfe à
la diftinction abbregée ; ou parce qu'il ne

sembloit pas, qu'elle d'euft faire impreſſion
ſur les eſprits des Fideles ; ou parce que ceux
qui l'ont faicte (diſent-ils) auant la Cenſure
des cinq Propoſitions, ayant proteſté qu'il at-
tendoient le jugement du S. Siege, & qu'ils
y acquieſceroient, On eſperoit qu'apres vne
deciſion ſi claire & ſi authentique, ils tien-
droient la parole qu'ils auoient donnée. Mais
l'obſtination où ils ſont, nous fait voir que
nos eſperances eſtoient vaines, & nous fait
prendre d'autres reſolutions, que celles que
nous auons euës iuſqu'à maintenant. Ils tirent auantage du ſilence des Catholiques, &
ſe figurant que leurs artifices ne ſont pas dé-
couuerts, ils penſent pouuoir couurir leurs
hereſies de ie ne ſçay qu'elle apparence, & le
mépris qu'ils font du S. Siege, de la feinte
obeiſſance qu'ils luy rendent. La choſe eſt allée iuſques là, que meſme trois ou quatre
Eueſques ont eſté ſurpris, & que publiant la
conſtitution Apoſtolique, ils ont tâché d'en
rompre le coup, & d'en empécher les fruicts,
ſe ſeruant de cette diſtinction, & authoriſant
les bruits que les Ianſeniſtes ont fait courir.
Ne ſeroit-ce donc pas trahir la cauſe de Dieu,
& abandonner les intereſts de l'Egliſe, que
de ſe taire plus long-temps ? Il ſeroit bien à
deſirer que les perſonnes qui ont eu part en

cette affaire & qui en fçauent toutes les particularités , entreprinfent la refutation de ce
Libelle; & ie ne doute point qu'ils ne le faffent : Mais par ce que le mal preffe, ie m'eftime obligé de faire voir en peu de mots l'effronterie, l'impofture & la foibleffe de ceux
qui l'ont donné au public.

Auroit-on iamais creu que des hommes,
qui ne fe cachent point, & dont on fçait les
noms, euffent ofé fouftenir à la veuë de toute
la terre, que les cinq Propofitions condamnées ne font pas de Ianfenius, & qu'on ne
fçauroit les trouuer dans vn liure, qui a caufé
tant de bruit pour cela mefme, & qui eft entre
les mains de tous les Curieux, & de tous les
Sçauans? eft il poffible que pour tromper le
peuple, & pour abufer de la fimplicité des
femmes, ils auancent vne chofe, dont ceux
qui fçauent lire , découuriront incontinant
la fauffeté ? Les croira-on en des chofes
éloignées & dont on ne peut auoir facilement des preuues dans les lieux où nous fommes, s'ils ont la hardieffe de dire des chofes
que l'on peut conuaincre de faux fur le
champ ? Le liure de Ianfenius tout gros
qu'il eft, eft plein de ces cinq Propofitions;
on les y rencontre par tout; & le refte femble
n'en eftre que l'ornement & l'eftabliffement.

Et certes, il paroiſt bien que le Pape en a
fait ce Iugement, puis qu'outre que cette
Diſtinction ayant (dit-on) eſté preſentée à ſa
Saincteté deuant la condemnation des cinq
Propoſitions, on n'y a point eu d'égard, ce
Libelle eſt ouuertement démenti par la Conſtitution Apoſtolique. Au lieu que ces Docteurs diſent que ces Propoſitions ont eſté
preſques toutes fabriquées à plaiſir par les ennemis de Ianſenius, & que la premiere a eſté
malicieuſement tirée hors de ſa place ; le
Papé aſſeure qu'elles ſont de cét autheur ;
& les condamne comme telles. De plus, ils
ſouſtiennent que ces Propoſitions ne ſont
foudroyées, qu'au ſens qu'elles ont parmy les
Caluiniſtes ; & qu'elles ſont orthodoxes comme les Ianſeniſtes les entendent : & le Papé
dit clairement qu'elles ſont heretiques au ſens
qu'elles ont dans le liure de Ianſenius. Car
lors que ſur la fin de la Bulle il declare que
n'ayant touché que cinq Propoſitions, il ne
pretend pas approuuer les autres opinions de
cét Autheur, il eſt éuident que ces mots, *les
autres opinions de cét Autheur*, ſont relatifs à ce
qui a eſté cenſuré : & conſequemment que
les Propoſitions cenſurées ne ſont pas ſeulement des Propoſitions du liure de Ianſenius,
mais encore les opinions de Ianſenius. On

pourroit trouuer de la difference entre les Propofitions, & les opinions de ce Liure ; & il fe pourroit faire abfolument que celles là fuffent heretiques, celles-cy eftans veritables : Mais puis que le Pape condamne les opinions de Ianfenius, il prend ces cinq Propofitions au mefme fens que Ianfenius leur donne.

Et puis, a-t'on iamais ouy dire deuant la cenfure, que ces cinq Propofitions n'eftoient pas de Ianfenius ? les Ianfeniftes les fouftenoient auec ardeur, & fe glorifioient du nom de cét homme. Quel a efté le fujet des bruits qui ont troublé l'Eglife, que ces Propofitions-là mefme au fens que ces nouueaux Reformateurs les ont defenduës ? ne leur a-t'on pas fait voir que leur Maiftre auoit puifé cette doctrine dans les liures des Herétiques ? & n'ont-ils pas ofé dire que les Heretiques ne l'eftoient pas en cela ? ce feroit à la verité vne belle chofe que tous les Euefques de France euffent preffé le Pape de porter Iugement de la nouuelle doctrine, qui diuifoit les efprits des Fideles ; & que le Pape eût fait faire tant de prieres, & tenu tant de conferences, pour condamner des Propofitions, au fens auquel elles n'eftoient pas en difpute ; & qu'il pretendift pacifier l'Eglife, ne prononçant que contre ceux qui s'eftoient defia feparés de

l'Eglife. On ne peut ignorer quel a eſté le
ſentiment de ſa Sainƈteté là deſſus : & outre
que les paroles de la Bulle rendent témoignage de ſon intention, vn Doƈteur aſſez conſiderable ayant eſté jetté dans la priſon la plus
rigoureuſe de Rome pour s'eſtre ſeruy de cette
belle Diƈtinƈtion, & pour auoir voulu inter-
preter la Conſtitution Apoſtolique en faueur
des Ianſeniſtes, eſt vne ſuffiſante preuue de
l'vſage qu'il faut faire de cette etxrauagante
ſubtilité, & du chaſtiment que meritent ceux
qui la font valoir.

En effeƈt, ils accuſent le Pape d'vne extreme imprudence, ou d'vne horrible malice ;
comme ſi abuſant du nom, & de l'authorité
que le S. Eſprit luy a donnée, il fauoriſoit le
menſonge, & tâchoit de precipiter l'Egliſe
dans l'erreur. Car ſi ce qu'ils diſent, eſtoit
veritable, que le Pape ayant approuué leur
doƈtrine, & ſçachant que les cinq Propoſitions ne font pas de Ianſenius, qu'elles ne
font Heretiques qu'au ſens qu'on leur peut
donner malicieuſement, au contraire, de ce
qu'elles ſignifient, eſtant priſes comme elles
le doiuent eſtre ; qu'elles ſont orthodoxes,
comme les Ianſeniſtes les entendent ; & que
les propoſitions contraires ſont clairemẽt
Heretiques, il n'a pas laiſſé de les condamner
comme

comme de Iansenius, apres tant de disputes,
apres ce grand bruit, apres la sollicitation des
Euesques de France, ne fauoriseroit-il pas les
Semipelagiens ? n'exposeroit-il pas des personnes innocentes, & orthodoxes aux censures des Euesques, & des Vniuersitez ; & mesme à la rigueur des Loix, dans les Estats des
Princes, qui recognoissent l'authorité du S.
Siege ? Ils diront que le Pape a declaré dépuis qu'il ne pretendoit pas condamner ces
Propositions au sens des Iansenistes : Mais
outre que ce bruit est faux, quand il seroit
veritable, il ne pourroit garantir sa Saincteté
d'vne extreme injustice, ne pouuant auoir
assez de force pour s'opposer à vne Bulle si
authentique, & ne pouuant estre creu que de
ceux qui peuuent croire toutes choses. En
effet tous les Euesques de France, à la reserue
de trois ou quatre seulement , ont reçeu la
censure des cinq Propositions, au sens que
les Iansenistes les enseignent : les Vniuersitez
ne l'ont pas entenduë autrement ; & le Roy
appuye de son authorité la condamnation de
ceux, qui par des nouueautez insupportables
jetteront enfin, s'ils peuuent, dans le trouble
ce florissant Estat, dont nous voyons, que le
repos est le fruict de tant de soins, de tant de
sang, & de tant de prieres.

G

Ils difent que le Pape n'a pas entendu condamner la doctrine de S. Auguftin , & qu'ils
n'en ont point d'autre que celle de ce grand
Docteur. Les Caluiniftes ne difoient-ils pas
celà mefme ; & cependant fe pûrent-ils defendre des Anathemes du Concile de Trente? Il n'eft pas queftion maintenant fi ces Propofitions font de S. Auguftin, ou fi elles n'en
font pas ; mais apres la decifion du fainct
Siege , elles doiuent paffer pour Heretiques,
en quelque lieu qu'elles fe trouuent. Et quand
le plus grand Docteur de l'Eglife les auroit
fouftenuës deuant cette cenfure, fon authorité ne les en garantiroit pas. Il y a peu de
Docteurs, dont il ny ayt eu des opinions condamnées par les Papes, & par les Conciles
des fiecles qui les ont fuiuis : & S. Auguftin
mefme n'a pas efté exempt de femblables
atteintes. C'eftoit le fentiment de cét excellent homme, que la Communion du corps
du Fils de Dieu eftoit neceffaire aux enfans,
pour obtenir le falut, & que mefme ils ne
pouuoient auoir la vie en eux fans cela, comme on peut voir au liure 1. des merites, & de
la remiffion des pechés chap. 20. dans le liure
de la predeftination des Saincts chap. 13. &
dans le liure 2. de l'œuure imparfaict contre
Iulien chap. 29. Et le Concile de Trente en

la feffion 21. chap. 4. canon 4. condamne
d'herefie cette doctrine, quoy qu'elle appar-
tienne à la Grace, & foit fouftenuë par fainct
Auguftin contre les Pelagiens. *Si quelqu'vn*
dit que la Communion de l'Euchariftie eft necef-
faire aux petits enfans deuant qu'ils paruiennent
à l'aage de difcretion, qu'il foit anatheme, ce font
les paroles mefme du Concile. Au refte, cet
admirable Docteur eft bien éloigné des fentimens des Ianfeniftes; & quoy que quelques
fois il dit des chofes qui femblent les fauorifer, il en dit ailleurs de toutes contraires : & il
faut l'expliquer par luy mefme , conforme-
ment à la doctrine de l'Eglife. C'eft mal
traicter S. Auguftin que de vouloir l'oppofer
aux decifions du S. Siege Apoftolique, dont
l'authorité eft infallible : & il merite qu'on
adouciffe fes Propofitions ; s'il en a auancé
quelques-vnes, qui combattent en apparence
les fentimens de l'Eglife Romaine.

Les Autheurs de ce Libelle fe couurent
auffi des fameufes Congregations *De Auxi-*
lïis, & penfent en tirer de grands aduantages.
Mais outre qu'il n'y fut rien decidé , & que
feulement on jugea à propos de moderer la
chaleur des deux partis, il ne s'y paffa rien du
tout au prejudice de la veritable doctrine.
Ceux qui voudront en apprendre l'hiftoire,

pourront la lire auec plaifir dans le liure de l'Excellent Pere Dom Pierre de S. Iofeph Fueillant. Il eft vray que Clement VIII. fembloit auoir de l'inclination pour l'opinion contraire à celle des Iefuites: mais le Cardinal du Perron luy reprefenta que c'eftoit le fentiment des Heretiques de France; Et le Cardinal Bellarmin luy dit hardiment, que le S. Efprit ne permettroit iamais que parlant à toute l'Eglife, il authorifaft cette doctrine. En effect la mort du Pape furuenant, on en demeura là. Au refte on fait tort à tout vn grand Ordre, de dire que dans ces Congregations il fouftenoit contre les Iefuites, les opinions que Ianfenius a dépuis enfeignées; & on a fait voir que les plus celebres Docteurs de cét Ordre là mefme, pretendent n'auoir rien de commun auec ces Heretiques. Ce n'eft point à moy à juger s'ils viennent à bout de ce qu'ils pretendent: mais il eft certain qu'ils font effort pour cela, & qu'ils penfent y reüffir.

Les reflexions que i'ay faites iufques icy, font affez paroiftre que tout ce Libelle a efté mal entrepris, qu'il eft plein d'impoftures, qu'il attaque infolemment & foiblement l'authorité du S. Siege: Il eft temps de confiderer en particulier les diuers fens qu'on y donne aux Propofitions cenfurées.

PREMIERE PROPOSITION.

Les Commandemens de Dieu font impoffibles aux hommes juftes, lors mefmes qu'ils veulent, & qu'ils s'éfforcent, felon les forces qu'ils ont, dans l'eftat où ils fe trouuent; & la grace qui les doit rendre poffibles leur manque.

Le fens heretique que les Ianfeniftes difent qu'on peut donner malicieufement à cette Propofition, & la prenant autrement qu'elle ne doit eftre prife.

Les Commandemens de Dieu font impoffibles à tous les juftes, quelque volonté qu'ils ayent, & quelque effort qu'ils faffent, ayant toutes les forces de la grace la plus grande & la plus efficace, & qu'ils manquent toûjours durant leur vie de la grace neceffaire pour accomplir feulement fans peché vn Commandement de Dieu.

RESPONSE.

Il eft éuident que cette Propofition ne peut s'étendre iufques à la derniere partie de ce fens heretique; & que quand on dit que quelques Commandemens de Dieu font impoffibles, on ne dit pas qu'il n'y en a pas vn feul de poffible. De plus il repugne que les Iuftes ayent en eux toutes les forces de la grace la plus

efficace; & qu'ils ne faſſent pas les choſes, à l'égard deſquelles
elle eſt efficace. Enfin les paroles de cette Propoſition ne peuuent ſouffrir ce ſens, & quand on aſſeure que quelques Commandemens ſont impoſſibles aux Iuſtes, lors qu'ils s'efforcent
ſelon les forces qu'ils ont dans l'eſtat où ils ſe trouuent, on ne
parle pas ſeulement de toutes les forces de la grace la plus
grande & la plus efficace.

Le ſecond ſens que les Ianſeniſtes donnent à cette Propoſition, & qu'ils eſtiment Orthodoxe.

Quelques Commandemens de Dieu ſont
impoſſibles à quelques juſtes, qui veulent &
s'efforcent foiblement ſelon l'eſtenduë des
forces qu'ils ont en eux, leſquelles ſont petites & foibles.

RESPONSE.

Cette Propoſition eſt condamnée en ce ſens. Car quoy qu'il
ſemble que ce qui eſt adjouſté de la foibleſſe de la volonté, &
des efforts de ces juſtes, change quelque choſe du premier ſens;
ce changement n'eſt qu'en apparence : puis que cette foibleſſe
vient de la Grace, dans l'eſtendue de laquelle ils operent. Et
conſequemment les Commandemens de Dieu leur ſont impoſſibles, lors qu'ils veulent, & qu'ils s'efforcent ſelon les forces
qu'ils ont dans l'eſtat où ils ſe trouuent. Et n'eſt ce pas ce que
la Bulle condamne expreſſement ?

Ils adjouſtent que ces Iuſtes eſtans deſtitués
dù ſecours efficace, qui eſt neceſſaire pour
vouloir pleinement, & pour faire, ils ſont pri-
ués de la poſſibilité prochaine, & complete
des Commandemens, qu'ils ne peuuent accomplir. Ils diſent que ce ſecours qui man-

que n'eſt autre choſe que la grace efficace,
par laquelle les Commandemens deuiennent
prochainement & entierement poſſibles ; ou
bien c'eſt cette ayde ſpeciale, ſans laquelle,
comme dit le Concile de Trente, l'homme
juſtifié ne peut perſeuerer.

RESPONSE.

Que tout cela eſt embaraſſé! Que voylà de paroles inuti-
les! Enfin ils aduoüent que les Commandemens ſont impoſſibles aux Iuſtes en l'eſtat où ils ſont, auec les forces qu'ils ont,
qu'ils pechent ne faiſant pas ce qui leur eſt impoſſible ; & que
la grace, qui doit le rendre poſſible, leur manque. Au reſte il
n'eſt pas vray que c'eſt à la grace efficace de faire la poſſibilité
des Commandemens, puis qu'entant que telle, elle emporte
l'operation au deſſus de la poſſibilité ; & que c'eſt de là qu'elle
prend ſon nom. Quant à ce qu'ils rapportent du Concile de
Trente, du ſecours neceſſaire pour perſeuerer ; il en faut parler
de la meſme ſorte. Car s'il eſt efficace, il prend ce nom de
l'effect qui s'enſuiura, & de la perſeuerance : au lieu que pour
pouuoir perſeuerer, il n'eſt pas neceſſaire qu'il ſoit efficace :
c'eſt bien aſſés qu'il ſoit ſuffiſant. Et de fait ceux qui ne perſe-
uerent pas, pourroient perſeuerer s'ils vouloient ; puis que c'eſt
librement & en pechant, qu'ils rompent le cours de la perſeuerance. Ce ſecours ne laiſſe pas d'eſtre ſpecial, d'autant qu'il
eſt different de la grace de la juſtification, que les Heretiques
condamnés par ce Concile, croyoient immuable ; ſoûtenant
qu'elle portoit neceſſairement la perſeuerance auec elle.

La Propoſition contraire à cette troiſieſme, que les
Ianſeniſtes ſouſtiennent eſtre Heretique
au ſens de leurs Aduerſaires.

Tous les Commandemens de Dieu ſont
toûjours poſſibles aux Iuſtes, par la grace qui

est soufmise à leur franc-arbitre, lors qu'ils
veulent & trauaillent felon les forces qu'ils
ont. Et iamais la grace, qui eft prochainement neceffaire pour rendre les Commandemens effectiuement poffibles, ne leur manque pour agir, ou du moins pour prier.

RESPONSE.

Cette Propofition eft entierement orthodoxe, pourueu qu'on
prenne ces mots, par la grace foufmife à leur franc arbitre, au
fens qu'ils doiuent eftre pris. Car ceux qu'ils accufent d'eftre
Semipelagiens, ne difent pas abfolument & en tout fens que
la grace eft foufmife au franc arbitre, qui eft fortifié, releué &
animé par elle ; mais feulement que la volonté peut ou la fuiure ou luy refifter. Et ne faut-il pas tenir cela, fi l'on fe tient à
la cenfure de la feconde Propofition, & mefme de cette premiere ?

Mais cette doctrine, difent-ils, deftruit la
neceffité de la grace efficace par elle mefme,
contre ce qui a efté definy dans les Congregations *de Auxilÿs.*

RESPONSE.

Cette objection eft captieufe, d'autant que ceux qui fouftiennent cette Propofition recognoiffent que toute grace efficace eft
efficace par elle mefme, quoy que non pas par elle mefme toute
feule. Ils difent encore qu'il ne fe fait iamais de bonnes œuures
& meritoires du Paradis que la grace, auec laquelle on les fait,
ne foit efficace: mais ils adjouftent que la poffibilité des bonnes œuures fubfifte par la grace fuffifante. Pour ce qui regarde
ces Congregations, i'ay deffa refpondu qu'il n'y fut rien decidé, & que ce qu'ils en rapportent n'eft pas authentique.

Enfin les Ianfeniftes pretendent que cette

premiere Propofition eft malicieufement tirée hors de fon lieu ; c'eft à dire qu'elle n'eft
pas dans le liure de Ianfenius au mefme fens
qu'elle paroift icy. Mais comment le peu-
uent-ils dire? puis que Ianfenius au liu. 3. de
la grace de Iefus-Chrift chap. 13. dit expreffement, *qu'il n'y a rien de plus eftably dans la
doctrine de S. Auguftin, que ce qu'il dit, que les
Commandemens font impoffibles: Et mefme que la
grace, qui pourroit les rendre poffibles, manque.
Et là mefme, que l'impuiffance d'accomplir les
Commandemens, ne fe trouue pas feulement dans
les Infideles, mais encore dans les Iuftes, & dans
les Fideles, non feulement quand ils ne veulent
pas les accomplir: mais auffi quand ils le veulent.*
Et au mefme liure chap. 15. *l'impoffibilité d'obferuer les Commandemens, qui vient du refus du
fecours fuffifant & neceffaire, n'excufe point du
peché.* Il le dit en quantité d'autres lieux, &
tafche de le prouuer autant qu'il peut. Et
n'ont ils pas raifon de fe vanter qu'en cela ils
font Difciples de S. Auguftin? Ce grand homme, au fermon 191. de temp. dit ces paroles :
*Nous auons en horreur le blafpheme de ceux, qui
difent que Dieu a commandé quelque chofe d'impoffible.* Et au liu. de la foy *contra Manich.*
chap. 9. & 10. *Qui ne crie qu'il y a de l'injuftice
de donner des Commandemens à quelqu'vn, qui*

n'a pas la liberté de les faire ? qui peut nier qu'il y a de l'iniquité de condamner celuy, qui n'a pas eu la puiſſance d'accomplir ce qui luy eſtoit commandé. Et au liu. 1. ad Simplic. il dit : (Dieu) ne commande point des choſes impoſſibles ; mais commandant il t'auertît de faire ce que tu puis, & de demander ce que tu ne puis pas.

SECONDE PROPOSITION.

Dans l'eſtat de la nature corrompuë on ne reſiſte jamais à la grace interieure.

Les Ianſeniſtes diſent qu'on peut donner malicieuſement à cette Propoſition trois mauuais ſens ; dont le premier eſt heretique, & les deux autres erronés.

Le premier ſens heretique.

Dans l'eſtat de la nature corrompuë on ne reſiſte iamais à la grace interieure & efficace, par ce que la volonté de l'homme eſt purement paſſiue à l'eſgard de cette grace, & qu'eſtant comme vne choſe inanimée, elle ne fait rien du tout, elle ne coopere, & ne conſent point librement.

RESPONSE.

Il ne s'agit pas maintenant ſi la volonté eſt purement paſſiue ou non ; ſi elle fait quelque choſe, ou ſi elle ne fait rien ; mais ſi ce qu'elle fait eu eſt ſa liberté, & ſi quelque fois elle ne le fait pas reſiſtant à la grace. Le Pape declare que c'eſt vne Hereſie de dire qu'elle ne reſiſte iamais à la grace interieure ; & le

reſte n'eſt compris dans la cenſure, que par vne conſequence
euidente, & neceſſaire : mais non pas en termes formels, comme la premiere partie.

Le ſecond ſens erroné.

Dans l'eſtat de la nature corrompuë on ne
reſiſte iamais à la grace interieure, priſe pour
vne ſimple lumiere, que Dieu donne à l'entendement & pour vne ſollicitation qu'il fait
à la volonté.

RESPONSE.

Ils pouuoient bien dire que ce ſens eſt heretique, auſſi bien
que l'autre; mais ils apprehendoient qu'on leur fiſt voir que
c'eſt le meſme que celuy qu'ils ſoûtiennent. Il n'y a que quatre
ſortes de graces, dont il peut eſtre queſtion icy. La premiere,
eſt vne lumiere donnée de Dieu; la ſeconde, vne ſollicitation de
la volonté; la troiſieſme, la grace de la juſtification, ou comme dit S. Auguſtin, de la remiſſion des pechez, ou toute autre,
qui opere phyſiquement comme celle là, & qui releue l'action
à vn ordre ſurnaturel & diuin; la quatrieſme, l'operation meſme. Cependant on ne reſiſte pas, à proprement parler, à la grace
de la juſtification, ny à aucune autre ſemblable : d'autant que
ce n'eſt pas elle qui nous pouſſe, ny qui nous preſſe; & il eſt
impoſſible de reſiſter à l'operation, ou n'operer pas lors qu'on
opere. Reſte donc que ſi on ne reſiſte iamais à la grace, ce ſoit
à la lumiere donnée à l'entendement, & à la ſollicitation de la
volonté, qu'on ne reſiſte iamais.

Le troiſieſme ſens erroné.

Dans l'eſtat de la nature corrompuë on ne
reſiſte iamais à la grace interieure de Ieſus-
Chriſt, quant à l'effet, auquel elle diſpoſe
lors qu'elle eſt encore foible, & ne donne
qu'vne volonté commencée.

RESPONSE.

Ce sens est erroné en effet ; mais le Pape ne peut auoir eu dessein de le condamner dans cette Proposition, dont les paroles n'en disent rien. Et puis, il n'est pas question si l'on resiste à la grace, quant à l'effet qu'elle ne peut, ny ne doit operer, tel qu'est celuy, auquel elle dispose, & pour lequel il faut auoir vne autre grace, dont on pourroit également disputer, si quelque fois on luy resiste ou non.

Le sens que les Iansenistes donnent à cette seconde Proposition.

On ne resiste iamais à la grace de Iesus-Christ, qui est précisement necessaire pour chaque œuure de pieté, & iamais elle n'est frustrée de l'effet pour lequel il la donne.

RESPONSE.

La Proposition condamnée n'a point d'autre sens que celuy-cy auquel elle ayt esté condamnée. Car si iamais la grace necessaire pour agir n'est frustrée de son effet, & si iamais on ne luy resiste, tout le bien qu'on ne fait pas, est impossible, & on manque de la grace qui est necessaire pour le rendre prochainement possible. Lors qu'ils disent qu'elle n'est iamais frustrée de l'effet pour lequel Dieu la donne, ils pretendent que Dieu ne peut la donner que pour les effets qu'elle produit. Et cependant qui ne sçait que Dieu se plaint qu'attendant des fruits de sa vigne, il en est priué; & qu'ayant voulu couurir de ses aisles les enfans de Ierusalem, ils ont mesprisé sa bienueillance & son amour ?

Proposition contraire à la seconde, que les Iansenistes soustiennent estre heretique.

Dans l'estat de la nature corrompuë on resiste quelque fois à la grace de Iesus-Christ, qui est necessaire à chaque action de pieté,

foit pour agir, foit du moins pour prier; c'eft
à dire que cette grace eft quelque fois priuée
de l'effet, pour lequel elle eft precifément
donnée de Dieu.

RESPONSE.

Cette Propofition eft entierement orthodoxe, & la cenfure
de la feconde Propofition ne peut fubfifter que celle-cy ne foit
Catholique; d'autant que s'il eft heretique de dire qu'on ne refifte iamais à la grace, il faut que ce foit quant à l'effet que Dieu
pretend, & qu'elle doit operer: Et confequemment, il eft neceffaire que quelque fois on luy refifte quant à cét effet là mefme. Il eft vray que fur ce mot, precifement, on pourroit faire
quelque difficulté, hors de propos, & de nulle confequence.
Car outre l'effet que la grace doit operer, & qu'elle n'opere pas,
Dieu peut pretendre à l'occafion de la defobeiffance de la crea-
ture d'autres effets & d'autres fuites, qui luy font glorieufes,
& qui ne manquent point: mais il eft éuident qu'il ne s'agit
point icy de cela, & qu'à proprement parler ce n'eft pas l'effet
de cette grace. Il n'eft pas veritable que cette doctrine deftruife
la force & la vertu efficace de la grace de Iefus-Chrift, ny que
cette grace efficace eftant neceffaire à chaque bonne action, elle
le foit auffi à la poffibilité de chaque bonne action. Les Congregations *de Auxilÿs* n'ont rien definy de contraire à cela; outre que, comme i'ay dit, il ne s'y eft rien decidé en cette matiere, & les Papes penferent feulement à temperer l'ardeur des deux
partis. Et ne leur fied il pas bien de citer fi fouuent ces Congregations *de Auxilÿs:* A eux, dis-je, qui mefprifent les ordres
qui y furent donnez, taxant d'Herefie la doctrine, qui y fut
mife à couuert de ce reproche? s'ils repartent que nous faifons
le mefme à leur efgard, ces ordres portant que nul des deux
partis ne traiteroit l'autre de cette forte. Ie refpons à cela premierement que tout le monde n'eft pas d'accord que les opinions qui eftoient alors en difpute, foient abfolument les mefmes que celles de Ianfenius; & que ceux qui y ont le principal
intereft, fouftiennent le contraire. Ie dis en fecond lieu que
quand ce feroient les mefmes opinions, les defences, qui furent
données de ce temps là, n'auroient point de force maintenant

contré nous, le Pape ayant declaré la Doctrine, que nous com-
battons, heretique.

Enfin ils fouſtiennent que cette ſeconde
Propoſition a eſté fabriquée & expoſée à la
cenſure. Mais en quelle conſcience le peu-
uent-ils dire, & auec quelle hardieſſe le peu-
uent-ils aſſeurer? Ianſenius au liu. 2. de la
grace de Ieſus-Chriſt chap. 4. dit expreſſement, *qu'il n'eſt pas au pouuoir du libre arbitre,
de conſentir à la grace efficace, & de la rejetter.*
Il dit ailleurs en diuers lieux, comme au liu. 3.
de la grace de Ieſus-Chriſt chap. 1. *qu'apres
la cheute d'Adam on ne donne point de ſecours, qui
ne ſoit efficace : & que c'eſt eſtre Semipelagien
d'admettre vne grace auec laquelle on puiſſe operer
ſi on veut, ſans operer effectiuement.* Et au liu.
2. de la grace de Ieſus-Chriſt c. 4. *Le ſecours
de la grace deuant la cheute d'Adam dépendoit
de la volonté; mais dépuis il n'eſt point ſujet au
libre arbitre.* Et au liu. 2. de la grace de Ieſus-
Chriſt chap. 5. & autres ſuiuans. *Les Semipelagiens eſtoient Heretiques en ce qu'ils diſoient
que la grace eſtoit telle, que la volonté humaine
pouuoit luy reſiſter.*

S. Auguſtin, du nom duquel ils ſe couurent, eſt bien eſloigné de cela au liu. 2. *de
ſpir. & lit. c. 34. Dieu (dit-il) fait par perſua-
ſions, que nous voulions; mais c'eſt à la volonté de*

donner confentement, ou de le refufer. Et au liu.
de grat. Chr. c. 4. Qui ne voit qu'il dépend de la
liberté de la volonté que quelqu'vn, vienne au Pe-
re, ou qu'il ne vienne pas. Et au liu. de prædeſt.
& grat. c. 15. comparant Nabuchodonofor &
Pharaon, il en parle de la forte : *Ils eſtoient tous*
deux Roys, tous deux miſericordieuſement aduer-
tis par les fleaux. Quelle choſe a donc fait que
la fin de l'vn a eſté different de la fin de l'autre,
ſi ce n'eſt le gemiſſement de l'vn, & que l'autre a
combattu par le franc arbitre la miſericorde de
Dieu?

TROISIEME PROPOSITION.

Pour meriter & demeriter dans l'eſtat de la
nature corrompuë, il n'eſt pas requis que
l'homme ſoit libre d'vne liberté qui l'exempte de la neceſſité de vouloir ou d'agir,
mais il ſuffit qu'il le ſoit d'vne liberté, qui
le dégage de la contrainčte.

Les Ianfeniſtes difent qu'on peut donner malicieu-
ſement à cette Propoſition ce ſens heretique.

Pour meriter & demeriter dans l'eſtat de
la nature corrompuë, il n'eſt pas requis que
l'homme ſoit libre d'vne liberté qui l'exempte
de la neceſſité naturelle, telle meſme qu'el-

le se trouue dans les mouuemens indeliberés, mais il suffit qu'il soit seulement deliuré de la contraincte.

RESPONSE.

Il est vray que ce sens est heretique: toutes-fois la censure va plus loing. Car non seulement elle exclud la necessité naturelle, c'est à dire, celle qui ne souffre point l'exercice du jugement & de la raison; mais absolument la necessité de vouloir & d'agir; & declare que ce n'est point assés d'estre desgagé de la contraincte.

Le sens que les Iansenistes donnent à cette Proposition, & qu'ils soûtiennent comme Orthodoxe.

Pour meriter & demeriter dans l'estat de la nature corrompuë, il n'est pas necessaire que l'homme soit dans vne liberté, qui l'exempte d'vne infallibilité, d'vne certitude necessaire; mais il suffit qu'il ayt vne liberté qui le deliure de la contraincte, & qui soit accompagnée du jugement, & de l'exercice de la raison; quoy que dans l'estat ou nous sommes en cette vie, nous nous trouuons dans cette indifference, par laquelle la volonté, lors mesme qu'elle est couduite par la grace efficace par elle mesme, peut ne vouloir pas. Cela toutesfois est en telle sorte, qu'il n'arriue iamais qu'elle ne veuille pas, estant actuellement secouruë de cette grace.

RESPON-

RESPONSE.

Ce font des paroles que tout cela; encores font elles bien obfcures, & ne feruent qu'à embrouiller la Propofition, qui ne laiffe pas de fignifier la mefme chofe. Car fi cette certitude & cette infaillibilité, dont il n'eft pas neceffaire que la liberté nous exempte, eft fondée fur le principe qui produit & qui precede l'operation ; il eft éuident que c'eft la mefme chofe, que la neceffité naturelle, que les heretiques fouftiennent pouuoir fubfifter auec la liberté qui eft neceffaire au merite; ou par laquelle ils deftruifent toute veritable liberté. Au contraire fi cette infaillibilité ne vient que de l'action mefme, il n'eft pas neceffaire qu'on en foit exempt pour eftre libre ; d'autant qu'il eft impoffible que quand on agît mefme auec l'indifference & librement, on fe porte au contraire de cette operation, ou que l'on n'agiffe pas. Mais ce n'eft pas ce que les Ianfeniftes veulent dire ; puis qu'ils adjouftent que c'eft affez d'eftre exempt de contraincte, pour eftre libre ; quoy que la Bulle condamne cette Propofition en termes formels. Auffi a t'elle des fuites eftranges. Car fi elle eftoit veritable; où il n'y auroit point de liberté, ou tout ce qui fe fait volontairement feroit libre, les feules puiffances exterieures pouuant eftre contrainctes ; & tous les actes de la volonté partants d'elle, en forte qu'ils ne peuuent eftre forcez. Ils difent bien qu'il faut que le jugement & l'exercice de la raifon accompagne la volonté, afin qu'elle foit libre. Mais il importe peu que la volonté foit accompagnée de cet exercice ou non, fi dailleurs il eft impoffible qu'elle fe porte au contraire de ce qu'elle fait, & fi elle n'eft pas maiftreffe de fon operation; puis qu'il eft heretique de dire que la liberté, qui eft neceffaire pour meriter & demeriter ne doit pas exempter la volonté de la neceffité de vouloir, & que c'eft affez qu'elle ne foit pas contraincte.

Ce qu'ils difent qu'à raifon de l'eftat de cette vie la volonté eft dans l'indifference, mefme eftant conduite par la grace efficace, peut ne vouloir pas, ne s'accorde point bien auec ce qu'ils affeurent que la grace efficace eft neceffaire pour vouloir, & qu'elle eft infurmontable. Enfin ce qu'ils adjouftent que iamais il n'arriue qu'elle ne veuille pas eftant fecouruë de cette grace, eft expreffement condamné dans la cenfure de la feconde Propofition. Car le Pape ne declare pas feulement qu'il eft

H

heretique de dire qu'on n'y peut resister; Mais encore, pour obuier à ie ne sçay qu'elles subtilitez extrauagantes que l'on peut faire sur la possibilité d'agir & de n'agir pas, il condamne d'heresie celuy qui diroit que iamais on n'y resiste.

La Proposition contraire à la troisiesme que les Iansenistes font passer pour heretique.

Pour meriter & demeriter dans l'estat de la nature corrompuë, l'homme doit auoir vne liberté qui l'éloigne de l'infaillibilité & de la certitude necessaire ; c'est à dire qu'il doit estre dans cette indifference prochaine à agir ou à n'agir pas, par laquelle la volonté estant assistée de toutes choses necessaires à agir, se porte tantost d'vn costé tantost de l'autre, selon qu'il luy plaist.

RESPONSE.

Cette Proposition est Catholique & suit necessairement de la censure de la troisiesme , pourueu que l'on prenne l'infaillibilité & la certitude pour la necessité, qui n'aist du principe de l'operation ; & que ces paroles, se porte tantost d'vn costé tantost de l'autre, se prennent pour la possibilité de se porter tantost d'vn costé tantost de l'autre.

Quant à ce qu'ils souftiennent que cette Proposition a esté fabriquée & exposée à la censure : il est facile de les conuaincre de faux. Iansenius l. *6.* de la grace de Iesus-Christ c. *6.* souftient *qu'il n'y à point d'autre liberté dans l'homme apres sa cheute, que celle qui est opposée à la violence & à la contraincte, mais*

non pas à la necessité & à la détermination à vne
chose. Au l. 6. de la grace de Iesus-Christ c. 9.
Liu. 7. c. 11. il tâche de prouuer que *pour meriter & demeriter, il n'est pas requis que l'homme
ayt la liberté, qui l'exempte de la necessité; & que
c'est assez qu'il ayt la liberté qui le dégage de la
contraincte.* Et au l. 8. de la grace de Iesus-
Christ c. 19. *Il n'y a point de necessité à craindre
pour les actes de la volonté; mais seulement les
forces de la contraincte & de la violence.*

Sainct Augustin enseigne tout le contraire
au l. de ver. Relig. c. 14. *Ie ne vois pas* (dit-il)
*qu'on puisse douter que les ames ont le libre arbitre.
Car Dieu a jugé, que ses seruiteurs seroient meilleurs s'ils le seruoient librement, ce qui ne se pourroit aucunement faire, s'ils le seruoient par necessité.* Et au l. de lib. & gr. c. 4. *Thimothée n'a-
t'il pas le libre arbitre, l'Apostre luy disant n'ayant
point de necessité, mais ayant sa volonté en son
pouuoir.* Et au l. 3. du lib. arbit. c. 1. *Si les
mouuemens de la volonté n'estoient en nostre pouuoir, ny l'homme ne seroit digne de loüange lors
qu'il se tourne du costé des choses superieures, ny
digne de blâme lors qu'il se tourne du costé des choses inferieures.*

QVATRIESME PROPOSITION.

Les Semipelagiens admettoient la necessité
de la grace interieure preuenante pour toutes les bonnes œuures, mesme pour le
commencement de la foy : & ils estoient
Heretiques en ce qu'ils vouloient que
cette grace fut telle que la volonté humaine pût luy resister ou luy obeïr.

Le sens heretique que les Iansenistes disent qu'on
peut donner malicieusement à cette Proposi-
tion, ne la prenant pas comme il faut qu'elle
soit prise.

La grace preuenante de Iesus-Christ est
telle que le franc arbitre estant meu & excité
par elle, ne sçauroit luy resister encore qu'il
le voulût.   Dire autrement ; c'est parler en
Semipelagien.

RESPONSE.

Cette Proposition prise de la sorte est heretique : toutesfois
il est éuident que les paroles ne vont pas iusques là, ny ne
peuuent y estre estenduës ; d'autant qu'il est question seulement
si la grace ne doit pas estre telle que la volonté humaine puisse
luy resister, & non pas si elle ne peut luy resister encore qu'elle
le voulust. Et certes il faudroit auoir perdu la raison pour parler de la sorte ; puis que ce seroit la mesme chose que de dire,
que la volonté ne sçauroit resister à la grace en luy resistant :
d'autant que vouloir resister est vne veritable resistance, en ce
qui regarde l'operation interieure de la volonté. Ce n'est pas
neantmoins cette contradiction seule qui fait que ce sens est

heretique: il ne l'est que par ce qu'il asseure que le franc arbitre ne sçauroit resister à la grace.

Le sens que les Iansenistes donnent à la quatriesme Proposition, & qu'ils defendent comme orthodoxe.

Les Semipelagiens admettoient la necessité de la grace preuenante & interieure pour commencer toutes les actions, mesme pour le commencement de la foy : & ils estoient Heretiques en ce qu'ils vouloient que cette grace fut telle que la volonté pût luy resister, c'est à dire que cette grace ne fut pas efficace par elle mesme.

RESPONSE.

Il ne falloit point distinguer ce sens de l'autre. Il est entierement le mesme, à la reserue de la contradiction que i'ay remarquée dans le premier, & qui n'est pas necessaire pour le faire heretique. C'est aussi mal à propos que pour déguiser vn peu la Proposition, ils l'expliquent par vn, c'est à dire, que cette grace ne fut pas efficace par elle mesme. Car i'ay desia fait voir que la grace efficace est toujours efficace par elle mesme ; quoy que non pas par elle mesme seule, & que personne ne dit le contraire. Enfin il est faux que les Semipelagiens admettoient la necessité de la grace pour le commencement de la foy. Et S. Augustin, dont les Iansenistes se vantent tant, & qui en peut rendre tesmoignage, dit le contraire au liu. de la predest. des Ss. ch. dernier, en ces termes ; Ils disent (il parle des Semipelagiens) que le progrez de la foy est vn don de Dieu ; mais que le commencement de la foy, par laquelle on croit premierement en Iesus-Christ, est de l'homme. N'ont ils pas grand sujet de dire qu'ils n'ont d'autres sentimens que ceux de S. Augustin ?

H 3

La Proposition contraire à la quatriéme que les Ianseniftes difent eftre de leurs Aduersaires, & qu'ils souftiennent eftre heretique.

Les Semipelagiens n'admettoient pas la neceffité de la grace interieure preuenante pour commencer chaque action, ny mesme pour le commencement de la foy, & ils n'e-ftoient pas dans l'erreur, en ce qu'ils vou-loient que cette grace fut telle, qu'elle ne fut pas efficace par elle mesme.

RESPONSE.

Cette Propofition a efté fabriquée à plaifir par les Ianfeni-ftes : & ceux qu'ils tiennent pour leurs Aduerfaires, n'ont ia-mais parlé de la forte. Ils difent feulement que les Semipe-lagiens n'eftoient pas Heretiques en ce qu'ils tenoient que la grace eftoit telle qu'on pouuoit luy refifter. Et cela fuit éui-demment de la cenfure de la quatriefme Propofition, qui con-damne le contraire. Mais fi ce que les Ianfeniftes ont mis du leur en cette Propofition, que les Semipelagiens n'eftoient pas Heretiques, en ce qu'ils vouloient que la grace ne fut pas effi-cace par elle mesme, s'entend de la forte, qu'ils vouloient que la grace ne fut pas efficace par elle feule, & tellement que le franc arbitre ne luy pût refifter, la propofition eft entierement orthodoxe, & la cenfure de la quatriefme Propofition ne peut fubfifter, qu'elle ne foit veritable. Ca fi le Pape declare qu'il eft heretique de dire que c'eft eftre Semipelagien de vouloir que la grace foit telle que la volonté puiffe luy refifter; n'eft-il pas neceffaire que cette grace ne foit pas efficace par elle feule, & que le franc arbitre puiffe s'oppofer à elle.

Ils difent que cette quatriefme Propofition a efté fabriquée & expofée à la cenfure. Qu'il

faut d'infolence & d'effronterie pour cela!
Ianfenius au liu. 2. de la grace de Iefus-Chrift
chap. 5. & autres fuiuans, dit ces paroles: *Les*
Semipelagiens eftoient Heretiques en ce qu'ils di-
foient que la grace eftoit telle, que la volonté hu-
maine pouuoit luy refifter. Et au mefme liu,
c. 12. *Les Semipelagiens croyoient que le fecours*
de la grace veritable, interieure & actuelle eft ne-
ceffaire au commencement de la foy. I'ay defia
fait voir que S. Auguftin le dément, quant à
cette derniere partie au liu. de la predeft. des
Sainéts chap. dernier. Il le dément encore
quant à l'autre partie au liu. *de fpir. & lit.*
chap. 34. *Sa mifericorde nous preuient en toutes*
chofes; mais c'eft à la volonté propre de donner con-
fentement à la vocation, ou de la refufer.

CINQVIESME PROPOSITION.

C'eft parler en Semipelagien, de dire que
Iefus-Chrift eft mort, & qu'il a répandu
fon fang pour tous les hommes fans en excepter vn feul.

Le fens heretique que les Ianfeniftes difent qu'on
peut donner malicieufement à
cette Propofition.

Iefus-Chrift eft mort feulement pour les

Predeſtinés, en ſorte qu'il n'y a qu'eux ſeuls, qui reçoiuent la veritable foy, & la juſtice par le merite de la mort de Ieſus-Chriſt.

RESPONSE.

Ce ſens eſt à la verité heretique : mais la cenſure va plus loing. Car il n'eſt pas queſtion ſi les Reprouués meſme reçoiuent la foy, & la juſtice, pour quelque temps par les merites de Ieſus-Chriſt, & ce n'eſt pas ce qui cauſoit de la diuiſion entre les Fideles ; mais ſeulement ſi Ieſus-Chriſt eſt mort pour le ſalut de tous les hommes, & ſi la redemption eſt de ſoy vniuerſelle. I'eſtime bien que les Ianſeniſtes doiuent eſtre dans ce ſentiment, auec les Caluiniſtes, que les Reprouués ne reçoiuent ny la juſtice ny la foy ; ils ne ſe ſont pas neantmoins encore declarez juſques là. Certes ſi les Reprouués reçoiuent par Ieſus-Chriſt la juſtification, cette grace eſtant la ſemence de la gloire, & du ſalut eternel, elle ne peut leur eſtre donnée, que dans vne ſincere volonté, & dans vn veritable deſir de les porter à la gloire, & de les faire participans du ſalut eternel.

Le ſens que les Ianſeniſtes donnent à la cin-quieſme Propoſition, & qu'ils deſendent comme veritable.

C'eſt parler en Semipelagien de dire que Ieſus-Chriſt eſt mort pour tous les hommes en particulier ſans en excepter vn ſeul, en ſorte que la grace neceſſaire au ſalut ſoit preſentée à tous par ſa mort, & qu'il dépende du mouuement & de la puiſſance de la volonté, d'acquerir ce ſalut par cette grace generale, ſans le ſecours d'vne autre grace efficace par elle meſme.

RESPONSE.

Ce sens est à la verité extrauagant & digne d'estre censuré :
mais ce n'est pas le sens de la Proposition dont il s'agit ; & iamais les Semipelagiens n'ont dit que la grace generale, qui est
offerte à tous les hommes dans le sang de Iesus-Christ, suffit
pour le salut, sans autre application particuliere ; & qu'il ne
dépend que du mouuement de la volonté d'acquerir ce salut,
sans aucune autre grace efficace par elle mesme. Ne croyoient-
ils pas que les enfans sont du nombre des hommes, & que
Iesus-Christ est mort pour eux ? cependant ont-ils iamais soustenu que ces petites creatures se sauuoient auec cela par le
mouuement de leur volonté ? Et puis ils admettoient la necessité de la grace pour la plus part des bonnes actions ; & donnant cet aduantage à la nature qu'elle pouuoit commencer,
ils tenoient que la grace estoit necessaire pour paruenir au salut.
Et cette grace là mesme estoit à leur aduis efficace par elle-
mesme, puis qu'il est impossible qu'elle le soit autrement, quoy
que non pas par elle seule. Car tout ce qui opere veritablement, opere par soy-mesme, encore qu'il demande la jonction
de quelque autre principe pour operer.

Proposition contraire à la cinquiesme, que les Ian-senistes pretendent estre heretique.

Ce n'est pas vne erreur des Semipelagiens,
mais vne Proposition Catholique, de dire
que Iesus-Christ a communiqué par sa mort
à tous les hommes en particulier, sans en excepter vn seul, la grace prochainement ou
précisement necessaire pour operer ; ou du
moins pour commencer le salut, ou pour
prier.

RESPONSE.

Cette Proposition a esté fabriquée à plaisir par les Iansenistes ;
& ceux ausquels ils l'attribuent ne peuuent l'auoir conceuë en

ces termes. Car lors qu'il est question de la volonté generale, que Iesus-Christ a euë de sauuer tous les hommes par son sang, on ne dit pas que pour cela il leur ayt communiqué la grace prochainement necessaire pour operer ; puis que les enfans qui meurent auant le Baptesme, n'ont iamais eu cette grace ; & que ceux qui sont sauuez par le Baptesme, paruiennent au salut sans operation. C'est assez pour iustifier que Iesus-Christ a répandu son sang pour tous les hommes, sans en excepter vn seul, de dire qu'il l'a offert pour tous, & que prochainement ou de loing il leur presente les moyens d'entrer dans la vie. Ce qu'ils adjoustent que cette doctrine est contraire au Concile de Trente, qu'elle est Pelagienne ou Semipelagienne , & qu'elle destruit la necessité de la grace efficace par elle mesme, c'est vne repetition importune, & qui n'a point de sens: pour le moins est elle fondée sur l'équiuoque de ces paroles : La grace efficace par elle mesme. Car comme ie l'ay desia souuent dit, il n'y a personne qui n'admette la grace efficace par elle mesme ; & la doctrine de ceux que les Iansenistes tiennent pour leurs Aduersaires, c'est à dire la Doctrine Catholique, exclud seulement la necessité de la grace efficace par elle mesme seule ; d'autant qu'elle destruit la liberté , qui est necessaire à meriter & à demeriter, rendant impossible tout ce qui luy est contraire ; & par ce qu'estant necessaire & inuincible, on n'auroit point de puissance pour faire les choses qu'on ne fait pas effectiuement, & pour lesquelles on n'a pas cette grace.

Enfin ils disent de cette cinquiesme Proposition comme des autres, qu'elle a esté fabriquée & exposée à la censure : mais aussi ils y font paroistre la mesme effronterie. Car Iansenius au l. 10. de la grace de Iesus-Christ c. 6. reçoit cette Proposition. *Christ n'est pas mort & crucifié pour la redemption de tout le monde.* Et au l. 3. de la grace de Iesus Christ c. 20. il prouue que *Iesus-Christ est mort seulement pour ceux, qui ſe ſauuent.* Et là meſme : *Chriſt n'eſt pas mort pour les infideles, qui meurent dans leur infidelité.* Et la meſme, *la mort de Chriſt ſert neceſſairement à celuy, pour qui il eſt mort. Et il n'eſt point mort pour celuy qui n'en profite pas.*

Sainct Auguſtin à bien d'autres penſées de la Redemption de Ieſus-Chriſt. Car au liure qu'il a faict contre les articles que les Pelagiens luy auoient impoſez ; dont le premier eſtoit que noſtre Seigneur n'auoit pas ſouffert pour la Redemption de tous les hommes, il en parle en ces termes, *La playe du peché Originel, les a tous corrompus ; le remede de Ieſus-Chriſt les a donc tous gueris.* Et au liu. 2. de L'œuure imparfaict c. 128. *Vn eſt mort pour tous, Iulien ; ce n'eſt pas Auguſtin, mais l'Apoſtre, qui la dit, ou pluſtoſt Chriſt par ſon Apoſtre. Et ne dis pas &c. pour pluſieurs. Car ces pluſieurs ſont ces tous, deſquels il dit en vn autre lieu, comme tous meurrent en Adam.* Et ſur le pſal. 58. *Iudas jetta le prix d'argent pour lequel il auoit vendu le Seigneur : Et il ne connut pas le prix auec lequel il auoit eſté r'achepté par le Seigneur.*

La refutation de ce Libelle pouuoit bien eſtre plus longue : mais outre qu'elle eſt pour toutes ſorte de perſonnes, & qu'il y en a peu qui liſent les grands diſcours, il ne merite presque pas qu'on y réponde , & pour peu qu'on ayde ceux qui luy ont donné quelque creance, ils peuuent voir incontinent, qu'il se destruit luy mesme. Car à considerer de prés tous les sens que les Iansenistes ont donnés aux Propositions condamnées par la Bulle, il est aisé de remarquer qu'ils n'ont eu d'autre dessein que de tromper le peuple, & d'auoir quelque sujet apparent de dire qu'ils ne sont pas condamnés, sans rompre ouuertement auec l'Eglise. Ce n'est quasi par tout que galimathias ; & enfin apres beaucoup de paroles embroüillées, & qui peuuent amuser les simples, il faut qu'ils aduoüent que le sens mesme qu'ils defendent, est heretique, & que la difference qu'ils tâchent de mettre entre les Propositions censurées , & celles qu'ils forment à leur fantaisie, n'est qu'en apparence seulement. Au reste le Pape ayant parlé auec autant de vigueur & de clarté que iamais les Papes & les Conciles ayent fait, les Iansenistes ne pouuoient mieux faire paroître qu'ils sont animés de l'esprit d'Heresie, que de vouloir trouuer encore de l'équiuocque & de l'ambiguité dans vne decision de la sorte.

Mais ce Libelle a esté fait , disent-ils, & presenté à sa Saincteté deuant la Censure, & on peut dire qu'en cela ils n'ont pas perdu le reſpect qui doiuent au S. Siege. Eſt-il bien croyable qu'ils ayent oſé expoſer tant d'impoſtures & de fauſſetez aux yeux d'vn Iuge ſi clairuoyant ? Pourra-t'on ſe perſuader qu'ils ayent ainſi abandonné Ianſenius, dont le nom leur eſtoit ſi venerable , & qu'ils ayent deſauoüé les Propoſitions qu'ils tenoient de luy, & qu'ils auoient ſouſtenuës auec tant d'ardeur , à moins que de les voir dés-ja condamnées ? Euſſent-ils iamais voulu donner cét aduantage à leurs aduerſaires , dont la gloire eſt la plus grande partie de leur ſupplice ? Euſſent-ils iamais aduancé que ces cinq Propoſitions n'eſtoient pas de Ianſenius, à la veuë de perſonnes inſtruites & zelées, qui pouuoient les conuaincre de faux en preſence de ſa Sainteté , & d'eſcrier par ce moyen tout leur party , comme le party de l'erreur & du menſonge ? Pour moy ie penſe que cette Diſtinction abregée n'a eſté faite que depuis la Bulle, & que ceux qui l'ont ſignée ne pouuant douter qu'elle choque la Conſtitution Apoſtolique, ont crû à propos d'aduertir les Lecteurs qu'elle auoit eſté faicte auant la deciſion du S. Siege. Mais de quelque façon que la choſe ſoit allée, la publication de ce Libelle apres la promulgation de la Bulle, joincte au faux bruits que les Ianſe-

niftes ont fait courir d'vne certaine pretenduë
declaration du Pape en leur faueur, & con-
formement à ce qu'ils difent qu'ils luy auoient
reprefenté dans ce cayer, fait bien paroiftre
qu'ils ont de mauuais deffeins, & qu'ils cher-
chent des pretextes pour couurir leur defo-
beïffance.

Les Ianfeniftes pour éluder la Bulle de noftre
S. Pere le Pape Innocent X. publient
dans Poictiers vne pretenduë Lettre ano-
nime, dattée de Rome le 23. Iuin 1653.

CHAPITRE XV.

COmme les Ianfeniftes recognurent,
que leur efcrit imprimé fous le titre de
Diftinction abregée, n'auoit pas fait grand fruit,
ny ébranlé beaucoup d'efprits, ils les voulurent furprendre par la publication d'vne
Lettre fuppofée, anomime, & dattée de Rome le 23. Iuin 1653. Vn Officier, qui auoit
témoigné embraffer le party de la doctrine
des Ianfeniftes, & dont ils auoient tiré aduantage pour s'authorifer de fon nom, eftima
pouuoir bailler beaucoup de poids à cette
pretenduë Lettre, fi on fçauoit que les exem-

plaires partoient de fa main. Dans cette
veuë il en enuoya vne coppie au fieur Filleau
Aduocat du Roy, telle, que dépuis les Ianfeniftes l'ont fait imprimer, en fuite d'vne autre
du 16. du mefme mois, efcrite par les fieurs
de la Lane, des Marés, Sainct Amour, Ma-
neffier, & Angran, Docteurs en Theologie; à
Noffeigneurs les Archeuefques & Euefques
de France, qu'ils feignent les auoir deputés
vers fa fainctete ; quoy que s'ils en euffent
employé les noms, on euft veu auffi-toft vne
infcription de faux contr'eux. Peut-eftre ils
ont cru que trois ou quatre Prelats pouuoient
compofer le tres-illuftre Corps des Euefques
de France, que ce petit nombre deuoit eftre
preferé, à raifon du Ianfenifme, à tant de
grands perfonnages qui fe font infeparable-
ment attachés au party de la verité. Cette
pretenduë Lettre qui auoit efté faite dans
Paris, eftoit conceuë en ces termes, & par
forme d'extraict.

Meffieurs les Docteurs Deffenfeurs de S.
Auguftin, partirent de cette Ville, il y aura
demain huict iours. Ils furent accompagnés
par fix Carroffes jufques à deux milles d'icy;
où ils monterent tous cinq à cheual. On dit
qu'ils allerent à Caprarolle, & que de là ils

doiuent paſſer à Lorette & à Veniſe , & ſe
rendre à Lion par les Griſons. Ils ne voulurent pas prendre la commodité de la galere
qui conduiſoit les Sœurs de Monſieur le Cardinal Mazarin. Ie vous puis dire, qu'ils ont
laiſſé icy vne grande eſtime de leur pieté,
modeſtie , vigueur & doctrine : & ç'eſt le
ſentiment de toute cette Cour, & de ſa Saincteté meſme, qui l'a teſmoigné à Monſieur
Hallier , lequel eſtant allé voir ſa Saincteté,
pour la remercier de la cenſure, ſe hazarda
de luy demander, s'il eſtoit veritable ce que
leurs parties divulguoient dans Rome, que
ſa Saincteté leur auoit dit, qu'il n'auoit entendu, par cette cenſure, prejudicier en rien
à la doctrine de ſainct Auguſtin, & à la verité
de la Grace efficace par elle meſme : à quoy
ſa Saincteté répondit, qu'il eſtoit tres-veri-
table. Mais Monſieur Hallier ayant reparty,
que ſa Saincteté le leur auoit dit par compliment ; il luy repeta que c'eſtoit tour de bon,
& qu'il n'auoit eu intention de toucher, ny
à la doctrine de S. Auguſtin, ny à celle de la
Grace efficace par elle-meſme, neceſſaire à
toute bonne œuure : qu'il eſtimoit ces Meſſieurs, qu'ils s'eſtoient conduits icy auec vigueur, modeſtie & grand ſçauoir , qu'il s'e-
ſtoit informé d'eux, qu'ils y auoient veſcu

comme

comme des Sainᵈts. Ce qui estonna Monsieur Hallier, & deux ou trois personnes qui
le virent sortir, asseurent qu'il paroissoit tout
interdit & mécontant de son audience. Vous
aurez desia sçeu comme sa Saincteté a donné
les mesmes asseurances, qu'il n'auoit pretendu toucher à la doctrine de S. Augustin, au
Cardinal Pimentel, au Cardinal Tolede, &
au General des Dominicains, aux Consulteurs, lors qu'il leur commit cette affaire, &
à Monsieur l'Ambassadeur, qui leur dit publiquement, comme aussi son Secretaire en vne
bonne compagnie où i'estois, & qu'il l'auoit
escrit à la Reyne, à Monsieur le Cardinal, &
à Monsieur le Comte de Brienne. C'est vne
grande consolation pour ceux qui ayment
S. Augustin, d'estre asseurés que sa Saincteté
n'a entendu condamner que le mauuais sens
des Caluinistes, qu'on luy auoit dit estre celuy que ces Messieurs soustenoient, & non
celuy de S. Augustin & de la Grace efficace:
ce qui fait voir la mauuaise foy des Aduersaires, & de Monsieur Hallier, d'auoir soustenu
cela.

Les plus sensés jugerent, aussi-tost que
cette Lettre eut paru, qu'elle auoit esté composée en France par ceux du party, ou que si

I

elle estoit venuë de Rome, c'estoit l'ouurage d'vne plume interessée & pleine de fausses suppositions. Car qui ne sçait, qu'elle fut la sortie de ces Messieurs les Iansenistes de la ville de Rome, & comme ils se virent obligés de faire leur retraitte à petit bruit, & sans ce cortege de Carrosses, dont il est parlé par cette pretenduë Lettre? Peut-on nier qu'apres leur condamnation, ils estoient monstrés au doigt par tous les Italiens, qui ne les consideroient plus que comme des Heretiques, ou fauteurs d'opinions heretiques?

S'il eust escrit qu'ils faisoient leurs visites & sollicitations en Carrosse, auec beaucoup de fast & d'éclat auant que sa Saincteté eust condamné leur doctrine, on adjoûteroit foy à cette circonstance : car c'est ainsi qu'ils marchoient dans Rome, au lieu que Monsieur Hallier alloit fort simplement, & ne laissoit pas de parler auec asseurance. Les Habitans de cette grande Ville considerans des differences si notables entre les Iansenistes & les Catholiques, dirent que les Riches auoient perdu leur cause, & que les Pauures l'auoient gaignée.

Cette Lettre pretenduë porte, que ces Messieurs les Iansenistes ont passé par les Grisons : Elle deuoit adjoûter qu'ils auoient esté regalés par les Ministres de Schafouze, Zuric, Basle & Geneue, & qu'ils les auoient respectiuement festinés, comme il a esté cydessus rapporté.

Cette Lettre veut couurir, de l'aprehension des incommodités de la mer, le refus qu'on leur fit de la place demandée dans la galere, qui deuoit porter en France les Sœurs de son Eminence. De plus, qui est celuy qui n'estant point de leur Secte, & interessé dans la honte qu'ils ont reçeuë à Rome, auroit peu mander qu'ils y auoient laissé vne grande estime de leur pieté, modestie, vigueur & doctrine, & que tel estoit le sentiment de sa Saincteté mesme; puis qu'il est éuident que leur doctrine, & leurs Propositions ont esté condamnées comme heretiques par sa Saincteté? Et quelle pieté y auoit-il aussi à blasphemer contre nostre Seigneur Iesus-Christ, à qui ils vouloient arracher vne partie du titre de Redempteur; soustenant qu'il n'estoit pas mort pour tous les hommes?

Se peut-il rien voir de plus ridicule, que de faire parler Monsieur Hallier à sa Saincteté, en des termes indignes d'vn personnage, que toute la Sorbonne auoit consideré, comme capable de conseruer le lustre de cette auguste Compagnie dans la Capitale de l'Vni-

uers, & à la veuë du Souuerain Pontife? on
suppose par cette Lettre, qu'il repartit à sa
Saincteté, *que c'estoit par compliment*, qu'elle
auoit dit à ces Messieurs, *qu'elle n'auoit touché
ny à la doctrine de S. Augustin, ny à la Grace efficace par elle-mesme*; & que le S. Pere repeta,
que c'estoit tout de bon. Il faudroit bien estre
priué de sens commun, pour traitter auec le
Vicaire de Iesus-Christ dans vne affaire de si
grande importance, en des termes si fami-
liers & si peu respectueux, luy imputant d'a-
uoir dit quelque chose par compliment, lors
qu'il estoit question des points & des decisions de la Foy? Ne sçait-on pas qu'il est in-
dependent des hommes, qui vont rechercher
la verité de ses oracles; qu'en semblables occasions il n'ouure la bouche, que pour ouurir
par ses benedictions, ou fermer par anathemes les portes du Ciel, pour lier ou deslier les
Ames, par les veritables & puissantes paroles,
que le S. Esprit luy fournit? A quoy bon,
par cette Lettre pretenduë, introduire sa
Saincteté, declarant n'auoir condamné, ny
la doctrine de S. Augustin, ny la Grace efficace par elle-mesme; puis qu'il n'estoit pas
question dans ces Propositions de la doctrine
de S. Augustin, mais seulement de ce faux &
supposé S. Augustin, du nom duquel Ianse-

nius s'eſt ſeruy, pour authoriſer ſon ouurage :
& qu'on n'auoit pas non plus agité, ny mis en
doute, ſi la Grace eſt efficace par elle-meſme :
mais bien ſi elle eſt efficace par elle ſeule, &
en telle façon, que le Libre-arbitre ne puiſſe
luy reſiſter, ou que pour le moins ne luy reſiſte iamais ?

Enfin comment a-on eu la hardieſſe d'employer dans cette belle Lettre, que ſa Saincteté n'auoit entendu condamner que le mauuais ſens des Caluiniſtes, qu'on donnoit malicieuſement à ces cinq Propoſitions, priſes
autrement qu'il ne faut les prendre ? outre
qu'il paroît aſſez par la Bulle meſme, qu'elles
ſont cenſurées au ſens qu'elles ont dans le
liure de Ianſenius ; ne ſeroit ce pas vne plai-
ſante choſe, que le Pape euſt condamné des
Propoſitions orthodoxes, par ce qu'elles peuuent eſtre mal-entenduës, & qu'on peut leur
donner malicieuſement le ſens qu'elles n'ont
pas ? Il n'y auroit donc point de Propoſition
dans la ſaincte Eſcriture, qui ne pût eſtre
cenſurée.

*En consequence de cette pretenduë Lettre,
vn Predicateur presche à Poictiers vne
doctrine contraire à la Bulle de noftre
S, Pere le Pape.*

CHAPITRE XVI.

CEtte Lettre pretenduë, dont il a eſté
parlé au Chapitre precedent, donna la
liberté à ceux qui eſtoient de ce party, de
traitter publiquement de la Grace efficace
par elle meſme toute ſeule. On l'entreprint
hautement vn iour de Dimanche dans l'Egliſe d'vn des Monaſteres de cette Ville, où le
Recteur & les Docteurs de l'Vniuerſité de
Poictiers ont accouſtumé de ſe rendre l'apres
diſnée, pour accompagner le Tres-ſainct Sacrement, à vne Proceſſion, qui s'y fait vne
fois le mois au tour des Cloiſtres de cette
Maiſon Religieuſe. Vn des Religieux de ce
Monaſtere, preſchant à l'iſſuë de Veſpres en
preſence des Docteurs de l'Vniuerſité, quoy
que ſon ſujet fut eſloigné de la matiere de la
Grace efficace, & qu'il ſe fut propoſé de
traitter de l'Auguſte Myſtere du Tres-ſainct
Sacrement de l'Autel, ſe jetta à deſſein ſur la

matiere de la Grace efficace : & le refultat de
fon difcours fut, que fi la Grace n'eftoit feule
efficace, & qu'il y euft quelque chofe de la
part de l'homme, par fa cooperation, elle ne
feroit plus ce qu'elle doit eftre : & que là où
il y a du merite, il n'y a point de Grace, fuiuant la doctrine de S. Bernard, *vbi meritum
ibi nulla gratia*, (ce font les propres termes
qu'il rapporta de ce Sainct.) Ce Religieux
n'ayant pas accouftumé de Prefcher, puis
qu'ayant afpiré au Doctorat, il eftoit demeuré
dans le fimple degré de Bachelier, fans pouuoir monter plus haut, on pouuoit aifement
juger, qu'il côfondoit la premiere Grace auec
celles qu'on peut meriter. Il s'attacha neantmoins fi fort à vouloir perfuader, que la Grace
eftoit feule efficace par elle mefme, que le
fieur Filleau, qui pour lors, en l'abfence du
Recteur & des Docteurs de Theologie, prefi-
doit en cette affemblée de l'Vniuerfité, en
qualité de Docteur Regent és Droicts, fe vit
obligé de dire à fes confreres, que cette doctrine eftoit contraire à la Bulle de N. S. Pere
le Pape, & qu'il n'y auoit point d'apparence
de donner approbation à ces erreurs par vn
tacite confentement. Et en fuitte, pour ne
point profaner fes oreilles d'vne fi mauuaife
doctrine, il fe retira dans les Cloiftres du

Conuent, attendant la fin de ce Sermon, &
la ceremonie ordinaire de la Proceſſion du
Tres-ſainct Sacrement de l'Autel. Cependant, ayant fait rencontre de quelques Peres
de la Maiſon, il leur remonſtra, que c'eſtoit
vne choſe de mauuais & pernicieux exemple,
de vouloir inſinuer, en la preſence des Docteurs, vne doctrine condamnée par la Bulle
du ſouuerain Pontife. Et comme ce Predicateur ayant acheué ſon Sermon, paſſa au
meſme endroit, où eſtoit pour lors ledit ſieur
Filleau, il luy dit hautement, en preſence de
pluſieurs perſonnes, que ce qu'il auoit preſché
eſtoit la doctrine de S. Auguſtin & de ſainct
Thomas, & cita là-deſſus le meſme paſſage
de S. Bernard, Tout cela ayant cauſé quelque
ſcandale dans les eſprits des auditeurs, vn
autre Religieux témoigna qu'il ſe ſentoit pi-
qué en la perſonne de ce Predicateur, & pour
en tirer raiſon voulut y intereſſer vne perſonne puiſſante, & releuée en dignité Eccleſiaſtique, à qui il eſcriuit, faiſant ſes plaintes,
voulant l'obliger d'entrer dans ſes ſentimens,
& propoſant le tout, comme vne affaire qui
regardoit la protection de l'Ordre. Mais ſa
Lettre n'eut pas l'effet qu'il s'eſtoit promis,
& il n'a pas eſté en peine d'en communiquer
la réponſe à ſes amis.

*On informe Monseigneur le Cardinal Bar-
berin , nommé à l'Euesché de Poictiers,
du prejudice que cette pretenduë Lettre
du 23. Iuin 1653. faisoit en ce Diocese , à
quoy il apporte remede par sa réponse.*

CHAPITRE. XVII.

LEs personnes publiques sont redeuables aux Doctes , aux Ignorans, aux
Sages pleinement illuminés, & aux simples
moins éclairés. Il falloit donc rechercher
les moyens, pour assoupir les impressions,
que cette pretenduë Lettre du 23. Iuin 1653.
auoit causées dans les esprits, & détromper
ceux qui y auoient apporté trop de creance.
De plus, il importoit grandement, de ne pas
laisser la liberté d'attaquer en chaire la Bulle
du Pape, ny de souffrir qu'on luy donnast aucune atteinte dans les Assemblées: autrement
il estoit aisé à preuoir que bien-tost on eût
entrepris l'authorité du S. Siege, & qu'on
en eut méprisé les oracles.

Comme le sieur Filleau estoit engagé dans
cette poursuitte, tant en qualité d'Aduocat
du Roy, par maxime politique & d'Estat,

qu'en qualité de Docteur, pour la defenſe &
protection qu'il doit à la veritable doctrine,
il donna aduis à leurs Majeſtés des artifices
dont les Ianſeniſtes ſe ſeruoient en cette
Ville, pour decrediter la deciſion du Pape, &
arreſter le fruict qu'on pouuoit eſperer de
l'execution de ſa Bulle. Pour cet effet il enuoya en Cour ſon Procez verbal, auquel
eſtoit attachée la coppie de ladite pretenduë
Lettre du 23. Iuin. Et pour ne rien obmettre
de ce qui pouuoit contribuer à découurir
cette ſuppoſition, il jugea à propos d'auoir
recours en meſme temps à la ſource, c'eſt à
dire à Rome, d'où les Ianſeniſtes publioient
que cette Lettre pretenduë eſtoit venüe.

Pour y reüſſir auec plus d'auantage, ledit
ſieur Filleau eſcriuit à Monſeigneur l'Eminentiſſime Cardinal Antoine Barberin, tout
ce qui ſe paſſoit dans la Ville capitale du Dioceſe, qui le regardoit côme nommé à l'Eueſ-
ché, & qui eſperoit bien-toſt ſe voir ſous la
protection de ſa pourpre, & fit entendre à ſon
Eminence, les dangereuſes conſequences
qu'on preuoyoit en deuoir arriuer, ſi les
eſprits n'eſtoient bien-toſt détrompés.

Les Lettres ayant eſté renduës à ſon Eminence dans la ville de Rome, on reçeut bien-
toſt la réponſe auſſi fauorable qu'on pou-

uoit l'efperer. Les fauffetés,& les artifices des
Ianfeniftes furent ainfi entierement décou-
uerts; comme il eft aifé de voir dans les Lettres de fon Eminence & du fieur Baudrand
fon Secretaire.

Lettre de Monfeigneur l'Illuftriffime Cardinal
Antoine Barberin , au fieur Filleau premier
Aduocat du Roy au Siege Prefidial de Poictiers.

Monfieur   ie vous remercie bien fort des témoignages d'affection
que vous me faites parêtre par voftre Lettre
du fixiefme du mois paffé, fur la joye que
vous auez reçeuë pour les heureux fuccés
qui me font arriués, & par la peine que vous
aués prife de m'enuoyer la coppie de la Lettre
qu'on fuppofe auoir efté écrite de cette Ville,
dont vous pouués clairement difcerner, s'il
y a quelque chofe de veritable, par la Bulle
de fa Sainéteté donnée contre les cinq Propofitions. Ie fuis bien aife de voir que vous
aportez tous les foins poffibles, pour empefcher qu'on ne difpute point fur ces matieres
là, dés-ja condamnées, vous affeurant que ie
feray toûjours tres-aife de rencontrer l'occafion de vous donner à cognoiftre l'eftime
que ie fais de voftre perfonne. Iefpere que

vous me la ferés naiftre & vous verrez que
ie fuis,

Monfieur,

Voftre affectionné à vous rendre feruice,
le Cardinal ANTOINE BARBERIN.
De Rome ce 15. Septemb. 1653.

Lettre du fieur Baudrand, Secretaire de Monfeig-
neur l'Eminentiſſime Cardinal Antoine Barbe-
rin, efcritte audit fieur Filleau, fur le mefme
fujet.

Monfieur,
Bien que ie n'aye pas le bien d'eftre cogneu
de vous, neantmoins ayant l'honneur d'eftre
à fon Eminence, & voyant la coppie de la
Lettre qu'on auoit fait courir dans Poictiers,
du 23. Iuin, I'ay eftre obligé de vous en
mander la verité. Les Docteurs qui eftoiét icy
pour les Ianfeniftes, ayant veu leurs cinq Propofitions condamnées, fe retirerent le plus
toft qu'ils pûrent à cheual, & prirent le chemin de Lorette & de Venife, comme le plus
feur, quoy que le plus incommode. Ils for-
tirent de cette Ville fans eftre aucunement
accompagnés, & lors qu'ils paffoient dans
les ruës, on les monftroit au doigt. Ce qui les
obligea de s'en aller. Ioint mefme, qu'y
ayant eû quelques benefices de France propo-

fés, on en refufa l'expedition de deux, à caufe que c'eftoit pour des Ianfeniftes. Et au contraire, Monfieur Hallier a efté careflé tout autant qu'il fe peut de fa Sainĉteté, & de tout le facré College, jufques là mefme que le Pape le pourueut d'vn benefice vacant en Bretagne, de la valeur de mil efcus, fans qu'il l'euft demandé. Il eft party dépuis quinze jours de cette Ville, auec toutes les loüanges deües à fes merites. Il prit le chemin de Lorette, pour de là paffer à Venife & par les Grifons, & apres prendre le chemin de Paris. De cela vous pouuez facilement cognoiftre s'il y a quelque chofe de veritable dans tout le refte de la Lettre, qui n'eft qu'vn pur artifice des Ianfeniftes. Ie finiray par les affeurances que ie vous donne, que lors que vous me ferez la grace de m'honorer de vos commandemens, ie tafcheray de vous faire voir que ie fuis plus que perfonne

Monfieur,

Voftre tres-humble & tres-obeïffant
Seruiteur BAVDRAND.

De Rome ce 15. Septemb. 1653.

Autre artifice des Ianfeniftes contre la Bulle de noftre fainct Pere le Pape Innocent X. par la publication qu'ils font dans Poictiers, d'vne Lettre pretenduë efcrite de Rome le 16. Iuin 1653.

CHAPITRE. XVIII.

LEs Lettres de Monfeigneur l'Eminentiffime Cardinal Antoine Barberin, & du fieur Baudrand fon Secretaire, ayant efté divulguées dans Poictiers, elles feirent affez cognoiftre le procedé artificieux des Ianfeniftes, qui, femblables aux autres Heretiques, veulent faire paffer à leur aduantage, toutes fortes de fauffetez, pour des veritez effentielles. Mais comme ils virent ces illuftres témoignages que donnoit contre eux vn des premiers Princes de l'Eglife, & que les fuppofitions de la pretenduë Lettre du vingt-troifiefme Iuin 1653. eftoient pleinement defcouuertes, ils s'aduiferent d'en faire pareftre vne feconde anterieure en datte, & qu'ils gardoient comme dans l'arriere boutique, dattée du 16. Iuin de la mefme année, qu'ils firent imprimer & diftribuer à Poictiers, ſous ce titre, *Lettre des ſieurs de la Lanne Abbé de V alcroiſſant, Pere des Mares, Sainct Amour, Maneßier & Angrand, Docteurs en Theologie*, addreſſée à Noſſeigneurs les Eueſ-ques, qu'ils feignent les auoir députés vers ſa Saincteté.

Voicy la teneur de la Lettre, telle qu'elle a paru en cette ville de Poictiers.

MESSEIGNEVRS,

Nous vous eſcriuiſmes lundy dernier ce que nous auions appris de la publication d'vn Decret ſur les cinq Propoſitions. Nous re-connuſmes mardy qu'il auoit eſté affiché par l'ordre du Pape. C'eſt pourquoy ne voyant pas d'apparance que Sa Saincteté apres cela vouluſt juger au fonds ſur les ſens conteſtez des Propoſitions, nous reſoluſmes de retour-ner en France ſans aucun retardement, afin de preuenir les grandes chaleurs de l'eſté. Mercredy nous priſmes congé de Meſſeig-neurs les Cardinaux Barberin & Pamphile. Vendredy nous allâmes à l'Audiance du Pa-pé, pour receuoir ſa benediction. Sa Saincteté nous fit appeller les premiers incontinent apres ſa Meſſe. Nous luy diſmes, qu'ayant appris qu'il y auoit vn Decret publié ſur les Propoſitions à l'occaſion deſquelles nous

auions estez enuoyez icy, nous venions receuoir sa benediction auant que de partir.

Sa Saincteté nous respondit: *Qu'apres auoir
fait examiner ces Propositions par des Theologiens:
qu'elle auoit assemblés & y auoir apporté d'autres
diligences, Elle auoit jugé expedient de les decider
en la maniere qu'elle auoit fait. Qu'au reste elle
estoit tres-edifiée de nostre conduite, & de nostre
façon de proceder, qu'elle auoit eu vne grande satisfaction de nous entendre dans l'Audience publique qu'elle nous auoit donnée.* Et elle nous
honora de cette approbation particuliere:
*Que nous auions parlé auec vigueur, auec mode-
stie, & auec doctrine,* Ce furent les propres paroles du Pape: *Hó hauuto grande sodisfattione
del vigore, della modestia, e dottrina, colla quale
hauete parlato.*

Sa Saincteté nous parla apres des sentimens, qu'elle auoit pour la France; de l'estime qu'elle faisoit de ce Royaume, & particulierement du Clergé; du desplaisir qu'elle res-
sentoit des guerres ciuiles & des troubles qui
l'auoient agitée ces dernieres années; & nous
tesmoigna beaucoup de desir de voir tout pa-
cifié au dedans & au dehors de l'Estat.

Ce discours ayant duré assez long-temps,
Sa Saincteté nous parla encore de l'examen
des cinq Propositions, & nous dit: *Qu'elle*

auoit

auoit fait faire plufieurs Congregations en fa prefence; où elle auoit apporté vne grande attention
fans s'ennuyer par la longueur du temps qu'elles
auoient duré: que nous auions veu l'application
qu'elle auoit euë à tout ce que nous auions dit dans
l'Audiance qu'elle nous auoit donnée: qu'elle n'en
auoit pas laiffé tomber vne parole à terre: que par
là nous pourrions juger de celle qu'elle auoit ap-
portée aux autres Congregations: & quant à la
noftre, qu'elle y auoit efté fi attentiue, qu'elle nous
rediroit bien de point en point tout ce que nous luy
auions reprefenté: enfin que nous auions parlé fort
doctement & fort elegamment, & perfuadé ce
que nous auions dit auec de bonnes raifons. Les
paroles de fa Saincteté furent: *Direi cofa per
cofa tutto ciò che hauete propofto, voi* (en s'addreffant à l'Abbé de Valcroiffant) *cofi dottamente,
e voi* (en s'addreffant au Pere des Mares) *cofi
elegantemente, e con fi buona ragione perfuafò.*

Nous prifmes occafion de dire à fa Saincteté, que nous ne croyions pas qu'elle eût
voulu par le Decret qui auoit paru faire aucun
prejudice à la Grace efficace par elle mefme
neceffaire à toute action de pieté, ny à la doctrine de S. Auguftin. Sa Saincteté, MES-
SEIGNEVRS, eftoit fi efloignée de cette
penfée, qu'elle nous répondit auec eftonnement: *Que cela eftoit hors de tout doute.* Ses

paroles furent : *O questo e certo, Que la doctrine de S. Augustin auoit esté trop approuuée dans l'Eglise pour pouuoir estre blessée : Que quant à la matiere de la Grace qui auoit esté agitée l'espace de dix ans, sous Clement VIII. & Paul V. elle n'auoit pas voulu l'examiner de nouueau en cette rencontre.* En suitte sa Saincteté nous demanda si nous auions veu le Decret sur les cinq Propositions : nous luy répondismes, que non. Elle nous dit en substance ce qu'il contenoit, & nous remarqua qu'elle n'auoit pas mis à la fin ces mots ordinaires : *De plenitudine potestatis, & indignationem beatorum Petri & Pauli Apostolorum se nouerit incursurum :* & autres semblables, par lesquels on a coustume de conclure les Bulles. Elle adjousta aussi qu'elle en auoit enuoyé copie au Roy & aux Euesques de France. Nous demandâmes à sa Saincteté des Indulgences, & elle nous en donna auec vne largesse extraordinaire, nous disant entr'autres raisons : *Qu'estans venus à Rome pour vne affaire si saincte & si importante, elle nous accordoit volontiers toutes les Indulgences que nous luy demandions.* Et ainsi nous nous retirasmes en souhaittant à sa Saincteté toute sorte de prosperité, & luy témoignant qu'auec la grace de Dieu nous viurions toûjours tres-attachez au S. Siege

& à la doctrine de S. Augustin, comme estant
celle du S. Siege mesme ; & qu'elle nous seroit toûjours aussi chere que la prunelle de
nos yeux. Ce furent les termes auec lesquels
nous prismes congé de sa Saincteté, & qu'elle honora de son approbation & des témoignages de sa bienueillance.

Voilà, Messeignevrs, en abregé
ce que sa Saincteté nous dit en cette Audiance qui dura vne heure & demie, & dans laquelle elle nous traitta auec vne bonté toute
particuliere, ne nous ayant point laissé à genoux, mais nous ayant fait leuer vn moment
apres que nous eusmes commencé de luy parler. Nous auons rapporté à plusieurs personn-
nes, de qui nous auons pris congé dépuis
cette Audiance, ce que sa Saincteté nous a
dit ; ce qui a fait beaucoup d'éclat, & a donné autant de joye à tous les Disciples de S.
Augustin, qui sont icy en grand nombre, que
nos aduersaires en ont témoigné de la constitution qui a paru.

En prenant hier congé de Monsieur l'Ambassadeur, il nous dit : Qu'il sçauoit desia
tout ce qui s'estoit passé en cette Audiance ;
& nous en dit mesme les particularités que
nous vous mandons : *Que sa Saincteté dans*
toutes les occasions qu'elle luy auoit parlé de cette

affaire, luy auoit toußiours declaré qu'elle ne vouloit point toucher à la Grace efficace, ny faire aucun
prejudice à la doctrine de S. Augustin, & mesme
de S. Thomas ; & qu'il en escriuoit ainsi à la
Cour par cet ordinaire.

Vovs voyez, MESSEIGNEVRS, par les
choses que le Pape nous a dites en cette Audiance, & par la relation que nous vous auons
enuoyée de ce que nous luy dismes lors que
nous fûmes ouys publiquement, que les cinq
Propositions ne font condamnées qu'à cause
du mauuais sens qu'on leur peut donner, dans
lequel nous les auons nous-mesmes toûjours
condamnées ; & que le sens dans lequel nous
auons dit que nous les entendions & les soû-
tenions, non seulement ne reçoit aucun prejudice , mais mesme est approuué par sa
Sainſteté.

La 1. raison, MESSEIGNEVRS, est, parce que nous auons declaré à sa Sainſteté
publiquement de viue voix & par escrit : *Que
nous & tous les autres Disciples & Defenseurs de
S. Augustin soûtiendrions toußiours le sens Catholique des Propositions, lequel nous luy auions
presenté comme contenant la doctrine indubitable
de ce grand Docteur de la Grace, qui est celle de
l'Eglise, jusqu'à ce que sa Sainſteté ait prononcé
vn jugement expres & definitif sur le sens parti-*

culier que nous soûtenons estre *Catholique*. Cè
sont les propres paroles de nostre Declaration, que nous vous auons enuoyée il y a
desia prés d'vn mois. *Profitemur coram ipsa*
nos & vniuersos S. Augustini Discipulos ac De-
fensores, pro indubitata tanti Doctoris atque adeò
Ecclesia doctrinâ, prædictas Propositiones vt à
nobis superiùs expositæ sunt perpetuò defensuros,
quamdiu de illis expreßè vt suprà expositæ sunt
intellectis prolatum non erit (quod à Sanctitate
vestra postulamus) solenne definitiuumque judi-
cium, quo nobis apertè constet eas in sensu quem
asserimus Catholicum, esse damnatas. Ayant
donc expliqué à sa Saincteté comme nous
entendions ces Propositions, & les soustenions ; luy ayant fait cette Declaration de
viue voix dés la premiere Audiance publique
qu'il luy pleut de nous donner, & par l'escrit
que nous luy presentâmes dans cette mesme
Audiance ; Sa Saincteté n'ayant rendu son
jugement que sur ces Propositions en general, qui ne sont rapportées dans sa Constitution que dans les mesmes termes generaux
qu'elles ont esté dreffées en France par nos
aduersaires ; & n'ayant ny exprimé ny marqué en façon quelconque le sens particulier
& vnique, auquel seul nous les auons defenduës, qui est celuy de la Grace efficace par

elle-mefme, que nous luy auons declaré en prenant congé d'Elle qui nous feroit toûjours auffi chere que la prunelle de nos yeux : C'eft vne preuue certaine qu'elle a appprouué que nous les fouftenions toufiours en ce fens, comme contenant la doctrine formelle & expreffe de S. Auguftin.

La 2. raifon, Messeignevrs, eft qu'ayant dit & expliqué au Pape les Propofitions dans les termes & dans les fens que nous les fouftenons, non feulement fa Saincteté n'y a rien repris lors que nous auons eu l'honneur de luy parler dans l'Audiance qu'elle nous a donnée auant le Decret, & dans la derniere dépuis le Decret ; mais mefme a donné à tout ce que nous auons dit des approbations extraordinaires. C'eft encore vne marque pofitiue que fa Saincteté n'a voulu faire aucun prejudice à ces Propofitions prifes comme nous les auons expliquées ; mais qu'au contraire Elle les juge tres-Catholiques en ce fens.

La 3. raifon, Messeignevrs, qui ne doit, ce nous femble laiffer aucun doute, eft que fa Saincteté nous a declaré expreffement : Que par ce Decret elle n'auoit voulu faire aucun prejudice à la Grace efficace par elle mefme neceffaire à toute action de pieté,

ny à la doctrine de S. Auguftin, reçeuë & approuuée dans toute l'Eglife. Or les Propofitions comme nous les auons expliquées ne
contiennent que le fens de la Grace efficace
par elle mefme neceffaire à toute action de
pieté & à la doctrine indubitable de S. Auguftin. Sa Sainéteté donc ne fait par fa Conftitution aucun prejudice, & ne donne aucune atteinte à ces Propofitions reduites à
ce fens.

La 4. raifon, MESSEIGNEVRS, eft,
que le Pape a efté tellement perfuadé, comme fa Sainéteté a daigné nous le témoigner
que nous n'auons fouftenu deuant elle que la
Grace efficace par elle-mefme, & la doctrine
pure de S. Auguftin, ainfi que nous le jufti-
fiâmes dans le difcours que nous fimes en fa
prefence, qu'elle n'a point fait examiner dépuis par les Confulteurs fi ce que nous auions
fouftenu & expliqué dans noftre difcours, &
declaré par noftre efcrit eftre formellement
la doctrine de S. Auguftin eftoit veritable.
Ce qu'elle n'auroit pas manqué de faire, fi
elle en auoit douté ; puis que c'eftoit le Point
particulier & vnique de la conteftation que
nous formions contre les Difciples de Molina. Car nous eftions demeurés d'accord dans
cette mefme Audiance, ainfi que nous auons

K 4

touſiours declaré dans tous nos eſcrits François, publiés & imprimés à Paris, auant qu'on
euſt porté cette affaire à Rome, que ſi on ne
conſideroit ces Propoſitions qu'en general &
ſans y apporter aucune diſtinction, elles
eſtoient ſuſceptibles de ſens heretiques, &
pouuoient tellement eſtre condamnées d'hereſie dans cette generalité, que nous les auons
nous meſmes cenſurées comme telles dans
des Liures publics eſtant en France, & eſcri-
uant ſur ce ſujet auec vne pleine liberté. Et
comme ſa Saincteté nous donna cette Audiance pour eſtre informée de la verité de nos
ſentimens par noſtre bouche & par l'eſcrit
des Dictinctions que nous luy preſentâmes
en ſuitte, elle reconneut qu'ils eſtoient ſi differents des ſens heretiques, que ces Propoſitions pouuoient receuoir en general, & qu'ils
ſe reduiſoient tellement à la Grace efficace
par elle-meſme, qui eſt la verité Catholique
que S. Auguſtin a ſouſtenuë inuinciblement
au nom de toute l'Egliſe, qu'elle jugea ne deuoir point faire aſſembler de noüueau les
Conſulteurs, par ce qu'elle ne vouloit prononcer que ſur ces Propoſitions en general,
& non ſur ce Point particulier de la Grace
efficace par elle-meſme ; à quoy toutes nos
explications Catholiques de ces Propoſitions

aboutissent comme à leur centre, & qui auroit eu besoin d'vn long examen, & de plusieurs assemblées & conferences semblables
à celles que firent tenir les deux grands Papes
Clement VIII. & Paul V. qui vouloient le
regler en détail & tous les autres Points qui
en dépendoient, & qui pour cela les firent
examiner tous en particulier dans des disputes publiques des deux parties & en leur pré-
sence, apres auoir declaré *que la doctrine de*
S. Augustin estoit la reigle sur laquelle ils vou-
loient decider cette dispute & reigler leurs juge-
mens. Et ainsi puis que le Pape a declaré dans
sa Constitution qu'il a fait examiner ces cinq
Propositions par les Consulteurs, la censure
ne tombe que sur ces Propositions en general
que ces Consulteurs auoient examinées en
general, & que nous auons recogneu dés
nostre premiere & vnique Audiance publique estre susceptibles de sens heretiques : &
elle ne peut tomber sur les explications particulieres que nous auons proposées & esta-
blies en presence de sa Saincteté par nostre
discours & par nostre escrit ; puis que sa Saincteté mesme les a jugées si Catholiques qu'il
ne luy en est resté aucun doute, & qu'Elle n'a
pas fait assembler les Consulteurs vne seule
fois pour en auoir leur aduis comme d'vne

chose obscure & douteuse, ainsi qu'Elle auoit
fait pour les Propositions en general , mais
a recognu par sa propre lumiere qu'elles
estoient exemptes de toute censure, & nous
l'a mesme témoigné dans la derniere Audiance qu'il luy a pleu nous donner dépuis son Decret, où Elle nous a declaré, Messeigne vrs,
ainsi que nous l'auons desia dit qu'elle les
auoit approuuées & mesme imprimées dans
sa memoire auec des termes plus aduantageux & plus honorables que nous n'aurions
osé l'esperer. Et ce qui est encore plus, Elle
nous a fait cette Declaration si fauorable,
non aussi-tost apres nostre premiere Audiance & auant son Decret, lors qu'on pouuoit
dire que sa Sainćteté n'estoit pas encore
pleinement éclaircie & persuadée de tout , &
qu'Elle ne deuoit pas nous découurir le secret
de ses sentimens & de ses intentions, comme
tous les Iuges le suppriment d'ordinaire auant
leur sentence ; mais mesme apres son jugement & son Decret , qui a esté le temps où
Elle a esté entierement libre , & s'est creuë
obligée de nous les declarer auec toute la sincerité d'vn Successeur de S. Pierre & d'vn
Vicaire de Iesus-Christ , qui est la verité
mesme.

Vous voyez, Messeignevrs, par tou-

tes ces confiderations que la cenfure de fa
Sainĉteté ne tombe fur les cinq Propofitions,
qu'entant qu'elles font confiderées felon le
mauuais fens qu'on leur peut donner, felon
lequel il y a defia trois & quatre ans que nous
les auons rejettées comme heretiques auffi
fortement que nous l'auons fait en cet efcrit
que nous auons prefenté au Pape & diftribué
dans Rome dés le iour de noftre Audiance le
19. de May.

Il nous refte maintenant à vous marquer,
MESSEIGNEVRS, d'où il eft arriué qu'on
a confideré ces cinq Propofitions felon le
fens heretique pour les condamner en general, ce que nous croyons eftre l'vn des Points
les plus importans, & comme le fecret de
cette affaire. C'eft que nos aduerfaires ont
donné à entendre aux Confulteurs & aux
Cardinaux, que nous parlions autrement à
Rome qu'on ne parloit en France, & qu'il y
auoit des perfonnes qui y fouftenoient ces
Propofitions dans ce mauuais fens, & qui
publioient en ce Point vne nouuelle herefie
condamnée par le Concile de Trente auec
les erreurs de Luther & de Caluin.

Monfeigneur le Cardinal Rapaccioli, que
nous vifitâmes apres noftre premiere Audiance, & auquel nous portâmes l'efcrit de

la diſtinction des ſens que nous auions pre-
ſenté à ſa Sainⅽteté , nous dit entre'autres
choſes ſur ce ſujet : *Que nos penſées & nos in-*
tentions eſtoient bonnes & loüables , mais que
nous auions ce mal-heur que pluſieurs perſonnes
qui eſtoient vnies auec nous, ſouſtenoient ces Pro-
poſitions dans les mauuais ſens dans leſquels nous
auions declaré les condamner ; & qu'au lieu de
receuoir de l'appuy par ces perſonnes , elles nous
faiſoient grand tort , & ſeroient cauſes que ces
Propoſitions ſeroient condamnées , mais que nous
aurions cet aduantage que cette condamnation ne
tomberoit que ſur ces perſonnes , & non pas ſur
nous. Nous ſçauions, Messeignevrs,
que nos aduerſaires auoient viſité ce celebre
Cardinal vn ou deux iours auparauant , &
nous creûmes auec ſujet qu'ils luy auoient
perſuadé cette fauſſeté comme vne choſe
conſtante. Ce qui nous fit luy répondre que
c'eſtoit là vne impoſture & vne ſuppoſition
tres-malicieuſe, dont nos aduerſaires ſe vouloient ſeruir pour obtenir la cenſure qu'ils
pourſuiuoient, & que nous le pouuions aſſeurer qu'il n'y auoit point de Catholique en
France qui ſouſtint ces Propoſitions dans vn
autre ſens que dans celuy auquel nous le ſoû-
tenions. Mais cette penſée auoit eſté imprimée ſi auant dans ſon eſprit, comme ſi ç'eût

efté vne verité certaine que nous ne creûmes
pas l'auoir effacée, quoy que dans noſtre entretien qui fut aſſez long nous luy euſſions
fait deux ou trois fois la réponſe que nous ve-
nons de vous dire. En ſuitte dequoy nous
nous propoſions de deſabuſer cét Illuſtre
Cardinal, & auec luy pluſieurs autres perſonnes, dans les occaſions qui s'en ſeroient pre-
ſentées, ſi cette affaire auoit pris vn plus long
trait comme nous croyions, & comme preſ-
que tout Rome croyoit auec nous qu'elle
pourroit prendre.

Nous eſperions encore, Messeignevrs,
de juſtifier clairement au Pape la fauſſeté de
ce fait dans les Audiances ſuiuantes que nous
nous promettions d'auoir, n'eſtant plus en
peine de le perſuader pour ce qui regardoit
nos perſonnes en particulier dépuis que nous
luy euſmes parlé publiquement en noſtre Audiance, au ſortir de laquelle nous auons ſçeu
que ſa Sainéteté auoit dit ces meſmes paroles : *Ces Docteurs ne ſont pas heretiques comme
on me l'auoit dit.* Mais nos aduerſaires qui
ne craignoient rien tant que ces Audiances,
& qui n'ont oſé y comparoiſtre deuant nous
pour declarer leurs ſentimens en détail comme nous auons fait les noſtres, auec tant de
ſincerité & tant de clarté, & pour ſouſtenir

en public & deuant le Pape les fauſſetés & les
impoſtures qu'ils répondoient en ſecret ; ils
ont remué tous leurs reſſorts & redoublé toutes leurs pourſuittes deſlors de cette premiere
Audiance pour nous oſter le temps & le pouuoir de diſſiper toutes ces ombres par la lumiere de la verité.

Voilà, MESSEIGNEVRS, la raiſon particuliere qui leur a fait ſouhaitter la prompte
publication de ce Decret : & ils ne s'eſtoient
pas contentés d'alleguer cette raiſon de viue
voix, en viſitant les Conſulteurs, & ceux des
Cardinaux qui ont eſté appellés à l'examen
de cette affaire ; mais ils l'ont meſme pro-
duitte dans leurs eſcritures, qui nous ſont
tombées dépuis peu entre les mains par vne
rencontre extraordinaire, ſans qu'on nous en
ait jamais voulu donner aucune communi-
cation. Ils s'efforcent dans cét eſcrit de donner cette mauuaiſe & fauſſe impreſſion à tous
ceux qui le liront. Ils imputent aux Diſciples
de S. Auguſtin, ce que ny nous ny aucun Catholique ne tient dans l'Egliſe ; & ils y refu-
tent ce que perſonne ne conteſte. Ainſi, MES-
SEIGNEVRS, ayant aduancé ce fait dans des
eſcritures & des ſollicitations toutes ſecret-
tes (ce qui nous a oſté le moyen de le refuter)
ils ont perſuadé aſſez aiſement que pour em-

pefcher qu'on ne fouftint ces Propofitions dans les fens heretiques & Caluiniftes, aufquels ils difoient que plufieurs les auoient fouftenuës en France, & pour eftouffer cette pretenduë nouuelle herefie qui n'eftoit qu'vn vain phantofme dont ils auoient fait peur à la Cour de Rome, il eftoit neceffaire pour le bien de l'Eglife de les condamner.

Mais vous fçauez, MESSEIGNEVRS, que nul Docteur & nul Theologien Catholique Difciple de S. Auguftin n'a traitté ces Propofitions en France, que d'ambiguës, d'équiuoques, & de captieufes fabriquées il y a quatre ans par l'vn des plus artificieux Partifans de Molina ; & que les deux premiers d'entr'elles ont efté cenfurées par les Difciples de S. Auguftin dans les *Confiderations* & le liure de la Grace victorieufe, comme pouuant receuoir trois fens tous trois heretiques, & chacune des trois autres vn fens heretique. Et ainfi vous voyez clairement, MESSEIGNEVRS, que non feulement la Conftitution du Pape qui ne prononce fur ces Propofitions qu'en les laiffant dans leur ambiguité generale, qu'on auoit expreffement affectée pour les expofer à la cenfure ; & la Declaration formelle que fa Sainéteté nous a faite, qu'elle n'a eu aucune intention de tou-

cher à la doctrine de S. Augustin dans le sens
particulier & tres-Catholique qu'elles peuuent receuoir, lequel seul nous auons defendu en France & à Rome: mais que les escritures mesmes de nos aduersaires qui ont imputé aux Disciples de S. Augustin des erreurs,
& des heresies qu'ils n'ont iamais soustenuës,
iustifient que ces censures ne peuuent tomber que sur ces heresies & sur ces erreurs, &
que le Sens Catholique lequel nous auons
expliqué au Pape en des termes si formels &
si expres est demeuré sans atteinte & aussi Catholique qu'il fut iamais.

Car il est indubitable que ce sens de la
Grace efficace par elle-mesme est celuy de
S. Augustin: & s'il y auoit eu sujet d'en douter, nos aduersaires n'auoient qu'à demander au Pape vne Audiance publique pour faire voir à sa Saincteté en nostre presence, ou
que ce sens dans lequel seul nous soustenons
ces Propositions n'est pas celuy de S. Augustin, ou que la doctrine de S. Augustin n'est
pas celle de l'Eglise. Mais la lumiere & l'é-
clat de tant de passages formels de ce grand
Docteur, & la force secrette de la verité qui
est redoutable à tous ceux qui la combattent,
leur a fait craindre d'entrer en conference
auec nous sur ce sujet en presence de sa Saincteté

cteté ou des Cardinaux. Ils se sont contentés, MESSEIGNEVRS, ainsi que nous
l'auons marqué cy-dessus, de leur dire dans
leurs secrettes sollicitations, comme nous
auons découuert qu'ils l'auoient desia fait
dans leurs secrettes escritures, que nous qui
estions deputés par des Archeuesques & des
Euesques tres-Catholiques soustenions S.
Augustin à Rome, mais que d'autres soustenoient Caluin en France : ce que vous sçauez
qu'ils auoient desia publié en France par tant
de libelles & de faux bruits contre tous les
disciples de S. Augustin en general. Et ainsi
cette accusation calomnieuse qu'ils ont formée à Rome auant le Decret, est aujour-
d'huy nostre justification apres le Decret, &
apres la Declaration formelle de sa Saincteté.

Il ne peut donc y auoir, MESSEIGNEVRS,
que des ennemis publics de S. Augustin &
du S. Siege qui osent pretendre que ces Propositions sont condamnées d'heresie dans le
sens propre & particulier que nous les auons
soustenuës deuant sa Saincteté mesme, & expliquées dans nostre escrit : puis que le Pape
par l'oracle de sa viue voix, *viuæ vocis oraculo*,
comme on parle en cette Cour, a daigné
nous declarer à nous mesmes qu'il n'auoit
point entendu toucher à S. Augustin, donc

L

la doctrine ayant esté approuuée par tant de Papes, elle ne peut estre condamnée d'heresie sans ruiner l'Authorité du S. Siege, la tradition Ecclesiastique, & la succession perpetuelle d'vne mesme doctrine dans l'Eglise, & sans blesser le respect qui est deu à sa Saincteté, que l'on accuseroit de se contredire elle-mesme, puis qu'elle a declaré en diuerses occasions, & particulierement à nous dépuis la publication de ce Decret, qu'elle n'auoit point voulu toucher à la Grace efficace par elle-mesme, ny à la doctrine de ce grand Docteur. Et nous vous auons desia marqué que sa Saincteté auoit fait plusieurs fois la mesme Declaration expresse à Monsieur l'Ambassadeur, lequel s'il a executé ce qu'il nout a dit qu'il feroit, a escrit cette mesme verité à la Cour, pour en informer leurs Majestés.

Toutes ces considerations, MESSEIGNEVRS, nous ont fait benir Dieu dépuis ce Decret, en voyant que sa saincte prouidence nous auoit amenés en cette Ville, afin que par la distinction que nous auons faite en presence du Chef de son Eglise de la verité d'auec l'erreur deslors que nous auons eu l'honneur de parler publiquement deuant Elle auant sa Constitution, & par vne Declaration si im-

portante & ſi venerable qu'Elle à voulu nous
faire Elle-meſme dépuis ce Decret dans la
derniere Audiance que nous auons euë, il em-
peſchât que la cenſure de l'erreur ne retom-
bât ſur la verité, & qu'on n'attribuât à Innocent X. contre ſa formelle intention, d'auoir
voulu condamner par ſon Decret ou au moins
par ſon ſilence la Doctrine Catholique Apoſtolique & Romaine du grand Docteur de la
Grace, que ſes Predeceſſeurs dépuis douze
ſiecles ont admirée, approuuée, loüée & ca-
noniſée par leurs paroles formelles & leurs
Decrets les plus ſolennels ; & d'auoir rejetté
comme impie & comme heretique le ſens
tres-Catholique & tout Auguſtinien que
peut reçeuoir la premiere de ces cinq Propoſitions, que vous ſçauez, MESSEIGNEVRS,
auoir eſté ſi hautement & ſi clairement definy
par le ſainct Pape Innocent, *Innocentius Epiſt.*
ad Concil. Carthag. en ces excellentes paroles
qu'il écriuit au Concile de Carthage. *Comme*
nous ne ſommes victorieux dans les tentations
que lors que Dieu nous ſecourt, il faut neceſſaire-
ment que nous ſoyons vaincus lors qu'il ceſſe de
nous ſecourir. Neceſſe eſt vt quo auxiliante vin-
cimus, eo iterùm non adjuuante vincamur. Car
apres cela, MESSEIGNEVRS, n'auroit-on
pas ſujet de s'écrier auec S. Proſper qui de-

fendoit la mefme doctrine de S. Auguftin
que nous defendons encore aujourd'huy :
Donc le Pape Innocent (Innocentius Epift. ad
Concil. Carthag.) qui a remply fi dignement le
S. Siege Apoftolique , feroit tombé dans l'erreur.
Errauit Papa Innocentius , & Petri fede dignif-
fimus.

Mais nous nous tenons trop heureux,
M ESSEIGNEVR s, de ce qu'il a pleu à Dieu
fe feruir de nous pour empécher que la grace victorieufe de fon Fils & la doctrine inuincible de fon Eglife ne fût vaincuë par les efforts de la prefomption humaine : & nous re-
connoiffons que fi noftre foible entremife à
peu contribuer quelque chofe pour deftour-
ner vn fi grand mal, cet effet n'eft d'eu qu'à
la generofité de voftre zele, à l'authorité de
vos ordres, & à la pureté de voftre conduite.

Ce n'eft pas que nous ne croyons, M es-
SEIGNEVRS, que les difciples de Molina
qui par plus de trente paffages formels & im-
primez, ont declaré auant mefme cette Conftitution vne guerre ouuerte à S. Auguftin ;
quoy qu'ils defaduoüaffent cette hardieffe
dans les compagnies ou on leur en faifoit
des reproches & à Paris & à Rome, publie-
ront par tout leur fauffe victoire, & impofe-
ront aux paroles du Decret qui ne parle point

de Sainct Augustin, & à l'intention expresse du Pape qui a declaré si souuent l'estime qu'il faisoit de la doctrine admirable & toute diuine de ce grand Sainct.

Il est raisonnable, MESSEIGNEVRS, que comme toute cette affaire n'a point eu d'autre origine de leur part qu'vn artifice peu honorable, qui leur a fait rechercher depuis quatre années dans vne censure de Propositions generales & équiuoques dressées par vn de leurs partisans, l'appuy de leur nouuelle doctrine de Molina, enfantée seulement dans l'Eglise depuis soixante & dix ans, elle se termine aussi par des illusions peu dignes de Theologiens & de Catholiques, & par des triomphes imaginaires. Mais nous esperons, MESSEIGNEVRS, que toutes les personnes intelligentes & affectionnées aux interests tous diuins de la Grace efficace de Iesus-Christ, & à l'honneur veritable du S. Siege & de l'Eglise qui nous doit estre si precieux, discerneront aisement le sens équivoque & general d'auec le sens certain & particulier, ce que nous auons rejetté comme heretique d'auec ce que nous auons soustenu comme Catholique, ce qui est exprimé dans la Constitution d'auec ce qui n'y est point exprimé, & enfin les fausses & tres-injustes pretentions

L 3

des hommes paſſionnés d'auec la veritable &
tres-loüable intention de ſa Sainĉteté.

Au reſte, MESSEIGNEVRS, nous nous
preparons pour partir de Rome dés demain :
& nous vous ſupplions cependant de nous
continuër toûjours l'honneur de voſtre bienueillance ; & de croire que comme le ſeul
amour de la verité & de la defenſe de la do-
ĉtrine ſacrée de S. Auguſtin, qu'on vouloit
enuelopper parmy des erreurs, afin de l'enuelopper auſſi dans vne cenſure, nous a fait entreprendre ce long voyage, elle nous rendra
de plus en plus ſoûmis à vos ordres & à voſtre
authorité ; eſtimant que pour eſtre fideles à
Dieu en cette rencontre, nous n'auons qu'à
demeurer de tout noſtre cœur,

MESSEIGNEVRS,

A Rome ce 16. Iuin 1653.

> Vos tres-humbles & tres-obeïſſans
> ſeruiteurs,
> De la Lane, Abbé de Valcroiſſant.
> Des Mares, Preſtre de l'Oratoire.
> De Sainĉt Amour.
> Maneſſier.
> Angran.

On donne aduis à Monfeigneur le Nonce
de cette pretenduë Lettre du
16. Iuin 1653.

CHAPITRE XIX.

CE n'eſt pas d'aujourd'huy, que les Heretiques ont eſſayé de s'inſinuer dans les
eſprits les plus ſuſceptibles des nouueautés,
par des Lettres contraires à la verité, tant de
droit que de fait, qu'ils ont diſperſées en diuers
endroits de la Terre. Ceux qui ſe qualifient
Diſciples de S. Auguſtin, ne le peuuent ignorer, puis que le ſixieſme & ſeptieſme Tome de
ſes œuures en donnent des preuues aſſeurées.
C'eſt ainſi que les Manichéens en eſcriuirent
vne pour eſtablir leur peruerſe doctrine, par
des fauſſetés, que le meſme S. Auguſtin découurit, & qu'il combatit par vn liure qui
porte le titre *Contrà Epiſtolam Manichæi.*

C'eſt ainſi qu'en vſa Parmenien Donatiſte,
contre la Lettre duquel ce grand Docteur a
compoſé trois liures. C'eſt ainſi qu'agirent
Petilien & Gaudence Heretiques, auſquels le
meſme Sainct a ſeparément répondu. Enfin
il eſt éuident par la réponſe qu'il a faite aux

L 4

Lettres des Pelagiens, que le deſſein des Heretiques, & des Autheurs de nouuelles doctrines a touſiours eſté de donner cours à quelques Lettres, pour attirer les ſimples à leur party. Telle, dit-il, a eſté l'intention de Iulien l'Heretique, & des dix-huict Eueſques Pelagiens. *Hæc autem quæ duabus Epiſtolis eorum reſpondeo, vni ſcilicet quam dicitur Romam miſiſſe Iulianus; credo vt per illam, quos poſſet, ſuos aut inueniret aut faceret; alteri autem, quam decem & octo velut Epiſcopi participes eius erroris, non ad quoſlibet, ſed ad loci illius Epiſcopum ſua calliditate tentandum, & ad ſuas partes, ſi poſſet fieri, traducendum auſi ſunt Theſſalonicam ſcribere.*

Ces pretendus Diſciples de S. Auguſtin, ſuiuans les traces des Heretiques, que ce grand homme auoit combattus, & employans les meſmes ruſes, dont ils s'eſtoient ſeruis, firent courrir dans Poictiers cette Lettre du 16. Iuin, inſerée dans le Chapitre precedant, qu'on peut appeller la Lettre de fondement, ainſi qu'on qualifie celle de Manichæus. Car il ſemble qu'ils ont voulu ſous pretexte d'vne Lettre, faire paroiſtre vn Manifeſte contre la Bulle de noſtre ſainct Pere le Pape, s'efforçans de perſuader que ce foudre Apoſtolique n'eſt point tombé ſur leurs teſtes, que la Con-

stitution contre les cinq Propositions, n'a
point touché leur doctrine : & en vn mot,
qu'ils ont reçeu toute satisfaction de la Cour
de Rome.

La distribution de cette Lettre fut faite
publiquement en cette ville de Poictiers,
auec autant de liberté, que si ç'eust esté vne
piece orthodoxe, & qui eust porté les marques de l'approbation du S. Siege.

On en donna deux exemplaires au sieur
Filleau Aduocat du Roy, lequel, ayant recognu par la lecture qu'il en fit, le dessein de
ceux qui luy auoient donné cours en cette
Prouince, qui estoit d'empécher le fruict que
le public attendoit de cette Bulle, & de la condamnation y portée, & qu'on commençoit
desia à declarer en plusieurs compagnies, que
nostre sainct Pere le Pape auoit approuué les
Propositions soustenuës en sa presence, par
les Docteurs enuoyés par les Iansenistes, &
que ce qui auoit esté condamné, ne regardoit
point leur doctrine, qu'on disoit n'estre autre
que celle de S. Augustin. Et mesme ayant
appris les scandales qu'elle causoit, il estima
à propos d'en donner aduis à Monseigneur le
Nonce, pour en aduertir sa Saincteté, & en
suitte luy enuoya à Paris vn des exemplaires
imprimés, & fit voir que cette Lettre, qui

contient 21. pages, n'estoit qu'vn éloge de
la procedure des Ianfeniftes dans Rome, &
vne Apologie de leur doctrine, pour la mettre
à couuert de la cenfure Apoftolique, faifant
parler noftre fainct Pere en des termes fort
aduantageux à leurs perfonnes, qui font inferés en la cinquiefme page; ce qui ne pouuoit s'accorder auec les termes de la Bulle,
qui a condamné leur doctrine, l'a declarée
fcandaleufe, fauffe, heretique & blafphema-
toire. Et partant, quelque éloquence dont
ils fe foient feruy, il eft éuident qu'ils n'ont
pas perfuadé à fa Sainćteté, ce qu'ils auoient
fouftenu & debattu en fa prefence.

Ledit fieur Filleau obferua pareillement,
que dans la 6. page de leur impreffion, ces
Meffieurs les Ianfeniftes declarent, qu'apres
auoir demandé des Indulgences à fa Sainćteté, elle répondit à leurs prieres, *Qu'eftans*
venus à Rome pour vne affaire fi faincte & fi im-
portante, elle leur accordoit toutes les Indulgences
qu'ils luy demandoient; que ces termes eftoient
contraires à la Conftitution de noftre fainct
Pere le Pape, qui a efté renduë fur vne affaire
qui n'a pas paru faincte & importante au bien
de l'Eglife; fi ce n'eft qu'ils ayent traitté de
quelque affaire fecrette, autre que celle qui a
efté fuiuie d'anatheme & de condamnation.

Toutesfois ils ne pouuoient aduancer cela auec verité, & fans fe contredire eux-mefmes, puis qu'il paroift par la fuitte de la mefme Lettre en la page 8. que c'eft des cinq Propofitions dont ils ont voulu parler, qu'ils veulent perfuader, qu'elles n'ont point efté condamnées au fens auquel ils les auoient entenduës & fouftenuës, & que ce fens mefme a efté approuué par fa Sainéteté. De plus, que c'eftoit impofer à la Bulle, & la decrediter, qe d'efcrire, comme ils faifoient en la page 9. que fa Sainéteté n'auoit rendu fon jugement fur ces Propofitions qu'en general, quoy qu'elles ayent efté condamnées telles qu'elles auoient efté tirées des œuures de Ianfenius.

Et d'autant que noftre fainét Pere le Pape enjoint par fa Bulle, à tous les Archeuefques & Euefques d'arrefter par les cenfures Ecclefiaftiques les entreprifes de ceux qui s'efforceront de contredire à la condamnation portée par fa Bulle, ou qui fe rendront rebelles & refraétaires à la decifion de fa Sainéteté, ledit fieur Filleau pria Monfeigneur le Nonce, de faire fçauoir au Pape l'importance de cette affaire, y allant du repos de l'Eglife, & de l'authorité Apoftolique, de ne pas fouffrir que fous couleur d'vne Lettre contenant des faits fuppofés, on efteignift dans les efprits

les fideles & brillantes lumieres des verités
Catholiques, que cette Conſtitution faite
auec ſi grande cognoiſſance de cauſe, y auoit
produittes. Et cela meſme ne ſe pouuoit faire
qu'en donnant atteinte à l'authorité du Roy,
qui auoit rendu ſa Declaration, pour faire
obſeruer cette Bulle dans ſon Royaume. Et
comme ſa Majeſté, par la meſme Declaration enjoignoit à tous ſes Officiers, ſans attendre autre commandement, de tenir la
main à l'execution de ladite Bulle, ledit ſieur
Filleau s'acquitoit en cela de ſon deuoir,
obeïſſant par ce moyen & au Pape & au Roy.

Monſeigneur le Nonce témoigna par la
réponſe, dont il honora ledit ſieur Filleau,
que l'aduis qu'il luy auoit donné, luy auoit
eſté agreable; l'exhorta de continuer ſes ſoins
pour la defenſe de l'authorité du ſainct Siege
& de ſa Conſtitution; l'aſſeura qu'il en infor-
meroit noſtre ſainct Pere le Pape, & qu'il en-
uoyeroit à ſa Saincteté les Lettres imprimées
deſdits ſieurs de la Lane, & autres ſes aſſociés.

*Les fuppofitions des Ianfeniftes contenuës
dans ces Lettres du 16. & 23. Iuin
1653. plus amplement découuertes
en la ville de Poiftiers.*

CHAPITRE XX.

LA diuine prouidence qui gouuerne toutes chofes doucement & fortement, ne voulut pas fouffrir, que l'ouurage du S. Efprit (i'entends la Bulle de noftre S. Pere le Pape Innocent X.) fût plus longuement combatuë par des procedures pleines d'artifice, fans les découurir à mefme temps.

Ce fut vn effet de la fageffe, & de la bonté de Dieu, de faire venir en cette Ville le R. P. François Mulart, de l'ordre des Freres Mineurs, Predicateur du Roy, dans le temps auquel les efprits commencoient à fe partager fur la lecture de ces Lettres pretenduës. Ce Pere pouuoit eftre le veritable arbitre de ce different, & de cette queftion de fait; puis qu'il auoit eu l'honneur d'auoir efté cy-deuant deputé de la part du Roy vers noftre fainct Pere le Pape, pour luy expofer la neceffité preffante de decider les queftions que les Ianſeniſtes auoient fait naiſtre en ce Royaume, & ayant eſté le premier qui auoit eu recours au S. Siege Apoſtolique de la part du Fils aiſné de l'Egliſe.

Ledit ſieur Filleau ayant eſté aduerty de ſon arriuée, ſe mit en deuoir de conferer auec luy, & d'apprendre par ſa bouche le veritable recit de ce qui s'eſtoit paſſé à Rome durant le ſejour qu'il y auoit fait, touchant le progrés & la deciſion de l'affaire que les Ianſeniſtes y auoient pourſuiuie. Ledit ſieur Filleau ſçauoit que l'employ important dudit Pere dans la Capitale du monde, luy auoit donné entrée dans les Palais des Princes de l'Egliſe, & l'auoit ſouuent conduit dans le ſecret de leurs Cabinets ; que les diuerſes Audiances qu'il auoit euës de ſa Sainĉteté, luy auoient acquis vne pleine & entiere cognoiſſance des choſes les plus particulieres, qui y auoient eſté traittées, dans la conduitte de cette haute negotiation.

Au meſme temps le ſieur Filleau luy fit voir les deux Lettres des 16. & 23. Iuin 1653. deſquelles les Ianſeniſtes faiſoient tant d'eſtat. L'ayant prié de luy en dire ce qu'il en ſçauoit, il le trouua ſurpris d'eſtonnement, voyant que des Docteurs de Theologie, qui publioient pas tout, n'auoir autre intereſt

que celuy de la defense de la veritable doctrine, estoient si hardis dans vne matiere de Foy,
où il ne faut apporter que la sincerité d'esprit,
d'vser de fraudes, de déguisemens, & de suppositions, qui dans le cours des affaires mesmes particulieres, ne pouuoient estre repu-
tées que pour criminelles. Le Pere Mulart
luy fit là-dessus vn long recit de ce qu'il auoit
negotié à Rome, de ce qui s'estoit passé dans
les diuerses Audiances qu'il auoit eües de
sa Saincteté, des conferences qui auoient esté
tenuës sur ce sujet auec les principaux du sacré Conclaue ; & que tout cela estoit bien
contraire à ce que ces Lettres nous disoient :
Que le sentiment du Pape, & des Cardinaux,
& de toute la Cour de Rome estoit bien
esloigné des imaginations, dont les Iansenistes vouloient repaistre les foibles esprits :
que nonobstant ces flatteries & ces illusions,
leur doctrine pleinement examinée, auoit
passé pour heresie, & que le seul aduantage
qu'ils pouuoient tirer de leur voyage, estoit,
d'auoir pû s'instruire des verités Catholiques
par la bouche de celuy qui reçoit immediatement les oracles du Ciel, & les illustrations
de cét esprit adorable, qui ne peut faillir :
qu'on auoit recognu à Rome le merite de
Monsieur Hallier, & la pureté de sa doctrine,

par les témoignages de bienveillance que
fa Saincteté luy auoit fait paroiftre, par les
prefens dont elle l'auoit honoré; & que ceux
qui auoient fouftenu la doctrine contraire à
celle qu'il auoit fi doctement, & fi genereufement defenduë, n'auoient reçeu ny Me-
dailles, ny Indulgences, ny autres marques
d'vne legitime approbation.

Il adjoûta, que ces Meffieurs qui s'eftoient
eux-mefmes députés à Rome, ou qui l'a-
uoient efté de la part de la nouuelle troupe
des pretendus Difciples de S. Auguftin, pa-
roiffoient s'attacher dauantage à la politique
humaine, & à la fageffe du fiecle, qu'aux
maximes de l'Euangile, & que par l'éclat de
leurs follicitations, & le cortege des Carroffes dont ils fe feruoient, on eût pluftoft jugé,
qu'ils s'acquitoient d'vne legation d'vn Prince de la Terre, que de celle de Iefus-Chrift,
& partant qu'ils auoient eux-mefmes jufti-
fié (fans qu'il faille en chercher d'autre preuue eftrangere) la verité de ce qu'il reprefenta à
faSaincteté, lors que pour luy faire entendre le
fujet de fa deputation, il fut admis à fa premiere Audiance, en laquelle il declara à fa Saincteté que le Ianfenifme eftoit vne faction &
vne cabale, comme il paroift par le difcours
dont il donna vne copie audit fieur Filleau.

Oratio

Oratio ad summum Pontificem Innocentium di-
uinâ prouidentiâ Papam X. habita Romæ die
25. Septembris anni 1652. A Patre Francisco
Mulart Predicatore Regio Ordinis Minorum,
pro negotijs Controuersiæ Ianseniana à Chri-
stianissimo Rege Romam misso.

Missus à Christianissimo Rege, & à Sindi-
co Sorbonæ deputatus, nomine Facultatis
Theologiæ Parisiensis ad Sanctitatis vestræ
pedes, vt secundùm antiquæ Ecclesiæ formam super dubijs rebus, ac controuersis
Ianseniarorum Propositionibus Sedem Romanam consuleremus, & de ore Sanctitatis
vestræ Apostolico fonte responsa tandem
aliquando per omnes Regni nostri Prouincias emanent. Hoc postulat, beatissime Pater, apud nos Reipublicæ Christianæ necessitas; non enim apud eos, qui Iansenianas
partes sequuntur, doctrinæ dumtaxat con-
sensio est, seu potius erroris vniformitas, sed
& consiliorum communicatio. Iam ista doctrina in sectam coaluit, conspiratio est homi-
num temerariorum, qui omnes spernunt præter suos, sibi non fauentibus quoquomodo
maledicunt, & aduersus summi Pontificis
dignitatem atque autoritatem vexillum erex-
erunt: juniorum Doctorum ac Scholastico-

M

rum manipulos conducentes pretio quod à
mulieribus & laicis, quibus pœnitentiæ publicæ neceffitatem inculcant facilè corradunt,
blanditijs, factione, nouitatis dulcedine. Ab
hominibus iftiufmodi, beatiffime Pater, quid
fperandum, vel potius quid timendum, præter turbas, quas iam miferrimè in Gallia ex-
citarunt, & Ecclefiæ turbationem quam pro
certo moliuntur. Opus eft igitur celeri ac
potenti manu Sanctitatis veftræ, quâ com-
primantur. Nifi enim eorum dogmata erro-
nea, quibus tamquam teffera ac Sacramento
confœderatio ifta conftringitur, certa ac fin-
gularia damnentur cenfurâ Pontificis irrefra-
gabili, quam alio nomine eleuare nequeant,
quafi fit congregationis inquifitionis, aut à
certis hominibus dictata, non à Pontifice ipfo
lata, numquam ad plenum debellari poterit
ifta factio. Ifta, B. P. non tam meo nomine,
neque enim, fi meo nomine tântùm loquerer, adeò confidenter loquerer S. V. fed nomine Chriftianiffimi Regis, nomine pluri-
morum Epifcoporum, nomine multorum
Doctorum & Sorbonicorum, ac aliorum, imo
omnium ferè quotquot in Regno noftro funt,
Catholico fidei zelo æftuantium, & pruden-
tia infignium ore loquor, æqui boni vt con-
fulas hanc Orationem noftram precamur.

Et S. V. plurimos ac fœlices annos optamus,
vt Ecclefiæ Dei, & Orbi vniuerfo pacem &
fpiritualem & temporalem tandem aliquando
reddere poffit & valeat.

Les Ianfeniftes diftribuent dans Poictiers vn
Efcrit anonime, pour juftifier que noftre
S. Pere le Pape n'a peu decider les cinq
Propofitions, fans que Meffieurs les
Euefques les euffent auparauant jugées
en premiere inftance.

CHAPITRE. XXI.

MOnfeigneur l'Archeuefque de Paris
ayant ordonné qu'on feroit la publication de la Bulle de N. S. P. le Pape Innocent X. dans fon Diocefe, on trouua la doctrine de fon mandement fi Orthodoxe, fi Ca-
nonique, & fouftenuë de raifons fi puiffantes,
pour conuaincre ceux qui feroient obftinés
dans leurs erreurs, qu'on en enuoya diuers
exemplaires dans tous les Diocefes de ce
Royaume, pour feruir de modele fur lequel
les autres pouuoient eftre dreffés.

On en vit quelques-vns en cette Ville, qui
firent grande impreffion fur ceux qui ne refi-

ftoient plus au fainct Efprit, & qui fe retirans de leurs fauffes maximes, cooperoient à la Grace : & fuiuant le paffage de S. Auguftin qui eftoit employé en ce mandement, il s'en trouua qui dirent, que puis que le Pape auoit parlé & qu'on publioit la Conftitution, l'affaire eftoit terminée.

Ce debris du party dépleut aux Ianfeniftes, & au lieu de l'obeïffance qu'ils deuoient rendré au S. Siege, ils concerterent entre ceux qui reftoient obftinés de trouuer des moyens pour oppofer au torrent de ce mandement, dont les raifons, & les exemples eftoient tellement puiffans, que les efprits bien difpofés eftoient fortement attirés à la cognoiffance de la verité. C'eft ce qui obligea les Ianfeniftes à faire diuerfes Affemblées, non feulement en cette ville de Poictiers, mais encore dans vne Abbaye du Diocefe, de laquelle vn des Autheurs de cette Secte a porté le nom de fon viuant. On obferuoit leurs démarches, & leurs inquietudes eftoient affez vifibles, fans que toutefois on pût découurir leur deffein. Ceux qui veilloient fur leurs actions, auoient bien des foubçons, mais fans aucune certitude de leurs entreprifes.

Enfin on vit paroiftre à Poictiers vn Efcrit

anonime, en forme de resolution d'vne question importante, où l'on pretendoit justifier
que Messieurs les Euesques auoient deu juger des cinq Propositions en premiere instance, auant que d'auoir recours au Pape , &
que ce qui auoit esté fait prejudicioit aux
droicts des Euesques, qui estoient fondés de
cognoistre les premiers des causes majeures,
& specialement de celles de la Foy.

Les raisons pretenduës de cet Escrit anonime consistoient en ce que le Pape Innocent I. en son Epistre 2. addressée à Victri-
cius Euesque de Roüen au chap. 3. auoit appuyé cette verité en ces termes : *Si autem*
majores causæ in medium fuerint deuolutæ, ad
Sedem Apostolicam, sicut Synodus statuit, & beata
consuetudo exigit, post Iudicium Episcopale re-
feratur.

2. Que les Prelats d'Afrique ne s'addresse-
rent au S. Siege de Rome, qu'apres auoir
donné leur jugement dans leurs Conciles
Prouinciaux, & condamné l'impieté & la superbe de Pelagius, comme il paroist par l'E-
pistre du Concile de Cartage escrite au mesme Pape Innocent I.

3. Que Messieurs les Euesques se sont toûjours maintenus dans ce droict naturel à leur
Caractere; sçachant qu'il appartient à leur

sacré Ministere de juger des dogmes de la
Foy, comme parle S. Bernard en son Epistre
189. *ad Innocent.* Et que les Prelats de France en ont ainsi vsé, condamnans Abaillard &
Gilbert de la Poree Euesque de Poictiers.

4. Que S. Paul au chap. 4. de son Epistre
aux Ephesiens, nous apprend, *Que Iesus-*
Christ a estably en son Eglise des Apostres, des
Pasteurs & des Docteurs, afin que les peuples ne
soient filottans dans l'incertitude de leur creance,
& ne se laissent emporter legerement à toutes sor-
tes de doctrines.

Cét Escrit anonime ayant esté enuoyé au
sieur Filleau, (suiuant ce que les Iansenistes
ont pratiqué, de luy addresser quelques fois
par personnes de sa cognoissance, autrefois
dans vn pacquet sans lettre, les Liures qu'ils
font courir,) ledit sieur estima estre obligé d'y
répondre, puis qu'il faisoit profession publique, en qualité de Docteur Regent és Droicts
Canon & Ciuil, d'enseigner la veritable doctrine des Canons de l'Eglise, & de refuter
les maximes erronées, qu'on vouloit publier
au contraire. De sorte qu'il mit la main à la
plume, & dressa vne réponse, de laquelle
pour ne grossir par trop cette Relation, ie
rapporteray au Chapitre suiuant les principaux moyens.

Response du sieur Filleau, à l'Escrit anoni-
me touchant la question dont il est
parlé au Chapitre precedent.

CHAPITRE XXII.

LE sommaire des raisons , par lesquelles le sieur Filleau fit voir que cette maxime aduancée par les Iansenistes, *Que nostre sainct Pere le Pape ne peut juger & decider les causes majeures de la Foy , sans que Messieurs les Euesques en ayent porté jugement en premiere instance*, est fausse , & contraire aux Canons & Constitutions de l'Eglise, se peut reduire aux points suiuans.

1. Que le *Canon Quoties* rapporté par Gratien en la cause 24. question 1. est formellement contraire à cette pretenduë maxime. Car ce Canon est tiré de la Lettre du Pape Innocent I. répondant à celle du Concile Mileuitain ; & par les termes du Pape Innocent I. il se voit clairement, qu'il appartient au Pape de decider les questions de Foy , & qu'il n'est pas obligé d'attendre que Messieurs les Euesques les ayent jugées en premiere instance. Il faut rapporter les mesmes

termes de cette Epiſtre d'Innocent I. qui eſt contenuë au Tome premier des Conciles pag. 584. de l'impreſſion d'Anuers de l'an 1606. Elle eſt auſſi rapportée par S. Auguſtin, & fait la 93. de ſes Epiſtres. *Diligenter ergo & congruè Apoſtolici conſulitis honoris arcana, honoris inquam illius, quem præter illa quæ ſunt extrinſecus ſollicitudo manet omnium Eccleſiarum, ſuper anxijs rebus quæ ſit tenenda ſententia, antiquam ſcilicet regulam ſecuti, quam toto ſemper orbe mecum noſtis eſſe ſeruatam. Verum hæc miſſa facio, neque enim hoc veſtram credo latere prudentiam, qui id etiam actione firmaſtis, ſcientes quod per omnes Prouincias de Apoſtolico fonte petentibus reſponſa ſemper manent, præſertim quoties fidei ratio ventilatur, arbitror omnes fratres & Coepiſcopos noſtros, non niſi ad Petrum, id eſt ſui nominis & honoris Auctorem referre debere, velut nunc retulit veſtra dilectio.*

Ce paſſage ſert & pour le droict & pour le fait. Pour le droict, en ce qu'il s'y voit que le Pape Innocent a declaré qu'on ne pouuoit agir autrement: Pour le fait, d'autant qu'il ſe juſtifie que les Eueſques en ont ainſi vſé, & que la deciſion des queſtions de Foy a eſté faite par le Pape, ſans que les Eueſques les euſſent auparauant jugées en premiere inſtance.

Il eſt à remarquer que tant dans ladite Epiſtre, que dans ledit Canon *Quoties*, on ſe ſert
de ces mots : *Fidei ratio ventilatur ;* qui font
voir, que l'examen peut en eſtre fait par les
Eueſques, mais que le jugement en eſt reſcrué
au Pape.

Et c'eſt la remarque qui ſe tire de la Gloſe
ſur ledit Canon *Quoties*, en ces termes, *Aliud
eſt* (dit la Gloſe) *quæſtionem de Fide motam ter-
minare, quod nulli præterquam Romanæ Sedi per-
mittitur, ſicut hîc dicitur ; aliud eſt ipſam ſine
diffinitione ventilare, quod Patriarchæ primates
facere poſſunt.*

2. Le Pape Marcel en ſon Epiſtre addreſſée
aux Eueſques de la Prouince d'Antioche, &
qui eſt rapportée par le meſme Gratien au
Canon *Rogamus, eadem cauſa 24. quæſt. 1.* declare en termes exprés, que les cauſes majeures, telles que ſont celles de la Foy, doiuent
eſtre decidées par le ſainct Siege, & non pas
par les Eueſques, *Nec ab eius diſpoſitione* (il
parle du ſainct Siege) *vos deuiare oportet* (il
parle des Eueſques) *ad quam cuncta maiora
Eccleſiaſtica negotia, diuina diſponente gratia
iuſſa ſunt referri, vt ab ea regulariter diſponantur,
à qua ſumpſere principia.* Ces mots, *iuſſa ſunt
referri,* denotent l'obligation neceſſitante de
rapporter ces queſtions au ſainct Siege pour

y eftre decidées. Ce qui eft bien éloigné de dire que le fainct Siege ne peut les decider, qu'apres qu'elles auront efté jugées par les Euefques en premiere inftance. Or la raifon de cette neceffité, outre la primauté & la fouueraineté du fainct Siege, peut eftre tirée de la Lettre que le Pape Lucius efcriuit aux Euefques de France & d'Efpagne, où l'on peut remarquer que l'infaillibilité du S. Siege Apoftolique eft telle, qu'il n'a iamais erré en matiere de Foy, *Hæc fanctæ & Apoftolica Mater omnium Ecclefiarum Chrifti Ecclefia, quæ per Dei omnipotentis gratiam, à tramite Apoftolicæ traditionis, numquam erraffe probatur, nec Hæreticis nouitatibus deprauata fuccubuit, fed, vt in exordio normam Fidei Chriftianæ percepit ab Authoribus fuis, Apoftolorum Chrifti principibus illibata fine tenus manet.*

C'eft ce qui faifoit dire au Pape Sixte II. efcriuant à l'Euefque Gratus, *Memor fum me fub illius nomine Ecclefiæ præfidere, cujus à Domino Iefu Chrifto eft confeffio glorificata, & cuius fides nullam hærefim vnquam fouit, fed omnes quidem harefes deftruit.* C'eft dans le fainct Siege Apoftolique que la Religion s'eft toûjours maintenuë fans aucune tache d'herefie. *In Sede Apoftolica extrà maculam femper eft Catholica feruata Religio,* comme le Pape Eu-

febe l'efcriuit aux Euefques de Tofcane fur
vn pareil fujet. Ce fut à S. Pierre feulement
& non aux autres Apoftres, à qui le Fils de
Dieu commanda, *Duc in altum*, c'eft à dire,
comme S. Ambroife l'explique fur le cinquiefme Chapitre de S. Luc : Il n'y a que S.
Pierre & fes Succeffeurs, qui ayent le pouuoir
d'entrer dans le profond Ocean des queftions
de la Foy, pour les decider. *Denique* (dit ce
Docteur) *& fi alȳs imperatur, vt laxent retia
fua, foli tamen Petro dicitur, duc in altum, hoc eft
in profundum difputationum.*

3. Sainct Auguftin dans le Canon *Palam*
diftinct. 12. chez Gratien témoigne ouuertement, qu'il faut auoir recours à l'Eglife Romaine dans les queftions douteufes , entre
lefquelles celles de la Foy tiennent le premier
rang, *Palam eft quod in re dubia ad fidem valeat
authoritas Ecclefiæ Catholicæ, quæ ab ipfis funda-
tiffimis Sedibus Apoftolorum vfque ad hodiernam
diem fuccedentium fibimet Epifcoporum ferie, &
tot populorum confenfionè firmatur.* C'eft vn
Euefque qui parle, & entre les Euefques S.
Auguftin, l'authorité duquel ne peut eftre re-
uoquée en doute par les Ianfeniftes. S. Hie-
rôme a efté de mefme fentiment *ad Damafum,
in expofitione Simboli*, où il témoigne, que
c'eft au Pape de juger de la Foy qu'il profef-

soit, & que si autre que le sainct Siege Apostolique vouloit improuuer sa Foy, il n'en
feroit point de cas, *Hæc est Fides, Papa beatis-*
sime, quam in Ecclesia Catholica didicimus, in
quâ, si minus peritè aut parum cautè fortè aliquid
positum est, emendari cupimus à te, qui Petri, &
Fidem & Sedem tenes. Sin autem hæc nostra
Confessio Apostolatus tui judicio comprobatur, qui-
cumque me culpare voluerit, se imperitum vel ma-
leuolum, vel etiam non Catholicum, non me Hæ-
reticum comprobabit.

4. C'est la doctrine que le Pape Gelase
propose à toute l'Eglise, declarant que le
sainct Siege peut decider les causes majeures, soit que les Euesques en ayent cognu ou
non, soit qu'il se soit tenu quelque Assemblée
là-dessus ; ou qu'il ne s'en soit point tenu,
ainsi que les paroles de ce Pape sont rapportées par Gratien dans le Canon *Cuncta*, en la
cause 9. quæst. 3. *Cuncta per mundum nouit*
Ecclesia, quod sacrosancta Romana Ecclesia fas
de omnibus habeat iudicandi.

Peut-on rien dire de plus significatif, &
y a il rien de plus expres que ce qui suit, *Sed*
nec illa prætermittimus, quod Apostolica Sedes sine
vlla Synodo præcedente, & soluendi quos Synodus
iniquè damnauerat, & damnandi, nullâ existente
Synodo quos oportuit, habuit facultatem. Il en

rend la raison fondée sur la primauté du sainct Siege, *Et hoc nimirum pro suo principatu quem beatus Petrus Apostolus Domini voce & tenuit semper & tenebit.*

Enfin c'est vne doctrine si vniuersellement reçeuë en France, que Nosseigneurs les Euesques escriuans à nostre sainct Pere le Pape, pour faire decider les cinq Propositions, commancent leur Lettre cy-dessus rapportée au chap. 13. par la Declaration qu'ils font de cette illustre verité en ces termes, *Maiores causas ad Sedem Apostolicam referre, solennis Ecclesia mos est, quem Fides Petri numquam deficiens perpetuò retineri pro iure suo postulat.* Peut-on auoir dans l'Eglise Gallicane vn plus illustre témoignage, que celuy de quatre-vingts Euesques, dont la vie & la doctrine remplissent non seulement le Royaume, mais toute la Chrestienté de lumieres si éclatantes, qu'elles sont capables de dissiper les plus époisses tenebres qu'on voudroit leur opposer.

Ces verités posées & confirmées par les Canons cy-dessus rapportés, il est facile de faire voir le peu de stabilité, que les Iansenistes ont donné à l'opinion contraire. Premierement ils se seruent de l'authorité du Pape Innocent I. en son Epistre 2. *ad Vitricium* chap. 3. Mais le chap. 3. de cette Epistre, ne

parle que des caufes crimineles, & des difpu-
tes des Ecclefiaftiques, qui doiuent eftre ter-
minées par quelque chaftiment : & en ce cas
le Pape Innocent ordonne que conforme-
ment au Concile de Nicée (c’eft au chap. 5.)
l’Affemblée des Euefques termine toutes ces
chofes, & que s’il y a des differents & procés de plus grande confequence, qu’on en
aduertiffe le S. Siege, apres que les Euefques
les auront jugés. Et pour juftifier cette réponfe, il ne faut que lire le commancement
& la fin de ce Chapitre 3. *Si quæ autem caufæ*
vel contentiones inter Clericos , tam fuperioris or-
dinis quàm inferioris fuerint exorta, vt fecundum
Synodum Nicænam congregatis eiufdem Prouin-
ciæ Epifcopis iurgium terminetur , fans qu’on
puiffe aller à d’autres Iuges, & à des Euefques d’vne autre Prouince, excepté toutefois l’Eglife Romaine, à laquelle il permit
qu’on s’addreffaft, *fine præiudicio tamen Roma-*
næ Ecclefiæ, cui in omnibus caufis debet reuerentia
cuftodiri. Et voilà pour les petits Procés cri-
minels & petites querelés. Il adjoûte en
fuitte, ce qu’on doit faire pour les plu-gran-
des quereles, *fin autem maiores caufæ in medium*
fuerint deuolutæ ad Sedem Apoftolicam ficut Sy-
nodus ftatuit, & beata confuetudo exigit, poft ju-
dicium Epifcopale referatur. Ce paffage ne fait

rien au fait dont il s'agit maintenant : puis
qu'il n'eſt pas queſtion de ſçauoir, ſi les Eueſques ont droiſt de juger & de terminer les
diſputes & quereles qui naiſſent entre les
Preſtres, & d'impoſer des peines aux crimi-
nels, & que ce ſeroit fort mal à propos, & contre toute raiſon qu'on voudroit conclure de
là qu'il en eſt de meſme des cauſes & des
queſtions de Foy. Il ne reſulte autre choſe
de ce paſſage, quand on voudroit le prendre
en termes generaux pour toutes ſortes de cauſes, ſi non qu'il eſt neceſſaire que le jugement
des Eueſques ſoit confirmé par celuy du ſainſt
Siege. Mais le Pape Innocent ne dit pas, que
le ſainſt Siege ne pourra en cognoiſtre, ſi-
non apres que les Eueſques auront rendu leur
ſentence.

Quant à l'exemple qu'on allegue du Concile de Cartage, dans lequel les erreurs de
Pelagius furent condamnées, & où l'on dit
qu'il paroiſt que les Eueſques ne s'addreſſe-
rent au ſainſt Siege, qu'apres auoir donné
leur jugement, on peut y répondre deux
choſes. L'vne, que c'eſt vn exemple ſingu-
lier, qui n'attribuë point de droiſt aux Eueſques au prejudice du Pape, & à ſon excluſion, de decider les queſtions de Foy en premiere inſtance. Car il faudroit dire & con-

clure en cette maniere, les Euesques de Cartage ont condamné Pelagius, donc le Pape
ne le pouuoit pas condamner, auant que les
Euesques l'eussent jugé. Cette consequence
est impertinente, & ne peut subsister. Car si
le Pape eût condamné Pelagius auant que les
Euesques de Cartage eussent jugé en premiere instance, eussent-ils eu droict de se plaindre du Pape, & sur quel Canon de l'Eglise
eussent-ils pû appuyer leurs plaintes, & pretendre la preference d'en cognoistre en premiere instance? L'autre réponse est tirée de
l'Epistre 24. du Pape Innocent I. qui répond à celle qui luy fut escrite par les Euefques qui auoient assisté à ce Concile; par laquelle le Pape leur fit cognoistre qu'ils n'a-
uoient rien pû decider en cette matiere, sans
auoir receu les ordres du sainct Siege Apostolique: voicy les termes de la Lettre du Pape,
Antiquæ traditionis exempla seruantes, & Eccle-
siasticæ memores disciplinæ, nostræ Religionis vi-
gorem non minus nunc in consulendo, quàm an-
tea cum pronuntiaretis, veneratione firmatis,
scientes quid Apostolicæ Sedi (cum omnes hoc loco
positi, ipsum sequi desideremus Apostolum) de-
beatur à quo ipse Episcopatus & tota authoritas
nominis huius emersit. Quem sequentes tam
mala iam damnare nouimus quam probare lau-
danda,

danda, vel id verò quod Patrum inftituta Sacer-
dotali Officio cuftodientes, non cenfetis effe calcan-
da; quod illi non humana fed diuina decreuere
fententia, (voicy des termes decififs) *vt quid-*
quid quamuis de difiunctis remotifque Prouincijs
ageretur, non prius ducerent finiendum, nifi ad
huius Sedis notitiam perueniret.

I'adjoûte les exemples de ce qui s'eft paffé
dans les Conciles, comme dans celuy de
Calcedoine, où les Euefques publierent,
qu'ils croyoient ce que croyoit le Pape Leon:
Et dans le cinquiefme Concile de Conftantinople, ils fuiuent ce qui leur eftoit prefcrit
par le fainct Siege Apoftolique, touchant les
queftions de Foy. Dans le fixiefme Concile
de Conftantinople ils gardent la doctrine &
la decifion du Pape Agathon, touchant les
deux natures qui eftoient en Iefus-Chrift.
Dans le Concile fecond de Nicee, ils dirent
hautement n'auoir d'autre fentiment que
celuy que le Pape Adrien auoit ouuert par
fes Lettres : Et dans le Concile d'Ephefe, on
fit lecture publique de ce qui auoit efté dreffé
& efcrit à Rome contre les Pelagiens, pour
feruir de regle aux Euefques qui y eftoient affemblés. D'où il eft facile d'inferer, que tant
s'en faut que les Euefques ayent voulu s'attribuer ce droict de juger les caufes majeu-

N

res en premiere inſtance, au prejudice & à l'excluſion du ſainct Siege, qu'au contraire ils ont ſuiuy, dans les plus importantes Aſſemblées de l'Egliſe les ſentimens & les deciſions des Papes, auſquelles ils ont conformé leurs aduis, comme recognoiſſans, ſuiuant la doctrine de S. Ciprien, *libro de vnitate Eccleſiæ*, Que le ſainct Siege eſt comparé à la Teſte, à la Racine, à la Fontaine & au Soleil, & que de luy, comme de la Teſte, toute doctrine eſt deriuée dans les membres du corps myſtique de l'Egliſe: comme Racine, qu'il inflüe dans les rameaux : comme Fontaine, qu'il deriue toutes les eauës ſalutaires, comme Soleil, qu'il départ toutes les lumieres ſur tous les autres corps lumineux de l'Egliſe.

Quant à l'auantage que les Ianſeniſtes veulent prendre de l'authorité de S. Bernard, en ſon Epiſtre 189. où il a eſcrit, que c'eſt aux Eueſques de juger des dogmes de la Foy; il faut conſiderer en quelle façon S. Bernard a auancé cette Propoſition. Mais ne peut-on pas voir par cette Epiſtre meſme, addreſſée au Pape Innocent II. qu'il rend raiſon du refus qu'il auoit fait de diſputer contre Pierre Abaillard, Autheur de nouuelles opinions, en preſence de l'Archeueſque de Sens, & des Eueſques ſes Suffragans ; d'autant, dit-il, que c'estoit plustost l'interest des Euesques, que le sien, de juger des dogmes de la Foy. *Dicebam sufficere Scripta eius ad accusandum eum, nec mea referre, sed Episcoporum, quorum esset ministerij de dogmatibus iudicare.* Mais le mesme S. Bernard en la mesme cause dudit Abaillard a témoigné ouuertement que comme à son égard qui n'estoit qu'Abbé, il appartenoit plustost aux Euesques d'en cognoistre, aussi à l'égard du Pape & des Euesques, ilappartient plustost au Pape qu'aux Euesques; ce qui se voit en son Epistre 188. où parlant de la mesme affaire des opinions erronées dudit Abaillard, il se sert de ces termes, *Et quoniam pro Hur & Aaron stat zelus & authoritas Romanæ Ecclesiæ super populum Dei, ad ipsam meritò referimus non quæstiones sed læsiones fidei.* Et dans son Epistre 190. addressée au Pape Innocent II. il declare ouuertement, que c'est au Pape à decider les questions de la Foy: voicy ses termes, *Oportet ad vestrum referri Apostolatum pericula quæque & scandala emergentia in Regno Dei, & præsertim quæ de fide contingunt. Dignum namque arbitror ibi potissimum resarciri damna fidei, vbi non possit fides sentire defectum. Hæc quippe huius prærogatiua Sedis. Cui enim alteri aliquando dictum est, Ego rogaui pro te Petre, vt non deficiat fides tua: Ergo quod sequitur à Petri Successore exigitur, Et tu aliquando conuersus confirma fratres tuos, id quidem modò necessarium: tempus est vt vestrum agnoscatis, Pater Amantissime, principatum, probetis zelum, ministerium honoretis, in eo planè Petri impletis vicem, cuius tenetis & Sedem, si vestrâ admonitione corda in fide fluctuantia confirmatis, si vestra authoritate conteritis fidei contemptores.* Qui est celuy des Iansenistes, qui apres ce passage de sainct Bernard sera si hardy de vouloir confirmer sa mauuaise doctrine par l'authorité de ce grand Sainct, qui a declaré en termes formels son opinion toute contraire. L'exemple qu'on propose de Gilbert de la Porée Euesque de Poictiers, accusé d'heresie touchant le mystere de la Tressaincte Trinité, & toutefois non condamné, mais r'enuoyé en son Euesché, ne peut estre allegué en faueur de la maxime des Iansenistes, puis que dans le Concile de Reims, où l'affaire se traitta, fut present le Pape Eugene I I I. comme il resulte non seulement de l'Histoire, mais aussi de S. Bernard au chap. 80. sur le Cantique des Cantiques, où il dit, *Vnde non immeritò nuper in Concilio quod Papa Eugenius Remis celebrauit; tam ipsi quàm cæteris Episcopis peruersa visa est & omninò suspecta expositio illa in libro Gilberti Episcopi Pictauien-*

fis, *&c.* Que fi on veut tirer aduantage de ce qui fe paffa dans le mefme Concile, lors que S. Bernard, & les Euefques firent vne Declaration de Foy contre les quatre Propofitions dudit Gilbert de la Porée ; on répondra que par les actes du mefme Concile il fe voit que cette procedure fut improuuée par les Cardinaux, qui en firent leurs plaintes au Pape en ces termes : *Sed quid fecit Abbas tuus, & cum eo Gallicana Ecclefia, qua fronte, quo aufu ceruicem contra Romanæ fedis primatum & apicem erexit ? hæc eft enim fola quæ claudit & nemo aperit, aperit & nemo claudit : ipfa fola de Fide Catholica difcutere habens, à nullo, etiam abfens in hoc fingulari honore prejudicium pati poteft.* Apres quoy le Pape ayant appellé S. Bernard, & s'eftant enquis de luy comme l'affaire s'eftoit paffée, il répondit à fa Saincteté, *Se, vel Dominos Epifcopos nihil de præfatis Capitulis definiffe.* En fuite, l'Hiftoire du Concile adjoûte, *hocque tàm humili quàm modefto refponfo, prædicta Cardinalium indignatio conquieuit ; ita tamen vt præfatum fcriptum tamquam inconfulta Curia prolatum, velut authoritatis pondere carens, pro fimbolo in Ecclefia, quod in Concilijs contra hærefes congregatis fieri folet, non haberetur.*

Enfin pour le regard du paffage de S. Paul

au chap. 4. de l'Epiſtre aux Epheſiens, qui fait voir que Ieſus-Chriſt a eſtably dans ſon Egliſe des Apoſtres, des Paſteurs & des Docteurs, afin que les peuples ne ſoient flotans dans l'incertitude de leur creance, & ne ſe laiſſent emporter legerement à toutes ſortes de doctrine, on n'en peut inferer autre choſe ſi-non l'ordre de la Hierarchie Eccleſiaſtique, & le pouuoir & obligation qu'ont les perſonnes Hierarchiques dans l'Egliſe, d'inſtruire les peuples, & leur adminiſtrer la parole de Dieu; ce qui ne fait rien à la queſtion preſente. Et quoy que les Eueſques ayent ſuccedé aux Apoſtres, il ne s'enſuit pas qu'ils ayent cét aduantage de decider les cauſes majeures, en telle façon que le ſainct Siege n'en puiſſe cognoiſtre qu'apres eux, cette ſucceſſion des Eueſques aux Apoſtres, n'eſtant de la meſme nature que celle des Papes qui ſuccedent à S. Pierre, comme l'on peut voir dans le Cardinal Bellarmin lib. 4. c. 2 4. & 2 5. *de Romani Pontificis Eccleſiſticâ Monarchiâ.*

Les Ianſeniſtes ont ſuppoſé à Poictiers vne Pretenduë Ordonnance de M. l'Eueſque de Comenges, pour authoriſer la maxime cy-deſſus combatuë.

CHAPITRE XXIII.

ON croyoit que cette Réponſe à la fauſſe maxime des Ianſeniſtes, ayant paru à leurs yeux dans Poictiers, ſeroit bien-toſt ſuiuie d'vne replique. Mais comme il eſt difficile d'attaquer les principes, & d'appuyer de raiſons vn menſonge, ils ne ſe mirent point en peine d'attaquer les Canons de l'Egliſe, qui ſeruoient de fondement à cét edifice ; leurs diſpoſitions eſtoient trop claires & éuidentes pour ſouffrir quelque interpretation eſtrangere. C'eſt pourquoy ils s'aduiſerent d'vn autre ſtratageme, & publierent dans Poictiers, que les raiſons qui auoient paru dans cet eſcrit anonime, eſtoient tirées d'vne Ordonnance qui partoit de la main d'vn Prelat François, & que c'eſtoit l'ouurage de Monſieur l'Eueſque de Comenges. Pour le perſuader au ſieur Filleau, s'il eût eſté de legere creance, on luy fit voir vn Cayer imprimé contenant six pages & demie, intitulé *Ordonnance de Monseigneur l'Euesque de Comenge, sur la publication qu'il a faite dans le Synode Diocesain de Comenge, le 9. Octobre 1653. de la Constitution de nostre Tres-sainct Pere le Pape Innocent X. portant censure des cinq Propositions touchant la Grace & le Franc-arbitre.*

Gilbert de Choizeul, par la prouidence de Dieu Euesque de l'Eglise de Comenge, à tous qu'il appartiendra, salut & benediction, &c. Finissant par ces mots, *Donné à Alan le 10. Octobre 1653.*

GILBERT E. *de Comenge.*

Par *Monseigneur,*   LA CROIX.

On vsa de cette precaution, de ne laisser cette piece entre les mains dudit sieur Filleau, mais simplement on luy en donna la lecture : il remarqua incontinant, que dans cét Exemplaire imprimé, on auoit employé les mesmes moyens, & couché les mesmes raisons qui auoient esté déduittes par l'escrit auquel il auoit auparauant répondu. Ce nom de Prelat & d'Euesque François, cét auguste Caractere qu'il a toûjours respecté, luy donnoit quelque inquietude d'esprit ; mais d'vn autre costé la lumiere brillante de la verité opposée aux maximes qu'on aduançoit, sous le titre & l'authorité d'vn Prelat, dissipoit tous les nuages dont cette fausse ap-

parence pretendoit fe voiler : & en fuitte
ayant ferieufement penfé à l'aduis que luy
donnoit l'Apoftre, de ne pas deferer à vn
Ange du Ciel, qui voudroit luy annoncer
des Propofitions contraires à celles du Chri-
ftianifme, il fut fortement perfuadé que ce
ne pouuoit eftre l'ouurage d'vn Prelat, mais
vn efcrit calomnieufement fuppofé par les
Ianfeniftes.

La fuppofition parût ouuertement par deux
confiderations, que ledit fieur Filleau fit obferuer à ceux qui luy firent lecture de cette
piece.

La premiere, en ce qu'on y introduifoit vn
Euefque, qui feul comme plus illuminé, &
plus capable que tous les autres, blafmoit
tous les Prelats de France qu'il nomme zelés, d'auoir reçeu la Bulle de noftre fainct
Pere le Pape, fans obferuer les formes pra-
tiquées de tout temps dans l'Eglife, comme fi luy feul vouloit s'attribuer plus de cognoiffance dans les affaires Ecclefiaftiques,
que n'en ont eu les autres. Voicy comme
il parle. *Nous declarons au furplus, que nous
n'entendons en aucune maniere, déroger par la
publication & reception de ladite Conftitution,
au droict que nous auons de juger en premiere inftance des caufes majeures, & particulierement de*

celles de la Foy; & que si quelques Euesques Zelés
pour maintenir l'vniformité de la doctrine, & empescher que la chaleur des esprits ne donnast occasion au Schisme, ont eu moins d'égard, à cause du
malheur du temps, à conseruer les formes prati-
quées de tout temps dans l'Eglise, qu'à maintenir
son vnité, ils n'ont pû faire neantmoins aucun
tort dans le fonds de nostre droict, contre lequel
on ne sçauroit prescrire. Qui pourroit s'imagi-
ner que ce soit vn Euesque qui parle, &
qui seul censure tous les autres Prelats du
Royaume?

L'autre obseruation que ledit sieur Filleau
fit contre cette piece, & par laquelle il découurit l'artifice & la supposition des Iansenistes, qui non contants d'abuser du nom &
de la doctrine de S. Augustin, qui ne peut les
dementir, ont la temerité d'imposer de fausses
pieces à des Euesques viuans, consiste en la
protestation injurieuse, qu'on pretend estre
faite par vn Euesque contre le sainct Siege,
dans le mesme acte, par lequel il témoignoit
se soûmettre au sainct Siege. Quelle seroit
cette bisarrerie de reclamer contre vne Bulle,
qu'on reçoit, & qu'on fait publier. Voicy les
termes par lesquels on luy fait finir cette Ordonnance de la suppression de la Bulle de
nostre sainct Pere le Pape, plustost que de sa

publication. *Et neantmoins, pour aller au de-*
uant de tout ce dont fe voudroient feruir les enne-
mis de l'Eglife, pour affoiblir l'authorité Epifco-
pale, nous auons, en tant que befoin eft, protefté &
proteftons par ces prefentes, que le refpeƌ que nous
rendons en cette occafion au fainƌ Siege Apofto-
lique, par la reception & publication de ladite Con-
ftitution, ne pourra nuire à l'auenir, ny prejudicier
aux droiƌs Epifcopaux, ny empefcher que deſor-
mais nous ne puiſſions juger des caufes majeures,
& fpecialement de celles de la Foy.

C'eft ainfi que les Ianfeniftes pour authorifer leurs erreurs, ne font point de fcrupule
d'impofer aux Euefques, d'abufer de leurs
noms, & de leur authorité ; mais cela paroi-
ftra encor auec plus d'éclat au Chapitre
fuiuant.

crimine ab vno
Difce omnes.

*Pour combattre la Bulle de N. S. P. le Pape
les Ianseniſtes font imprimer dans Poictiers, & publier vn Libelle, intitulé,
Lettre Paſtoralle de Monſeigneur
l'Archeueſque de Sens.*

CHAPITRE XXIV.

IL ne ſuffiſoit pas aux Ianseniſtes pour defendre leurs erreurs d'emprunter le nom
de Diſciples de S. Auguſtin, & d'abuſer de
la ſaine doctrine de cette grande lumiere de
l'Egliſe. Ils voyoiét les anathemes & les foudres qui les deuoient reduire au nombre des
Heretiques, s'ils perſeueroient obſtinés, &
l'authorité du S. Siege eſtoit le grand obſta-
cle qu'ils rencontroient dans l'execution de
leurs deſſeins, ſçachant que pendant que l'j-
dée de cette puiſſance ſeroit hautement imprimée dans les eſprits de ceux qu'ils s'effor-
çoient de ſeduire, leurs efforts reſteroient
inutils & ſans effet. C'eſt pourquoy l'eſprit
d'orgueil, qui anime toûjours les Hereſiar-
ques, les porta dans le déreglement du premier des Anges Apoſtats, & ils conçeurent

les meſmes vaines penſées, ou de deſtruire la
ſupreme puiſſance de l'Egliſe, ou de s'égaler
à elle. Cette entrepriſe leur parut extraua-
gante en des perſonnes priuées : mais ils crû-
rent qu'elle pourroit reüſſir s'ils ſe ſeruoient
du nom & de l'authorité d'vn Archeueſque
de France, ils penſerent que par ce moyen
ils pourroient déguiſer la deſobeïſſance qu'ils
rendoient au ſainct Siege, lors qu'elle paroi-
ſtroit voilée du ſpecieux pretexte de conſer-
uer les droicts de la puiſſance Epiſcopale,
qu'ils pretendoient faire voir opprimée dans
la procedure, qui auoit precedé l'Oracle
Apoſtolique : ils tâchent donc ſous le nom
d'vn Archeueſque, de faire gouſter aux Ignorans & aux Simples les motifs qu'ils diſoient
auoir de ſe plaindre, de l'vſurpation qu'on
faiſoit ſur l'authorité de Noſſeigneurs les
Eueſques : & par cét artifice recherché ils
firent hardiment imprimer & diſtribuer dans
Poictiers, des miliers d'exemplaires d'vn Libelle que ie deſire vous faire voir icy :

LETTRE PASTORALE DE
Monseigneur l'Archeuesque de Sens,

Pour la publication de la Constitution de Nostre Sainct Pere le Pape, Donnée à Rome le trente-vniéme iour de May dernier 1653.

Imprimée par le Commandement de mondit Seigneur.

LOVIS HENRY DE GON-DRIN, Par la grace de Dieu, Archeuesque de Sens, Primat des Gaules & de Germanie : A nos tres-chers Freres les Doyens Ruraux, Curez, Vicaires, Prestres & Superieurs des Maisons Religieuses de nostre Diocese, Paix & benediction. Comme la grace de Iesus-Christ est le cœur de la Religion Catholique, & la cognoissance de la vertu de la Grace l'vnique fondement de l'humilité Chrestienne; il ne faut pas s'estonner, si de toutes les anciennes traditions, il n'y en a point que le Demon ayt plus combatuë que celle qui conserue dans l'Eglise cette cognoissance si salutaire. C'est pour cela qu'apres que S. Augustin, qui auoit esté choisi de Dieu pour éclaircir toutes ces veri-

tez fainctes, eût glorieufement triomphé des
Pelagiens qui eftoient des ennemis eftran-
gers, il luy en excita au dedans de l'Eglife
mefme, qui s'efforcerent de perfuader qu'il
eftoit tombé dans vne herefie directement
oppofée à l'herefie Pelagienne; & eûrent la
hardieffe de pretendre, que comme les Pelagiens *eftoient dans l'excés & dans l'erreur,* en
combattant trop pour le libre arbitre contre
la Grace, Sainct Auguftin qui les auoit re-
futez *auoit paßé dans l'autre excés & l'autre* Caßian
erreur contraire en éleuant trop la Grace fur le conf. 5.
libre arbitre. Il ne fuffit pas que Dieu eût fuf- chap. 11.
cité faincts Profper & Hilaire en France, *&* S. Prof.
auec eux vn petit nombre d'amateurs intrepides dans fa
de la parfaicte Grace, de Iefus-Chrift, pour de- Lettre à
fendre fa Doctrine toute Celefte contre ceux S. Aug.
qui la combatoient par des opinions humai-
nes, plaufibles & populaires: Il falut de plus
que le Pape Sainct Celeftin s'en declaraft le
Protecteur, en efcriuant à tous les Euefques
de ce Royaume, *Qu'on auoit tort de décrier* S. Cele-
les Ouurages de l'vn des plus excellens Maiftres ftin dás
de l'Eglife, & de l'accufer fauffement d'auoir ex- fa 2. Ep.
cedé & paßé au delà des bornes neceffaires : que aux E-
fa memoire eftoit faincte, & qu'on ne l'auoit ia- uefques
mais foupçonné de la moindre erreur. Et encore de Frá-
que depuis les Papes & les Euefques Fran- ce.

çois l'euffent eftably & recogneu pour le Docteur de la grace, en voulant que le fecond Concile d'Orange qui étouffa le Semipelagianifme ne compofaft fes Canons que des propres maximes de ce grand Sainct, n'ayant point jugé ny de penfées plus Diuines ny de paroles plus fainctes que les fiennes pour former les Decrets du Sainct Efprit : & quoy que dans le fiecle paffé le Sainct Concile general de Trente luy euft fait encore cé mefme honneur, que de fe feruir de fes paroles pour compofer le plus important de fes Canons touchant la grace ; l'ennemy perpetuel de la verité ne laiffa pas d'attaquer de nouueau fa Doctrine tant de fois confacrée & authorifée par le Sainct Siege, en excitant des opinions nouuelles, qui donnerent lieu à cette grande Controuerfe *de Auxilijs*, & à ces fameufes Conferences, où les deux fçauans Papes Clement VIII. & Paul V. choifirent de nouueau Sainct Auguftin comme le Iuge des Theologiens en cette matiere, & fa doctrine comme la regle fur laquelle les Docteurs doiuent former leurs raifonnemens & le S. Siege fes decifions. En fin nous auons veu arriuer de noftre temps, ce qui arriua lors de la premiere publication des Ouurages de Sainct Auguftin durant fa vie mefme, &

entre

entre autres de celuy de la correction de la Grace l'vn des chef-d'œuures de ce grand esprit. Car comme, au rapport de S. Prosper elle causa deux effects bien differens, *l'vn que ceux qui suiuoient dés auparauant l'authorité saincte & Apostolique de sa doctrine, en tirerent vne nouuelle lumiere & vne instruction plus parfaite, & l'autre que ceux qui estoient aueuglés par l'obscurcissement de leurs premieres pensées, n'en conçeurent qu'vne auersion plus forte :* Aussi cette mesme doctrine de S. Augustin ayant reçeu vn nouuel éclat en nostre siecle, elle a excité comme autres fois à ce grand Docteur des Disciples & des defenseurs d'vne part, & de l'autre des aduersaires & des emmemis. Or entre ces defenseurs, feu Messire Octaue de Bellegarde Archeuesque de cette Eglise de tres-saincte & tres-heureuse memoire, que Dieu auoit vny auec nous par les doubles liens de la nature & de la grace, & de la main duquel nous auons reçeu, quoy qu'indignes, le gouuernement de ce Diocese, se rendit illustre par le Recueil Latin des principaux poincts de la doctrine de S. Augustin, distribuée par Titres, & expliquee par les plus formels & les plus excellens de ses passages, qu'il fit imprimer, & qu'il vous addressa par vne Lettre Pastorale, auec ce Titre, *Sainct*

S. Prosp. dans sa Lettre à S. Aug. touchât les Semipelagiens.

O

Augustin enseignant par soy-mesme les Catho-
liques, & vaincant les Pelagiens ; où il vous exhorta à vous nourrir des verités Celestes que
ce grand Sainct y explique, & de consulter
cét Oracle, auquel les Conciles & les Papes
r'enuoyent les Theologiens Catholiques,
pour s'instruire, & ont eux-mesmes recours
sur cette matiere. En quoy nous sçauons que
ce tres-pieux & tres-sage Prelat auoit suiuy
l'esprit general des plus doctes & des plus celebres Cardinaux de ce dernier siecle, qui

ont escrit, *Que le Siege Apostolique a declaré*
qu'il auoit approuué les sentimens de S. Augustin
touchant la Grace & le Libre-arbitre : qu'apres
cette approbation, ils ne doiuent pas estre conside-
rés comme l'opinion de quelques Docteurs parti-
culiers, mais estre nommés, La Foy de L'Eglise
Catholique : qu'il est au-dessus de tous les Peres
pour son esprit & pour sa doctrine, & qu'il merite
d'estre honoré singulierement comme le Docteur
& le Defenseur de la Grace de Iesus-Christ, com-
me le Protecteur (s'il faut ainsi dire) de Dieu con-
tre l'homme, & qui a sçeu parfaitement éleuer la
gloire du Createur sur l'abaissement & sur les rui-
nes des Creatures. Mais nous sçauons encore
qu'il a suiuy le jugement particulier d'vn des
plus eminents Prelats qui ayent gouuerné
cette Eglise, & qui n'a pas moins esté vn or-

nement de ce Siege qu'vne lumiere de l'Eglife Gallicane & de la Romaine, lequel a efcrit:
Que S. Augustin eft le plus grand Docteur au Card.
point de la Predeftination (qui enferme en du Pe-
eminence toute la Grace) *qui ayt efté depuis* pli. l. 1.
les Apoftres: voire la voix & l'organe de l'an- c. 12.
cienne Eglife pour ce regard. Or comme nous
n'auons rien eu de plus cher que de fuiure
l'efprit de ces grands hommes nos predeceffeurs, & particulierement de celuy de qui
nous tenons immediatement la Charge que
nous exerçons ; nous auons crû luy deuoir
fucceder dans la reuerence profonde & le
zele ardent qu'il a témoigné fi hautement
pour la vraye Grace de Iefus-Chrift, qui eft
efficace par elle-mefme, & pour l'authorité
de S. Auguftin : C'eft pourquoy lors que
quelques particuliers fe font portés à cét
excez, de fe feruir des mefmes artifices des
Semipelagiens pour décrier la doctrine de
ce fainct Defenfeur de l'Eglife, en compo-
fant cinq Propofitions qui peuuent auoir vn
fens heretique , qu'ils ont attribuées à feu
Monfieur Ianfenius Euefque d'Ipre de faincte memoire ; nous auons employé tous nos
foins pour conferuer la paix & la pureté de
la vraye doctrine dans noftre Diocefe, en faifant cognoiftre à tous ceux dont le S. Efprit

O 2

nous a donné la conduitte, & qui font capables d'entendre ces grandes verités, que ces
Propofitions conçeuës en termes generaux,
ambigus & équiuoques, ne font point les
vrays fentimens de S. Auguftin, & qu'elles
ont efté compofées par des perfonnes qui
font profeffion publique de ne les pas fuiure,
& qui ont affecté expreffement cette generalité & ambiguité de termes vagues & indefinis pour les faire approcher des herefies
condamnées dans le fainct Concile de Trente; & les expofer ainfi plus facilement à la
cenfure. Ce qui ayant efté reprefenté de
viue voix & par efcrit à noftre fainct Pere le
Pape, apres qu'elles luy ont efté portées, &
que quelques Prelats de ce Royaume l'ont
fupplié de prononcer fon jugement fur ces
Propofitions, fa Saincteté a donné fa Conftitution le trent-vniefme May dernier, par
laquelle elle les a condamnées en general
feulement, fans toucher en particulier à la
doctrine qui auoit efté defenduë en fa prefence, & en les laiffant dans leur ambiguité
generale, felon laquelle tous les Theologiens
font toûjours demeurés d'accord qu'elles
pouuoient eftre condamnées. Or comme
d'vne part nous ne croyons pas qu'aucun
Prelat ou Theologien Catholique puiffe re-

uoquer en doute que ces Propositions, qui
ont esté composées artificieusement pour
estre susceptibles de sens heretiques, n'ayent
pû estre censurées comme telles en elle-
mesmes, & par les Euesques, & par le premier des Euesques Chef de l'Eglise de Iesus-
Christ ; & que pour ce poinct qui regarde la
censure, on ne puisse dire, que le jugement
de sa Saincteté est celuy de tous les Prelats,
estant conforme à la doctrine Ecclesiastique
& aux Decrets des Conciles : Aussi nous
estimons d'autre part, qu'il eust esté à souhai-
ter, que cette decision touchant des poincts
de la Foy & de la Grace, se fût faite d'abord
selon l'ordre commun & l'ancienne tradition de l'Eglise par les Euesques de ce Royaume, à qui il appartenoit de droict par l'essen-
ce de leur dignité, & selon les formes Cano-
niques d'en faire le premier jugement dans
vn Concile. Nous croyons que l'importance
de ces questions eust pû desirer que les Suc-
cesseurs des Apostres & les Peres de l'Eglise
Gallicane, estans establis par l'authorité du
S. Esprit Iuges naturels & legitimes en premiere instance des causes majeures & des
questions de la Foy, principalement de celles qui s'émeuuent dans ce Royaume & dans
les Païs de nos Voisins, ils eussent choisi par

le mouuement de leur zele pour la verité &
pour leur dignité Apostolique la mesme voye
qu'ont tenu autres-fois nos Predecesseurs ;
qui, dans les Conciles d'Orange & de Va-
lance, & en plusieurs autres Synodes, ont
decidé des poincts de la Foy auec tant d'édification & tant de succés, Ce qui auroit heureusement engagé le Tres-sainct Pere à suiure l'exemple si loüable & si venerable des
Saincts Pontifes qui l'ont precedé, en se ser-
uant des mesmes moyens dont ils se sont seruis en pareilles occasions pour approuuer &
pour confirmer par son authorité superieure
ce que les Prelats de France auroient jugé
auant luy par vn Concile. Nous pensons que
toute l'Eglise auroit esté extraordinairement
edifiée de cette conduite ; & que l'Episcopat
estant aussi vnique qu'est la verité, & aussi
eminent dans sa puissance qu'il est diuin dans
son origine, par ce que c'est le Sacerdoce
mesme de Iesus-Christ non moins indiuisi-
ble que son Eglise ; il n'y a rien que les Prelats doiuent auoir plus de soin de conseruer
que les regles sainctes & inuiolables de la tradition, qui ont estably l'Ordre solemnel des
Iugemens Ecclesiastiques, selon l'institution
primitiue du S. Esprit, la practique des Apostres, & subordination reguliere & canoni-

que de la Hirarchie facrée de l'Eglife. Mais
puis que l'ennemy de cette Efpoufe de Iefus-
Chrift femble auoir enuié cette gloire tant à
l'Eglife Gallicane qu'à l'Eglife Romaine, &
que ce n'eft pas dans cette occafion & dans
vne Lettre Paftorale que nous penfons nous
deuoir efforcer de releuer l'Epifcopat qui
s'abbat de iour en iour par les entreprifes
de ceux, ou qui en ignorent la grandeur, ou
qui en méprifent la Saincteté, ou qui en re-
doutent la puiffance, Nous nous contentons
de laiffer aux peuples qui nous font commis,
à déplorer par des gemiffemens de Colom-
bes, & par les fentimens de bons & tendres
enfans, l'obfcurciffement & la deffaillance
que reçoit tous les iours la Dignité Epifcopale, qui eft la lumiere du Monde, & l'authorité de l'Eglife Gallicane, qui eft leur Mere.
Et referuant à produire fur ce fujet les mouuemens de douleur & de zele qui nous per-
cent le cœur, & qui ont autres-fois animé
d'vne generofité Apoftolique les faincts Peres & les grands Euefques de France nos Predeceffeurs, Nous vous enuoyons prefentement cette Conftitution que nous vous ordonnons de receuoir, comme nous l'auons
reçeuë auec le refpect qui eft deu aux Succeffeurs de S. Pierre, & qui a efté de tout

temps hereditaire aux Pasteurs de cette saincte & celebre Eglise Metropolitaine & pri-
matiale, afin qu'au premier iour de sainct Dimanche vous en fassiez la lecture au Prosne
de l'Eglise Parochiale. Et pour rendre vne
reuerence toute entiere à sa Saincteté, dont
les paroles & les declarations nous doiuent
estre venerables, principalement lors qu'elles contiennent son intention veritable &
particuliere, qui semble estre comme l'esprit
qui anime le corps de sa constitution, &
comme vne loy viuante qui accompagne sa
loy escrite, Vous ne manquerez pas de faire
sçauoir aux peuples qui nous sont commis,
que Dieu a imprimé vn sentiment de respect
si particulier pour la doctrine & l'authorité
de S. Augustin dans le cœur de tous les chefs
de son Eglise, qu'il a inspiré à sa Saincteté
de témoigner auant & depuis sa Constitution à plusieurs personnes irreprochables &
dont quelques-vnes mesmes sont illustres &
eminentes, qu'il n'a iamais eu aucun dessein dans cette censure de toucher à la Grace
efficace par elle-mesme, necessaire à toute
bonne action, ny à la doctrine de S. Augustin ; sçachant aussi bien que Clement VIII.
son Predecesseur, que c'est celle du S. Siege
Apostolique, & vn Tresor precieux dont l'E-

Clem. 8
dans la
cong.
de Aux.

glise Romaine est depositaire. Cette Declaration expresse de sa Saincteté, qui est maintenant aussi publique & aussi constante en France qu'à Rome, nous oblige à vous enjoindre de ne point souffrir, que les Predicateurs dans vos Eglises soient si hardis que de passer des termes generaux de ces Propositions qui les rendent censurables comme heretiques, au sens particulier & tout different qui contient les maximes fondamentales de la doctrine de S. Augustin. Veillez à ce qu'ils ne preschent la doctrine precisement condamnée par cette Constitution, & qu'ils demeurent dans les bornes que le Pape leur a marquées : & s'ils imitent ceux dont les Peres disent, que de l'Euangile de Iesus-Christ ils faisoient leur propre Euangile par leurs fausses consequences & leurs interpretations erronées; ne manquez pas de nous en aduertir au pluftost, afin que suiuant l'intention de nostre S. Pere, & employans pour la verité & pour la Foy de l'Eglise la puissance que le S. Esprit nous a donnée, nous apprenions charitablement à ces personnes à separer, selon le Prophete, le sainct d'auec le prophane, & le precieux d'auec le vil. Quant à vous en éuitant soigneusement ces heresies & ces impietés, qui sont proscrites dans cette

Cenſure, recherchez la verité Catholique
dans cét excellent recuëil de la doctrine de
S. Auguſtin, tout compoſé de ſes paroles
Latines, que noſtre tres-venerable & tres-ju-
dicieux Prédeceſſeur vous a ordonné de lire,
pour annoncer aux Chreſtiens (que vous
gouuernez ſous nos Ordres) ce que ce grand
ſainct Docteur de l'Egliſe annonçoit à ſon
peuple, touchant la Grace, & ce qu'il eſcrit
qu'on doit enſeigner à tous les Fideles Catholiques. Preſchez leur auec vn eſprit de
paix & de charité, & non de contention &
de diſpute, les verités les plus édifiantes &
les plus vtiles, leſquelles ſe reduiſent toutes
à entrer dans l'eſprit ſi humble & ſi recog-
noiſſant que l'Egliſe témoigne en ſes prieres, dans leſquelles S. Auguſtin meſme eſcrit
que le S. Eſprit a conſerué la plus ancienne
& la plus inuiolable Tradition de la Grace.
Apprenez leur ce que nous apprenons des
paroles meſmes que nous diſons publiquement à Dieu dans nos Egliſes, *Qu'il faut ſans
ceſſe demander cette grace qui doit nous preuenir
& nous ſuiure dans toutes nos actions: que Dieu
eſtant le Dieu des Vertus, tout ce qui eſt bon vient
de luy ſeul, & appartient à luy ſeul: que ſans luy
la fragilité humaine ne peut que tomber: que pour
auoir ſeulement vne bonne penſée nous auons be-*

S.Aug.
du don
de la
perſ. c.
22.&.23

ſoin de ſon Eſprit ſainct : que c'eſt luy qui nous fait demander ce qui luy eſt agreable, pour nous accorder en ſuitte ce que nous luy demandons : & enfin que cette grace qu'il nous promet, eſt le remede vnique de toutes nos maladies, & l'vnique eſperance de ceux qui le ſeruent.

Voylà la Doctrine d'édification & de ſalut que l'Egliſe noſtre bonne Mere enſeigne à tous ſes Enfans. C'eſt pourquoy ie vous conjure d'apprendre d'elle à parler comme elle, & de ſuiure auec vne parfaite ſincerité & vne profonde reuerence l'vne des principales & des plus ſainctes intentions qu'a eu noſtre Sainct Pere dans ſa Conſtitution, en fuyant toutes ſortes de diuiſions & de diſputes. Aymons la paix, preſchons la paix, & ne la ſeparons pas de la grace, puiſque les deux premiers Apoſtres S. Pierre & ſainct Paul dans leurs diuines Epiſtres donnent tout enſemble pour leur benediction Apoſtolique la grace & la paix ; nous apprenant en les vniſſant ainſi l'vne auec l'autre qu'on ne doit iamais les diuiſer. Ie vous conjure donc par les entrailles de la charité paſtorále, d'entrer auec affection dans le ſentiment & dans la pratique de ces veritez, de veiller auec toute ſorte de circonſpection & de ſoin à ce que le Troupeau qui nous a eſté commis pour le mener à Dieu ne foit nourry que d'vne doctrine toute Celeste, & de confiderer que la grace de Dieu nous a efté donnée non pour eftre le fujet de nos conteftations mais pour eftre la vie & la fanctification de nos ames : afin qu'attirans fur nous cette mefme Grace qui nous eft fi neceffaire, elle fe répande de nous fur les peuples que nous conduifons, & que les fouftenans par ce fecours du Ciel qui eft noftre vnique fouftien, nous puiffions, comme le grand Apoftre dit à fon Difciple, nous fauuer nous-mefmes en fauuant les autres. Fait à Brinon, ce vingt-troifiefme de Septembre 1653.

Signé, L. H. DEGONDRIN.

Archeuefque de Sens.

Et plus bas, par Monfeigneur : M. A. D'AIGNAN.

Cette Lettre Paftorale eft arreftée par les gens du Roy au Prefidial de Poictiers, & mife entre les mains des Docteurs de Theologie, qui ont déliuré leur Procez verbal de l'examen qu'ils en ont fait.

CHAPITRE. XXV.

LA hardieffe des Ianfeniftes fut telle, qu'apres auoit fait imprimer cette pretenduë Lettre Pastorale, en la forme qu'elle a esté transcritte au Chapitre precedent, ils en firent vne distribution publique, auec la mesme liberté, que si cette piece fût venuë de la main d'vn Euesque de Poictiers, qui en eût ordonné la publication dans son Diocese: iusques là mesme qu'ils ne se contenterent pas d'en donner vn exemplaire à chacun en particulier, mais pour luy bailler plus de cours, ils en mirent iusques au nombre de sept entre les mains d'vn Ecclesiastique, qui apres l'auoir leuë, s'en trouua si scandalisé, qu'il en aduertit le sieur Filleau Aduocat du Roy, auec asseurance de luy fournir plus grande quantité desdits exemplaires s'il estoit necessaire.

Le sieur Filleau ayant reçeu cette copie imprimée, la communiqua au sieur Iarno Procureur du Roy; & tous deux ensemble apres en auoit fait lecture dans leur parquet, recognurent que c'estoit vne piece si injurieuse aux droicts du sainct Siege, & du Roy, qu'il n'y auoit aucune apparence de presumer qu'elle partit de la main d'vn Prelat François.

Cela les obligea d'en donner aduis au sieur Irland Lieutenant Criminel, & de luy remonstrer qu'il estoit expedient d'arrester le cours de cette piece, qui ne pouuoit paſſer que pour vn Libelle diffamatoire, compoſé contre l'honneur, l'authorité & les droicts de noſtre ſainct Pere le Pape, & contre la procedure tenuë par le Roy dans les inſtances qu'il auoit fait faire aupres de ſa Sainćteté pour l'obtention de la Bulle, que cet imprimé attaquoit auec autant d'outrage que de ſcandale.

Mais d'autant que ce Libelle touchoit quelques points de Theologie, auſſi-bien que de la Police Eccleſiaſtique, il fut ordonné ſur la remonſtrance deſdits Gens du Roy, que ladite piece ſeroit miſe és mains de deux Docteurs de la Faculté de Theologie de l'Vniuerſité de Poićtiers. A cét effet on nomma les ſieurs le Vaſſeur & Maret, tous deux Docteurs Regens en Theologie, & Curés en cette ville de Poićtiers, leſquels s'eſtans aſſemblés, & ayans examiné ladite piece, rendirent leur procés verbal en la forme qui s'enſuit, dont l'Original, auec vn Exemplaire de cette pretenduë Lettre Paſtorale eſt demeuré au Greffe Criminel du Siege Preſidial.

Procés verbal des Docteurs Regens en la
Faculté de Theologie.

NOVS Louys Le-Vaſſeur Docteur Re-

gent en la Faculté de Theologie en l'Vniuerfité de Poiﬕiers, & Prieur de faincﬅe Opportune, Helye Maret auﬂi Doﬕeur Regent en
ladite Faculté de Theologie, & Curé de S.
Sauin de cette-dite Ville, certifions, que par
l'ordre de Meﬂieurs les Gens du Roy au Siege Preﬅdial de cette-dite Ville, Nous auons
leu & examiné vn certain Cayer imprimé,
fans y auoir aucun nom d'Imprimeur, & qui
porte pour titre, *Lettre Paﬅorale de Monfeigneur l'Archeuefque de Sens;* Et auoir trouué,
que la doﬕrine employée audit Cayer imprimé, eﬅ contraire à celle de la Bulle de noﬅre fainﬕ Pere le Pape, par laquelle il a condamné l'herefie des Ianfeniﬅes, & que fous
pretexte d'ordonner la publication de ladite
Bulle, on l'attaque dans fa fubﬅance, & en
éleuant la doﬕrine de S. Auguﬅin (qui n'a
iamais eﬅé du fentiment des Ianfeniﬅes) l'on
veut donner atteinte aux condamnations
fulminées par noﬅre fainﬕ Pere le Pape. De
forte que nous ne pouuons eﬅimer, que cette
pretenduë Lettre Paﬅorale procedé en la
forme qu'elle eﬅ conçeuë d'vn Prelat de la
qualité de Monfeigneur l'Archeuefque de
Sens: & qu'il y a apparence, ou qu'elle a
eﬅé fuppofée, ou alterée par les Ianfeniﬅes,
pour donner quelque couleur à leurs erreurs

ſous l'authorité d'vn grand Prelat. Fait és
Eſcholes de Saincte Opportune le 29. No-
uembre 1653. ainſi ſigné, L. Leuaſſeur
Prieur des Eſcholes de Saincte Opportune,
& H. Maret.

La cenſure de ces deux Docteurs en Theologie ayant eſté rapportée, & miſe és mains
des gens du Roy audit Preſidial, ils exami-
nerent auſſi dans leurs Parquet les raiſons &
moyens de cette pretenduë Lettre Paſtorale,
par leſquels les droicts du S. Siege, & ceux
du Roy ſe trouuoient receuoir quelque atteinte; & ſuiuant les jnionctions qui ſont
faites aux Officiers du Roy, par la Declaration de ſa Majeſté renduë en execution de
la Bulle de ſa Sainteté; ils eſtimerent eſtre
de leur deuoir d'en faire leurs plaintes, pour
arreſter la diſtribution de ce Libelle jniu-
rieux au Pape & au Roy, & en conſequence
de cette deliberation de leur Parquet, le
ſieur Filleau, comme premier Aduocat du
Roy audit Siege Preſidial de Poictiers, aſſiſté de Maiſtre Marc Iarno Procureur du Roy,
fit la remonſtrance au ſieur Irland Lieutenant General Criminel, ſur laquelle fût renduë l'Ordonnance qui s'enſuit.

Ordonnance

Ordonnance sur la remonstrance des Gens du Roy à Poictiers, Contre le Libelle intitulé Lettre Pastorale de Monseigneur l'Archeuesque de Sens.

CHAPITRE XXVI.

DE PAR LE ROY.

SVr ce qui Nous a esté remonstré par Maistre Iean Filleau Aduocat du Roy, assisté de Maistre Marc Iarno, Procureur du Roy, Que quelques particuliers distribuent en cette Ville de leurs authorité priuée vn certain Cayer imprimé sans aucun nom d'Imprimeur, comme il est requis par les Ordonnances & Arrests : qui porte le tiltre de *Lettre Pastorale de Monseigneur l'Archeuesque de Sens :* Et sans qu'il paroisse aucun Original ou coppie deuëment collationnée à iceluy, lequel Cayer ayant esté de nostre Ordonnance veu & examiné par Messire Louis Le-Vasseur, Docteur Regent en la faculté de Theologie en cette Vniuersité, & Prieur de Saincte Opportune ; Et par Messire Helie Maret, aussi Docteur Regent en ladite faculté de Theologie, & Curé de Sainct Sauin de

cettedite Ville, ils ont rendu leur Procez
verbal le 29. Nouembre dernier, Signé
d'eux ; Portant entre autres chofes, Que la
Doctrine contenuë audit Cayer imprimé, eft
contraire à celle de la Bulle de noftre fainct
Pere le Pape, par laquelle il a condamné
l'Herefie des Ianfeniftes, & que fous pretexte
d'ordonner la publication de ladite Bulle, on
l'attaque dans fa fubftance, & en éleuant la
doctrine de S. Auguftin, qui n'a iamais efté
du fentiment des Ianfeniftes, on veut donner attainte aux condemnations fulminées
par noftre S. Pere le Pape. De forte que lefdits Docteurs rapportent par le mefme procez verbal qu'ils ne peuuent eftimer que
cette pretenduë Lettre Paftoralle procede
en la forme qu'elle eft conceuë d'vn Prelat
de la qualité dudit Seigneur Archeuefque de
Sens, & qu'il y a apparence qu'elle a efté
fuppofée ou alterée par les Ianfeniftes, pour
donner quelque couleur à leurs erreurs, fous
l'authorité d'vn grand Prelat. Laquelle fuppofition lefdits Gens du Roy ont encores découuerte par quelques obferuations qui re-
fultent de la lecture dudit Cayer imprimé,
où l'on fait parler vn Prelat François de haut
merite, & de grande confideration, en des
termes qui heurtent & l'authorité du fainct

Siege, & celle du Roy. Car quoy que les
Prelats ayent accouftumé de fe qualifier tels.
Par la grace de Dieu, & du Sainct Siege; On
luy fait obmettre cette feconde circonftance:
laquelle obmiffion joincte auec ce qui eft
porté dans la troifiefme page, où il eft dit que
ce Prelat *a receu de la main de fon Oncle le gou-*
uernement de fon Eglife; & fur la fin de la mefme
troifiefme page, *qu'il tient de luy immediate-*
ment fa charge d'Archeuefque, le feroit paffer
pour independant du Roy, qui eft fon nomi-
nateur en cette charge, & de noftre S. Pere le
Pape, qui la luy a conferée. On luy fait auffi dire en la 4ᵉ page que *les cinq Propofitions ont efté*
artificieufement compofées par des Semipelagiens,
contre ce que noftre fainct Pere le Pape a declaré dans fa Bulle, où il eft porté qu'elles
ont efté extraictes du liure de Ianfenius : &
on luy fait qualifier en la mefme page, *Ianfe-*
nius de faincte memoire; bien que fa Saincteté ait condamné fes opinions comme heretiques, & qu'elle ait mefme declaré, fur la fin
de fa Bulle, qu'elle n'entendoit point approuuer les autres opinions de Ianfenius, quoy
que non condamnées par cette Bulle. Dans la
mefme page on luy fait accufer *d'herefie & de*
mauuaife foy, ceux qui ont compofé les cinq Propo-
fitions en termes vagues & indefinis: Cela heur-

te Messieurs les Euesques qui les ont presen-
tées au Pape, pour prononcer sur icelles, &
c'est attaquer sa Majesté, qui a puissamment
appuyé la demande que Messieurs les Prelats
ont faite à sa Saincteté, d'en porter vn jugement decisif.　On fait encores dire à ce Prelat en la mesme quatriesme page que *noſtre
ſainct Pere le Pape n'a prononcé contre ces cinq
Propoſitions qu'en general ſeulement, ſans toucher en particulier, à la Doctrine qui auoit eſté
deffenduë en ſa preſence, & en les laiſſant dans
vne ambiguité generale.* Ce qui est vn dementy donné à la Bulle qui declare qu'elles sont
tirées du Liure de Ianſenius, & conſequemment qu'elles ſont condamnées, au ſens
qu'elles ont en ce Liure là meſme. Et certes
puis que le Pape a declaré par sa Bulle, que
c'est à la Requeſte de Meſſieurs les Euesques
de France, qu'il a entrepris cette affaire, &
qu'il a voulu remedier aux deſordres que
cette Doctrine auoit deſia cauſé, & pourroit
cauſer à l'aduenir, ces Propositions doiuent
eſtre entenduës dans le ſens qu'elles ont en
la bouche de ceux qui ont cauſé ces deſordres dans l'Egliſe, formant le dangereux party des Ianſeniſtes. Sur la fin de ladite quatriesme page & au commencement de la
cinquieſme, l'on fait parler ce Prelat comme

prouuant que la Bulle de noſtre ſainct Pere
le Pape, eſt nulle, en ce que *eſtant queſtion
de la Foy & de la Grace;* on luy fait dire, *qu'on
n'a pas ſuiuy l'ordre commun, la primitiue inſti-
ſtitution du ſainct Eſprit ; & l'ancienne tradition
de l'Egliſe,* & qu'il appartenoit à Meſſieurs les
Eueſques par l'eſſence de leur dignité, d'en
faire le premier jugement dans vn Concile,
*Les Peres de l'Egliſe Gallicane eſtans eſtablis par
l'authorité du S. Eſprit Iuges naturels en premiere inſtance des queſtions de la Foy.* Ainſi noſtre
ſainct Pere le Pape, n'ayant pas ſuiuy cét
ordre, ny la tradition de l'Egliſe, *ny l'inſtitution du S. Eſprit,* qui ne ſouffre point de diſ-
penſe, en decidant cette affaire, ſans qu'elle
eût eſté jugée auparauant par Meſſieurs les
Eueſques dans vn Concile, en qualité de
Iuges naturels en premiere inſtance, n'eſt-ce
pas dire que noſtre ſainct Pere le Pape a erré,
& que ſa Bulle eſt de nulle valeur & conſide-
ration, & contraire *à l'inſtitution du S. Eſprit?*
Par ce moyen l'on offenſe injurieuſement
l'authorité du S. Riege, requis & prié par
Meſſieurs les Eueſques de prononcer là deſſus : c'eſt auſſi par meſme moyen tacitement
blaſmer la prudence du Roy, qui ſans ſuiure
leſdits ordres, a agy aupres de ſa Saincteté
pour faire decider ce different; & c'eſt de-

mentir ce que sa Majesté a declaré par son Ordonnance du quatriesme Iuillet dernier, qui porte que dans ladite Bulle il ny a rien de contraire aux libertés de l'Eglise Gallicane, & aux droicts du Royaume. Sur la fin de la mesme cinquiesme page, l'on fait dire à ce Prelat *que l'Eglise Gallicane, & la Romaine mesme, a esté priuée de la gloire qu'elle deuoit auoir eu en cette affaire, & que dans les procedures, qu'on a tenuës, l'Episcopat y a esté abatu.* Par telles paroles on fait plaintes contre le sainct Pere, voire mesme c'est luy faire vne reprimande, d'auoir jugé de ces Propositions auant que Messieurs les Euesques en eussent porté jugement dans vn Concile : c'est accuser le Roy & Messieurs les Prelats, qui ont escrit à sa Saincteté afin qu'elle agit ainsi, d'auoir contribué à ces desordres, & cooperé à la destruction de l'Episcopat, en ce que le S. Pere, comme parle ce Cayer imprimé, *n'ayant pas suiuy l'exemple des autres Pontifes, qui l'ont precedé pour confirmer par son authorité ce que les Prelats de France auroient jugé auant luy dans vn Concile.* Ces paroles n'ont aucun fondement dans la disposition des Canons & Conciles, où il ne se trouue point que ce soit vn ordre necessaire, que le Concile de Messieurs les Euesques doiue tousiours preceder

les decifions des Papes : Les Predeceffeurs
de fa Sainѐteté, qui font loüés dans ce Cayer
imprimé, ont pratiqué le contraire, & ont
condamné le Ianfenifme en la doѐtrine de
Bayus, fans vn Concile precedent de Meffieurs les Euefques, & de la mefme façon que
noftre fainѐt Pere le Pape Innocent X. l'a
condamné par fa Bulle. Dans la fixiéme
page l'on fait que ce Prelat donne autant
d'authorité à vn faux bruit, que les Ianfeniftes ont fait courir d'vn certain pretendu
difcours de noftre fainѐt Pere le Pape, qu'à
la Bulle mefme de fa Sainѐteté ; & bien plus,
car il eft dit audit lieu que c'eft par ce moyen
qu'on fçait qu'elle eft l'intention du Souuerain Pontife, & que cette intention fait qu'on
doit auoir particulierement égard à fa parole.
Quand ce bruit feroit veritable, il ne pourroit
auoir autant de force que la Bulle, n'eftant
point venu à nous par les voyes juridiques :
& cependant tout faux qu'il eft, on veut que
la Bulle mefme en dépende ; & qu'elle foit
plus confiderée pour cela. Au mefme lieu on
tafche d'empefcher le fruiѐt que cette Bulle
doit produire, declarant *qu'elle n'a point touché
à la Grace efficace par elle-mefme* ; car ces paroles font ambiguës & captieufes, en ce que
toute Grace efficace eftant efficace par elle-

mesme, comme personne n'en peut douter,
nostre sainct Pere le Pape n'en a point voulu
parler ; mais sous ces mots, on veut garantir
la Grace des Ianseniftes, qui doit estre efficace par elle feule, & en telle façon que le
Libre-arbitre ne puiffe luy refifter, ou pour le
moins ne luy refifte iamais. De plus, dans le
Cayer imprimé on aduoüe en diuers endroits, comme dans la seconde page, que
*S. Augustin est la Reigle des decisions du sainct
Siege, & des Conciles en la matiere de la Grace,*
& que diuers Papes ont recognu cette verité,
Il est bien vray que les Papes se sont seruis
des sentimens & des paroles de cét incom-
parable Docteur ; mais il ne peut estre pour
cela la Reigle des Oracles du sainct Siege,
par ce que tels Oracles sont infallibles, &
l'authorité d'vn Docteur pour grand & éclai-
ré qu'il soit, n'est point infallible. Partant
Nous auroit requis ledit Procureur du Roy
en execution de l'Ordonnance de sa Majesté
du quatriesme Iuillet dernier passé, de pouruoir aux desordres, que cause & peut causer
ce Cayer imprimé. A CES CAVSES, veu
par Nous l'vn des exemplaires dudit Cayer
imprimé, portant le titre de *Lettre Pastoralle
de Monseigneur l'Archeuesque de Sens,* veu aussi
le Procez verbal de l'examen qui en a esté

fait par lesdits sieurs Le-Vasseur & Maret
Docteurs en Theologie, datté du vingt-
neusiesme Nouembre, que Nous voulons
demeurer en nostre Greffe, attachés à la mi-
nute de nostre presente Ordonnance, para-
phés de Nous & dudit Procureur du Roy,
N O V S auons ordonné qu'à la Requeste
dudit Procureur du Roy, il sera informé contre ceux qui ont imprimé, fabriqué, supposé,
distribué, ou donné cours en cette Ville ou
dans l'estenduë de nostre Ressort audit Cayer
imprimé, & à cette fin permettons audit
Procureur du Roy d'obtenir & faire publier
des monitions en forme de droict, pour le
procez leurs estre fait & parfait suiuant la ri-
geur des Ordonnances. Faisons inhibitions
& deffences à peine de cent liures d'amande,
applicables à l'Hostel-Dieu de cette Ville,
à toutes personnes de distribuer à l'aduenir,
ou retenir par deuers eux aucuns exemplaires dudit Cayer imprimé, enjoignons à tous
ceux qui en ont, de les apporter à nostre
Greffe dans huictaine, pour toutes prefixions
& delays, afin d'estre supprimés. Ordonnons
qu'il sera donné aduis par le Procureur du
Roy audit Seigneur Archeuesque de Sens de
nostre presente Ordonnance, pour se pouruoir si bon luy semble, contre ceux qui ont

abuſé de ſon Nom, & ſuppoſé ledit Cayer
imprimé ; ce qui ſera executé en cas d'appel,
nonobſtant & ſans prejudice d'iceluy, publié
à ſon de Trompe, imprimé & affiché aux
lieux publicqs de cette Ville, à ce que perſonne n'en pretende cauſe d'ignorance. Donné & fait en la Cour ordinaire & criminelle
de Poictou à Poictiers, par nous Iean Irland,
Conſeiller du Roy, Lieutenant General Criminel en la Seneſchauſſée & Siege Preſidial
de Poictou, à Poictiers, le deuxieſme iour de
Decembre, mil ſix cens cinquante-trois.

Signé, IRLAND Lieutenant Criminel.
M. IARNO Procureur du Roy.

---

*Monſeigneur l'Archeueſque de Sens eſt ad-
uerty par les Gens du Roy de ce qui s'e-
ſtoit paſſé à Poictiers touchant la ſuppoſition de cette pretenduë Lettre Paſtorale.*

CHAPITRE XXVII.

CEtte Ordonnance portant injonction
aux Gens du Roy dudit Siege Preſidial
de Poictiers, de l'enuoyer audit Seigneur

Archeuefque de Sens, afin qu'il fut aduerty
du tort que les Ianfeniftes faifoient à fa qualité & à fa perfonne , par la diftribution &
publication d'vne piece, qu'ils fuppofoient
eftre l'ouurage de fes mains, intitulée de fon
nom. Les mefmes Aduocat & Procureur du
Roy, qui auoient obtenu cette Ordonnance,
fe mirent en deuoir d'y fatisfaire , & de témoigner audit Seigneur Archeuefque de
Sens, le zele qu'ils auoient pour fon feruice
dans vne occafion fi importante, qui ne regardoit pas feulement fa perfonne, mais celle
de tous Nofíeigneurs les Prelats de France
intereífés, à ne pas fouffrir qu'on abufe de
leur nom & de leur authorité, pour appuyer
vne defobeïíſance formelle aux decifions de
fa Sainĉteté, qu'ils ont toûjours recognuë &
refpeĉtée, comme le Sanĉtuaire du S. Efprit,
& le Chef fupreme & Monarchique de l'E-
glife vniuerfelle.

L'intereft public, qui les attache à combatre les fauífetés & les fuppofitions, en des occafions moins importantes que celle qui fe
prefentoit, euft efté fuffifante, ceffant l'in-
jonĉtion expreffe portée par cette Ordonnance, de les y engager pour donner moyen
à vn fi grand Prelat, de faire chaftier ces temeraires & infolens efprits, qui auoient at-

tenté à son honneur & fleſtry ſa reputation, par vne piece ſi éloignée des maximes orthodoxes.

C'eſt pourquoy les Gens du Roy pour s'acquiter de ce qui leur eſtoit enjoinct, enſemble pour donner ouuerture au chaſtiment exemplaire, que meritoient ceux qui auoient vſé de cette ſuppoſition, eſcriuirent vne Lettre audit Seigneur Archeueſque de Sens, luy enuoyerent vn exemplaire de l'Ordonnance qu'ils auoient obtenuë : & afin que le tout luy fut rendu auec plus de fidelité, on en fit vne particuliere recommandation à la Veſue Girault, qui tient le Bureau des Lettres de la Poſte en cette Ville, laquelle en ſuitte fit l'addreſſe de tout à ſon Correſpondant à Paris, & le chargea expreſſement de faire porter le pacquet en l'Hoſtel dudit Seigneur Archeueſque, pour luy eſtre fidelement deliuré ; ce qui a eſté ponctuellement executé.

Mais quelque precaution que les Gens du Roy du Preſidial de cette Ville y ayent pû apporter, quelque ſoin & vigilance qu'on ayt eu pour faire tenir ce pacquet important, ſelon ſon addreſſe, ils n'ont pas eſté aſſez heureux pour reçeuoir réponſe de la part dudit Seigneur Archeueſque de Sens ; ce qu'ils ont imputé volontiers à quelque bonté du-

dit Seigneur, lequel comme personne con-
ſtituée dans les premieres dignités de l'Egliſe, s'eſt contenté par vn eſprit genereux &
plein de pieté, de pardonner à ceux qui l'a-
uoient ſi outrageuſement offenſé, pluſtoſt
que de recourir à la ſeuerité de la juſtice,
de laquelle les Autheurs de ce Libelle ſuppoſé, n'euſſent pû éuiter les peines plus ri-
goureuſes, ſi celuy que l'offence regardoit
directement, euſt voulu ſe ſeruir de ſon authorité, & joindre ſes plaintes à celles qui
auoient deſia éclaté.

Mais auſſi afin que les Gens du Roy audit
Poictiers, puſſent par des voyes irreprochables juſtifier leur procedure, & faire cognoiſtre, qu'ils auoient ſatisfait à ce qui leur eſtoit
preſcrit, ils laiſſerent au Greffe du Siege de
Poictiers vn double de la Lettre, par eux
eſcrite audit Seigneur Archeueſque de Sens,
& en enuoyerent vne copie à Monſeigneur le
Nonce, pour l'aduertir de tout ce qui ſe paſſoit en cette occaſion, qui regardoit les intereſts de ſa Saincteté.

Lettre des Gens du Roy à Monſeigneur l'Ar-
cheueſque de Sens.

Monſeigneur,
Quelques particuliers ayans fait impri-

mer en cette Ville de leur authorité priuée,
vn Cayer portant le titre de *Lettre Pastorale*,
comme emané de vous, que les Docteurs de
Theologie ont recognu contenir vne doctrine contraire à celle de la Bulle de noſtre S.
Pere le Pape, Nous auons eſtimé ne pas deuoir ſouffrir qu'on abuſaſt de voſtre nom par
telles ſuppoſitions, & auons obtenu le jugement du deuxiéme de ce mois, duquel nous
vous enuoyons copie auec l'exemplaire de ce
Cayer imprimé, ſelon qu'il nous eſt enjoinct
par le meſme jugement; afin que s'il vous
plaiſt tirer raiſon de l'offenſe qui vous eſt
faite par telle ſuppoſition, vous nous en faſ-
ſiez aduertir, & que nous puiſſions employer
tous nos ſoins, pour ſeconder en cela vos intentions en qualité de

Monſeigneur,

> Vos tres-humbles & tres-obeïſſans Serui-
> teurs les Gens du Roy au Preſidial de
> Poictiers,
>
> I. FILLEAV, Aduocat du Roy.
> M. IARNO, Procureur du Roy.

Au deſſus de cette Lettre eſt eſcrit :

A Monſeigneur
    Monſeigneur l'Archeueſque de Sens
        A Sens.

On enuoye à fa Sainɛteté l'Ordonnance renduë contre cette pretenduë Lettre Paftorale.

CHAPITRE XXVIII.

COmme ceux qui auoient fuppofé cette Lettre Paftorale, fous le nom de Monfeigneur l'Archeuefque de Sens, eftoient ennemis de la puiffance fouueraine du Chef de l'Eglife vniuerfelle : il n'eftoit pas raifonnable que cette entreprife fi temeraire, qui s'eftoit éleuée iufques contre la Thiare du Vicaire de Iefus-Chrift : fût fouftraitte aux foudres & aux Anathemes. C'eft pourquoy le fieur Filleau, pour continuer les refpects qu'il doit au fainct Siege, & pour ne pas fouffrir qu'on attaquaft impunement cette fupreme authorité, creut eftre de fon deuoir, d'informer noftre fainct Pere le Pape, de ce qui s'eftoit paffé en cette Ville. A cét effet il enuoya à fa Sainɛteté vn exemplaire de l'Ordonnance renduë fur fa remonftrance, auec vn des Imprimés de cette pretenduë Lettre Paftorale.

Mais d'autant que fa Sainɛteté, & le facré

Conclaue pourroient auec plus de facilité
prendre la lecture & l'intelligence de cette
Ordonnance, si elle estoit conçeüe en termes
Latins, on en fit vne version Latine, & le tout
fut addressé au pieds de sa Saincteté par ledit
sieur Filleau, qui luy escriuit en ces termes.

Sanctissimo Domino nostro Innocentio, in Terris
  Christi Vicario, & totius Ecclesiæ Pontifici
  maximo.

Ioannes Filleau Regi Christianissimo à secretio-
  ribus Consilijs, eiusdemque apud Pictauienses
  Propotopatronus, deuotum humilitatis & obe-
  dientiæ famulatum.

Beatissime Pater,

   Ignotus sacris Apostolicæ Sedis pedibus
aduoluor, si tamen aliquem liberorum, Ca-
tholicus pater ignorat. Audaciæ meæ ve-
niam dabit accedendi necessitas, quæ diu-
tius in hac Vrbe Pictauiensi Apostolici Principis tutelari præsidio gloriosa, & mox Romanæ purpuræ radijs illustranda, sub verô,
vel ementitô Præsulis Senonensis nomine,
Apostolica oracula conuelli non sinit, vel
Aprum ferocem, sub titulo pastoris sæuire
non permittit. Prodijt quippe ex adipe iniquitas, & data est in lucem solis damnanda
tenebris Epistola, quæ mentita orthodoxum
                                         præsulem,

præfulem, tota Ianfenianâ fæce fcatebat, Pontificiam conftitutionem feculis fcriptam deriforio ftilo mactabat, Regis Chriftianiffimi pro impetrando Apoftolico oraculo interceffionem imprudentiæ adfcribebat, damnatis erroribus, & Anathemate profcriptis, gratiofam & auxiliarem manum folis admouendam Sacris porrigebat. Vt priuatus, exhorrui tam famofum carmen, vt Patronus Regius, & criminum vindex infurrexi in Apoftolicæ dignitatis violatorem criminofum, Reum poftulaui vel affertorem criminis, vel authorem, inquifitum eft in fœderatos hoftes & Pontificis & Principis, vt Apoftolici diplomatis fides temerata refurgeret, fciretque orbis vniuerfus numquam Ecclefiæ defuturam Galliam, nec amplius monftra nouiffe, nifi vt confodiat, fuoque in gremio Pictauium Hilarij fouere difcipulos, qui fanctiffimo Innocentio addicti, intrepidè ad Ecclefiæ decus extrema omnia, & facere & pati non recufent: Quorum me numero adfcriptum Breuiculum iftud forenfe latio Sermone redditum, quò facilior illi Romæ fit aditus, ad fanctitatis veftræ pedes teftabitur. Datum Pictauij die 20. menfis Decembris anno Chrifti 1653.

I. FILLEAV.

Q

Dans le mesme pacquet adressé à sa Saincteté estoit ladite Ordonnance du 2. Decembre 1653. conceüe en termes Latins, &
en la forme qui suit.

Regis Christianissimi nomine & authoritate.

CVm retulerit ad nos Magister Ioannes
Filleau Patronus Regius, agente cum
eo, Magistro Marco Iarno Procuratore Regio, nonnullos priuatos homines suapte authoritate libellum quemdam nullius Typo-
graphi nomine ascriptum, quemadmodum
& Regijs edictis & Senatus-consultis cau-
tum est, passim per Vrbem spargere, cui titulus est, *Litteræ Pastorales Domini Archiepiscopi Senonensis.* Cum tamen nullum extet ar-
chetypum, vel apographum vllum rite, &
vt par est, ad illud exactum. Qui libellus cum
de nostro mandato visus examinatusque fuerit à Domino Ludouico Le-Vasseur sacræ facultatis Theologiæ in hac Academia Doctore Regente, & Sanctæ Opportunæ Priore:
& Domino Elia Maret eiusdem item sacræ
facultatis Doctore Regente, & Sancti Sauini
huius pariter Ciuitatis Rectore, ab ijsdem
totius rei acta Chirographo suo firmata, ad
nos perlata sunt 29. Nouemb. proxime su-
perioris: In quibus in primis declaratur do-

étrinam illo libello comprehenfam cum diplomate Sanctiff. D. N. Papæ, quo Ianfeniftarum hærefim profcripfit, ex aduerfo pu-
gnare, & per fpeciem indicendæ publicatio-
nis eiufdem Diplomatis, ipfius caput & iu-
gulum peti, extollendáque Sancti Auguftini doctrina, qui Ianfeniftarum erroribus nufquam fuffragatur, latam in eos à S. D. Sententiam oppugnari, ac proinde prædicti Doctores in ijfdem actis conftanter afferunt
haud poffe fe adduci vt credant, huiufmodi
Litteras Paftorales ea forma confcriptas ab
Illuftriffimo Archiepifcopo Senonenfi pro-
fectas effe, atque omnino verofimiliùs videri
eas à Ianfeniftis vel confictas vel adulteratas,
quo tanti præfulis nomen & authoritatem
erroribus fuis obtenderent. Quæ fraus nec
ipfos fefellit Regios cognitores, qui & ipfi
in eo perlegendo libello nonnulla obferua-
runt, vt quod Gallicanus Epifcopus meritif-
fimus, idem ac fpectatiffimus ita loquens inducitur, fuis vt verbis Pontificiam æque Re-
giamque conuellat authoritatem. Cum enim
cæteri fuis fe titulis infcribere foleant, *Epif-*
copos Dei & fancta Sedis gratia: hæc pofterio-
ra verba ibidem fupprimuntur, quæ omiffa
perindè vt ea quæ habentur Pagina 3. vbi ait
fibi traditã à Patruo Ecclefiæ fuæ adminiftratio-

nem, rursumque extrema Pagina 3. *Dignita-*
tem Archiepiscopalem ab eodem se immediatè ac-
cepisse, alicui facilè persuadeant, eum nullo
nexu obligatum aut Regi aut Pontifici, quorum tamen illi nominationem debet, huic
collationem. Pagina 4. asserere fingitur,
Propositiones quinque à Semipelagianis callidè
concinnatas fuisse, contra apertam & expres-
sam Pontificis testificationem asserentis, eas
à Iansenij libro depromptas fuisse. Eadem
Pagina indigetat, *Iansenium sanctæ memoriæ*,
quamuis Pontifex eius opiniones hæresis
damnauerit, & ad calcem Diplomatis clarè
significarit, sibi in animo non esse approbare
cætera eiusdem Iansenij dogmata tametsi eo
Diplomate non diserte damnata. Eadem Pagina hæresis & malæ fidei nomine insimu-
lat, *Authores quinque Propositionum, vt qui*
eas vagis infinitisque verbis expresserint. In quo
& illusttissimis Galliæ Antistitibus injuriam
facit, à quibus eæ ad Pontificem missæ, quo
motam super ijs controuersiam omnem diri-
meret, nec-non & Christianissimi Regis Ma-
jestati, qui eorum apud Pontificem postula-
tioni quam maximè fauit, vt decretoriam vl-
timamque sententiam ferret. Addit & Pagina 4. *S. D. N. aduersus Propositiones in vni-*
uersum tantum pronunciasse, nec propriè attigisse

doctrinam eam quæ ipfo præfente propugnata fue-
rat, eas nempe verbis ambiguis & confufis expref-
fas relinquendo. In quo Pontificium Diploma
falfi coarguit, quod declarat eas defumptas
ex libro Ianfenij, proindeque eodem fenfu
atque intellectu, quo ibidem habentur damnari : Et fane quando quidem fuis litteris
Pontifex conteftatus eft fe rogatu Epifcoporum Gallicanorum id negotij fufcepiffe, vo-
luiffeque malis quæ iam doctrina illa attule-
rat præfentem facere medicinam, aut quæ ex
ea merito timerentur, in futurum occurrere.
Huiufmodi propofitiones eo fenfu accipi debent, quo dicuntur ab ijs, qui periculofæ Ian-
fenianorum factionis in Ecclefia fignum fu-
ftulerunt. Sub finem Paginæ 4. & initio 5.
inducitur Epifcopus ille probans nullum effe
Diploma Pontificium ; *Quod cum de fide &*
gratia ageretur, dicat, *haud obferuatam fuiffe*
communem confuetudinem atque antiquam Ec-
clefiæ traditionem, propriéque ad Epifcopos perti-
nere ac de effentia muneris Epifcopalis effe, vt con-
uocato Concilio primi de re tota cognofcant, quip-
pe cum Ecclefiæ Gallicanæ Patres Iudices nati
controuerfiarum fidei, quod quidem fpectat ad
primam earum difceptationem à Spiritu Sancto
conftituti fint. Itaque cum Pontifex in hoc
definiendo negotio ab eo more, *ab Ecclefiæ*

traditione & Spiritus Sancti institutione (à qua nulla datur exemptio) *discesserit, nullo videlicet super his Episcoporum, quibus prima huiusmodi controuersiarum cognitio competit habito ante Concilio,* perindè est ac si diceret errasse summum Pontificem, Diploma eius nullum, irritum cassumque esse, ac Spiritus sancti institutioni penitus aduersari. Sic & Pontificis, qui ab Episcopis quid sentiret perspicuè decidere rogatus fuerat, conculcatur authoritas, & mendacij nota infamatur rescriptum Regium 4. Iulij datum, quo neque libertati Ecclesiæ Gallicanæ nec Regni Iuribus Pontificio Diplomate quidquam derogari dicitur. Extremò pagina 5. additur, *Ecclesiam Gallicanam atque adeo Romanam caruisse ea gloria quam inde ad eas redundare oportebat, & in earum rerum actu Episcopalem dignitatem protritam fuisse.* Quibus verbis summus Pontifex incusatur, atque adeo etiam sugillatur, qui de ijs Propositionibus ante statuerit, quam in Synodo ab Episcopis vocatæ essent in disceptationem. Sic & in Christianissimum Regem, illustrissimosque Præsules grauis culpa confertur, qui ad summum Pontificem litteras dederint, vt rem totam eo quo factum est modo expediret, tanquam in eorum omnium malorum authores, & Episco-

palis dignitatis euerfores, quod fummus Pontifex vt habet diferte libellus, *Superiorum Pontificum exemplis minimè inftiterit vt decreta à
Gallicanis Præfulibus in Confilio fancita confir-
maret.* Quæ verba nullo fundamento nituntur in fanctionibus vel facrorum Canonum,
vel Conciliorum, vbi nufquam conftitutum
eft, vt Epifcoporum Concilium Pontificum
decreta neceffario antecedere debeat : nam
priores Pontifices qui hoc libello laudantur
longe aliam rationem fequuti funt, nulloque
antegreffo Epifcoporum conuentu Ianfenia-
nos errores in Bajo profcripferunt, haud aliæ
prorfus à fanctiffimi Pontificis Innocentij,
qui eos anathemate perculit, ratione inita.
Pagina 6. idem Antiftes nihilo minorem fidem adhibet falfo cuidam rumori à Ianfeniftis diffeminato de Sermone quodam quem
à Pontifice habitum mentiuntur, quàm ipfi
Diplomati imò & maiorem. Ibidem quippe
dicitur, *Per hæc mentem Pontificis exploratam
perfpectamque fieri, indidemque fequi eiufdem
Pontificis verborum habendam potiffimum effe
rationem.* Hæc porro fama vt vera foret nunquam tamen apud nos momenti obtinere
poffet quantum fibi vendicat Diploma Apo-
ftolicum, cum ad nos iuridice minimè per-
uenerit. Et tamen cum à vero alieniffima fit,

omnem Diplomatis vim in ea confiftere vo-
lunt, eoque nomine maiorem in eo rumore
ineffe authoritatem. Ibidem nihil non moliuntur, quo Diplomatis illius fructum omnem impediant, dum pronunciant : *Illud
gratiam per fe efficacem minime attigiffe*, quæ
voces ambiguæ funt & fallaces, propterea
quod gratia omnis efficax, per fe efficax eft,
quod cum nemini dubium effe queat, de in-
duftria ab ea commemoranda abftinuit Pontifex: fed eorum inuolucro verborum gratiam
Ianfenifticam tegere nituntur, quam ex illorum mente per fe folam efficacem effe neceffe eft, idque ita vt liberum arbitrium eidem nunquam refiftere queat, vel certè nunquam reipfa refiftat. Ad hæc multis paffim
locis toto illo libello profitentur, vt pag. 3.
non aliam normam quam fanctum Auguftinum in ijs quæ ad gratiam fpectant à Pontificibus & Concilijs adhibendam effe, idque
multos Pontifices pro comperto ac certo ha-
buiffe. Sane vero vt multi Pontifices eximij
Doctoris fententijs vfi fint, non continuo
Pontificiorum oraculorum eum effe regulam neceffe eft, quod hæc oracula nulli falfi-
tatis periculo fubiaceant : Nullius verò Doctoris quantumuis fingularis atque eruditi
authoritas fit extra omnem erroris aleam.

Cùm itaque Procurator Regius à nobis po-
ftularit, vt ad executionem Edicti Regij menfe Iulio huius anni dati profpiciatur ijs in-
commodis, quæ libellus ifte vel iam attulit,
vel allaturus eft, Nos proinde vifo Libelli
exemplo, cui titulus *Litteræ paftorales Domini
Archiepifcopi Senonenfis.* Vifis item actis examinis inftituti à dictis Dominis Le-Vaffeur
& Maret, Doctoribus Theologis 29. No-
uembris datis, (quæ quidem in tabulas publicas referri, ibidemque afferuari volumus ad
huiufce noftræ fanctionis autographum alli-
gata, noftroque & Procuratoris Regij Chirographo notâque confignata) edicimus vt
iuxta poftulata dicti Procuratoris Regij diligenter inquiratur in eos qui ediderint, confla-
rint, fuppofuerint aut diftraxerint eumdem
Libellum, vel in hac Vrbe vel alio loco Iurif-
dictionis noftræ : ideoque permittimus dicto
Procuratori Regio, vt obtineat & promul-
gandas curet commonitiones iuxta formulas
Iuris, quo fancita legibus feueritas pœnarum
eis irrogetur. Inhibemus ac vetamus indicta
centum librarum mulcta Xenodochio vrbano dependenda, nequis vel diffeminare inpofterum, vel retinere apud fe audeat vlla
dicti Libelli exempla. Infuper decernimus,
vt fi quæ quifquam habuerit ea intra octi-

duum, ad summum, ad nostrum tabularium deferat, vt supprimi possint. Volumus vt Procurator Regius de hac nostra sanctione dictum Dominum Archiepiscopum Senonensem certiorem faciat, vt eos qui eius nomine abusi dictum Libellum supposuerunt, si ita videbitur, actione persequatur. Quod quidem Edictum nostrum, quamuis intercedente pronocatione qualibet, ea tamen nihil prohibente executioni dabitur, per publicum Præconem promulgabitur, Typis mandabitur, & ad publica Vrbis loca affigetur, ne quis rei ignorationem obtendere possit. Datum in Curia ordinaria causarum capitalium Sedis Pictauiensis. Pictauij per Nos Ioannem Irland, Regi à Consilijs, capitalium litium Quæsitorem in Prouincia ac Sede Pictonica 2. Decembris anno 1653.

Sic subsignatum I. I R L A N D, capitalium litium Quæsitor.

M. I A R N O, Procurator Regius.

Il seroit superflu d'adjouster en ce lieu l'approbation que sa Saincteté a donné à cette Ordonnance, puis qu'elle en a rendu des témoignages publics à Rome en presence des plus-éminentes personnes de sa Cour,

auec des termes si aduantageux au Siege
Presidial de Poictiers, & à celuy qui auoit informé sa Saincteté de cette procedure juridique, qu'il est éuident que le Sainct Esprit
a commencé & paracheué cet ouurage, &
qu'il y a lieu d'esperer que cette supposée
Lettre Pastorale ne sera pas mieux reçeüe à
Rome, qu'elle l'a esté en France. Ie produi-
rois icy des pieces authentiques & juridiques, qui ont paru dépuis, si ie n'estois en-
fermé dans vne Relation du Iansenisme, qui
n'a pour matiere, que ce qui s'est passé sur ce
sujet dans cette Ville, & dans la Prouince
de Poictou.

Quel a esté le sentiment de leurs Majestés
& des principaux Ministres d'Estat,
touchant cette Ordonnance renduë con-
tre la pretenduë Lettre Pastorale.

CHAPITRE XXIX.

CEtte Ordonnance du 2. Decembre
1653. renduë contre cette pretenduë
Lettre Pastorale, fut publiée à son de trompe, imprimée, & affichée par tous les Carrefours de la ville de Poictiers le 6. du mois de

Decembre par Porcheron l'vn des Huiffiers
du Siege Prefidial , & par le Commis du
Trompete & Huche public, qui en deliure-
rent leurs Procés verbaux. Mais comme ce
Libelle eftoit injurieux , non feulement à
l'authorité de noftre fainct Pere le Pape,
mais auffi à celle du Roy, felon les remarques qui en ont efté faites, & fpecifiées dans
ladite Ordonnannce , il eftoit raifonnable
que leurs Majeftés en fuffent aduerties, en-
femble fon Eminence, & les principaux Miniftres d'Eftat. Le fieur Filleau, qui auoit
pris le foin & la conduitte de cét ouurage,
efcriuit diuerfes Lettres à Paris, qui accom-
pagnerent & ladite Ordonnance., & les
exemplaires imprimés de cette pretenduë
Lettre Paftoralle.

Cette Ordonnance ayant efté entre les
mains des plus-confiderables perfonnes de
l'Eftat , fut incontinant renduë publique
dans Paris. Et d'autant que la curiofité des
perfonnes bien-intentionnées pour le Pape
& pour le Roy, ne pouuoient eftre fatisfaites
par vn fi petit nombre d'exemplaires, qui en
auoient efté enuoyés à Paris , on la fit imprimer dans cette grande Ville; & par ce moyen
elle put contenter la curiofité des veritables
Orthodoxes, & apporter de la confufion aux
Ianfeniftes.

Mais, à quoy ne s'attache point l'Heresie?
quels subterfuges ne recherche-elle pas? à
quoy n'a-elle point recours, pour obscurcir
si elle pouuoit les verités toutes éuidentes?
de quels pretextes mensongers ne s'efforce-
elle point, de couurir ses erreurs? si on en
doute, qu'on considere ce qui se passa dans
Paris, apres cette publication de l'Ordonnance. Les Iansenistes voyans, qu'elle estoit generalement approuuée, & que dans la substance elle ne pouuoit estre debatuë, ils s'ad-
uiserent de faire dire dans toutes les compagnies, que c'estoit vne ruse des Ministres
de la R.P.R. de Charanton, qui auoient
supposé cette Ordonnance, comme venant
de Poictiers, où elle n'auoit iamais paru, &
que c'estoit vne piece fausse, & calomnieuse-
ment supposée, pour decrediter ceux qui
vouloient soustenir & defendre le party de la
verité.

Les Ianseniftes s'efforcerent de donner
cours à ces bruits dans la ville de Paris, quoy
que ceux qui sçauoient l'intelligence secrete,
qui est entre les Sectateurs de Iansenius &
les Religionnaires pretendus reformés, ne
puffent en estre persuadés.

Mais comme en vne question de fait il est facile faute de preuues bien éuidentes, de faire

telle impreſſion qu'on voudroit, la trompe-
rie eût plus long temps continué, s'il ne ſe
fût trouué des perſonnes bien-intentionnées
qui en donnerent aduis au ſieur Filleau, & le
prierent d'enuoyer à Paris quelque nombre
conſiderable d'exemplaires de cette Ordonnance, auec le nom de l'imprimeur qui y
auoit trauaillé dans Poiĉtiers. On y ſatisfit
auſſi-toſt, & les eſprits furent enfin deſabuſés.

Cependant les Puiſſances, qui auoient reçeu cette Ordonnance, accompagnée des
Lettres dudit ſieur Filleau, voulurent faire
paroiſtre leur approbation à l'aduantage dé
la verité, & témoigner la ſatisfaction que la
France reçeuoit de voir l'authorité de l'Egliſe ſi courageuſemenr ſouſtenuë par des Officiers du Roy dans la Prouince, où il ſemble
que l'hereſie a touſiours cherché ſes aduantages & ſa retraitte, mais où elle a auſſi trouué
des courages qui ne ſçauent flechir, que ſous
le joug des verités orthodoxes, & qui ſont
aſſés illuminés pour ne pas eſtre ſurpris par
la vaine apparence d'vn menſonge indu-
ſtrieuſement déguiſé.

La Reyne, qui dans la naiſſance de ce
monſtre infernal (i'entends le Ianſeniſme)
a eſté cette femme forte & prudente du texte
ſacré, qui a interpoſé ſon authorité pour l'é-

touffer , & par vn zele infatigable donné
l'exemple à toute la France de faire le fem-
blable , voulut auoir la lecture de cette Ordonnance dans fon Cabinet. Elle fut fi
aggreable à fa Majefté, qu'elle en rendit des
témoignages publics aux Gens du Roy de
ce Siege , qui l'auoient obtenuë fur leurs remonftrances, & fit l'honneur tant audit fieur
Filleau Aduocat du Roy, qu'audit fieur Iarno Procureur du Roy, de leur efcrire fepare-
ment les Lettres qui fuiuent.

Lettre efcritte par la Reyne au fieur Filleau
Aduocat du Roy.

Monfieur Filleau,   I'ay appris auec
joye de quelle façon vous vous eftes porté ,
& tous les Officiers du Prefidial de Poictiers,
contre la Lettre Paftorale, que l'Archeuefque de Sens auoit enuoyée : & ie fuis bien
aife de vous donner à cognoiftre par ces
lignes, combien ce témoignage de voftre affection m'a efté aggreable, & comme ie vous
en fçay bon gré, afin de vous connier, quand
il fe prefentera des affaires de cette nature,
à y apporter le mefme foin , & la mefme diligence que vous auez fait en celle-cy : vous
affeurant que ie feray cognoiftre au Roy,
Monfieur mon Fils la qualité de ce feruice,

& de tous ceux que vous aurez occasion de
luy rendre, & que j'auray à plaisir de vous
donner en toutes rencontres des marques de
ma bonne volonté. Cependant ie prie Dieu,
Monsieur Filleau, qu'il vous ait en sa saincte
garde. Escrit à Paris le 21. Decembre 1653.
  Signé,   ANNE.
        Et plus bas,   SERVIENT.

Autre Lettre de la Reyne escrite au sieur Iarno
Procureur du Roy.

Monsieur Iarno,   L'affection auec
laquelle vous vous estes porté contre la Lettre Pastoralle de l'Archeuesque de Sens, m'a
esté si agreable, que ie n'ay pas voulu differer dauantage à vous en témoigner mon sentiment, & vous dire que ie feray cognoistre
au Roy Monsieur mon Fils la qualité du seruice que vous luy auez rendu en cette occasion. Vous pouuez aussi asseurer les Officiers
du Presidial de Poictiers que i'ay eu beaucoup de satisfaction de la maniere auec laquelle i'ay appris qu'ils ont agy, & que ie
seray bien aise d'auoir lieu de leur faire reçeuoir des effets de ma bonne volonté. En
vostre particulier vous deuez croire, comme
ie suis tres-bien informée que vous y auez
fait vostre deuoir, ie m'en souuiendray aussi
                              tres-bien

tres-bien dans les occasions qui regarderont
vos aduantages. Cependant, ie prie Dieu
qu'il vous ait, Monsieur Iarno, en sa saincte
garde. Escrit à Paris le 21. Decembre 1653.
Signé, ANNE.
Et plus bas, SERVIENT.

La mesme Ordonnance ayant esté receuë
par Monseigneur l'Archeuesque d'Athenes
Nonce de sa Sainèteté en France, suiuant
l'addresse que le sieur Filleau luy en auoit
faite, il voulut aussi luy en témoigner la satisfaction qu'il en auoit receuë, & luy écriuit la
Lettre suiuante.

A Monsieur
Monsieur Filleau premier Aduocat du Roy au
Siege Presidial de Poiètiers.

Monsieur,
Vostre grande & glorieuse action pour
l'occasion de la Lettre irreuerente, à la Declaration faite par nostre sainèt Pere des cinq
Propositions en matiere de Foy, non seulement est digne de loüange en cette Cour, &
en toute la France, mais encores de celle, que
ie suis certain que vous aurez de sa Sainèteté,
à laquelle i'ay enuoyé vne pleine Relation,
auec ledit Imprimé, que i'ay reçeu auec vos

R

trois Lettres , données à Poictiers le premier &c. Ne vous ayant donné réponse auparauant , pour l'auoir fait consulter par des
hommes de probité , qui ont approuué voftre
grand zele.   Ie vous donneray aduis de la réponfe de noftre fainct Pere.   Vous affeurant
qu'en toutes occafions ie vous feruiray en
cette Cour , comme auffi en celle de Rome,
auec toute affection & promptitude , vous
priant de croire , comme veritablement ie fuis

Monfieur,   Voftre tres-affectionné feruiteur
N i c o l a s, Archeuef-
que d'Athenes.

A Paris ce 23. Decembre 1653.

Ie ne veux pas obmettre en cet endroit le
témoignage que Monfeigneur le Tellier Secretaire d'Eftat en a rendu auffi audit fieur
Filleau de la part du Roy , par celle qu'il luy
efcriuit , tant fur le fujet de cette Ordonnance , que d'autres affaires qui regardoient le
feruice de fa Majefté.

Monfieur,   I'ay
reçeu toutes les Lettres que vous auez pris la
peine de m'efcrire , pour informer le Roy de
ce qui s'eft paffé à Poictiers , tant fur la publi-

cation de la Lettre Paftorale de Monfieur
L'Archeuefque de Sens, touchant la Conftitution du Pape du mois de May dernier, que
fur &c.

I'ay du tout rendu conte à fa Majefté, à me-
fure que les aduis m'en ont efté donnés, laquelle a beaucoup eftimé le zele que vous té-
moignez en toutes rencontres, pour le bien
& le repos du public, & elle remet à voftre
prudence &c.

Ie fuis

Monfieur,

Voftre bien-humble & affectionné feruiteur

LE TELLIER.

A Paris le 21. Ianuier 1654.

La mefme Ordonnance ayant efté prefen-
tée à fon Eminence à Paris par Monfieur
l'Abbé On-de-Dei, qui luy en fit lecture, elle
reçeut fon approbation, auec des termes aduantageux pour tous les officiers qui auoient
contribué à la perfection de cét ouurage.
Voicy ce que ledit fieur Abbé On-de-Dei en
a fait fçauoir audit fieur Filleau par la Lettre
qu'il luy a efcrite de Paris.

Monfieur,
I'ay fait voir à Monfeigneur le Cardinal

R 2

de voſtre part le jugement rendu par le Preſidial de Poïctiers, contre le Libelle qui inte-
reſſoit l'authorité du ſainct Siege, & celle du
Roy. Son Eminence a eu grande ſatisfaction de voir, que cette Compagnie embraſ-
ſe les occaſions, de témoigner ſon zele au
ſeruice de ſa Sainteté, & que vous ayez eu
ſoin de luy en faire part. Et en mon particulier, eſtimant voſtre amitié, je ſouhaiterois
vous pouuoir témoigner que ie ſuis
Monſieur,

Voſtre tres-humble Seruiteur &
tres-obeïſſant,
l'Abbé ON-DE-DEI.

De Paris ce 20. Decembre 1653.

Ie pourrois icy tranſcrire pluſieurs autres
Lettres qui ont eſté eſcrites au ſieur Filleau
ſur ce ſujet, par des perſonnes de qualité releuée, tant de France que d'Italie. Mais d'autant que ceux qui luy ont fait l'honneur de
luy rendre les témoignages de leur approbation, ont auſſi employé quelques termes à
l'aduantage de ſa perſonne, ſa modeſtie ſe
trouueroit intereſſée dans la publication
qui en ſeroit faite, il ſe contente d'en garder
les originaux, pour y conſiderer l'Idee qui
luy eſt tracée, de ce qu'il deuroit eſtre, &
dont il ſe recognoiſt infiniment éloigné.

*Procedures faites à Poicliers contre ceux
qui auoient diftribué la pretenduë
Lettre Paftorale.*

CHAPITRE. XXX.

C Eft peu de faire des Ordonnances, fi on
ne trauaille foigneufement à les faire
executer, *Parum eft jus effe in Ciuitate, nifi fint
qui jura regere poßint* , difoit le Iurifconfulte
en la Loy *2. D. de orig. jur. 1.* C'euft efté auffi
peu faire pour les interefts de noftre fainct
Pere le Pape, & du Roy, fi on fe fut contenté
d'obtenir cette Ordonnance publiée contre
le Libelle portant le titre de *Lettre Paftoralle*,
fans trauailler à la perquifition des Autheurs
qui l'auoient fi hardiment fait imprimer, &
en fuite diftribuer en cette Ville.

C'eft ce qui obligea le fieur Irland Lieutenant General Criminel, affifté du fieur Filleau Aduocat du Roy, de fe tranfporter en
execution de ladite Ordonnance , dans la
maifon & Imprimerie d'Amaffard, dans laquelle ayant fait faire perquifition des pieces
qui dépuis peu y auoient efté imprimées, ledit Amaffard, fur la reprefentation qui luy

fut faite de l'vn des exemplaires de ce Libelle imprimé, & qui portoit la marque des Caracteres de son Imprimerie, fut surpris d'abord, & varia en ses réponses. Mais enfin il confessa qu'il auoit imprimé la Piece, & que la copie luy en auoit esté mise entre les mains par vn jeune Escolier, fils de Poicteuin Maistre Apoticaire en cette Ville. Et interrogé où estoient les autres Cayers imprimés, declara qu'il auoit donné le tout audit Poicteuin, à la reserue de deux exemplaires, qu'il representa audit sieur Lieutenant Criminel, & qui furent mis au Greffe.

Cette recognoissance de l'Imprimeur, donna sujet audit sieur Filleau de requerir que ledit Poicteuin comparust en personne, pardeuant ledit sieur Lieutenant Criminel: ce qui fut ordonné, & en suitte, le sieur Procureur du Roy ayant fourny de faits, pour faire ouïr ledit Poicteuin, on proceda à son interrogatoire, qui fit recognoistre combien vn esprit imbu des sentimens de cette peruerse doctrine est artificieux, & capable de déguisement, puis que ce jeune homme, qui ne seruoit que d'Emissaire aux Iansenistes, qui l'auoient employé, & instruit de ce qu'il deuoit répondre deuant ledit sieur Lieutenant Criminel, a voulu persuader par ses

réponfes, que la piece n'eftoit point fuppofée, & qu'elle partoit de la main de Monfeigneur l'Archeuefque de Sens, ayant reprefenté vn autre Cayer pretendu imprimé
à Sens, qui portoit les Armes dudit Seigneur. Cette Piece a donné fujet de differer
la pourfuitte & le jugement definitif, contre
ce diftributeur de la Letrre Paftorale, iufques à ce que par d'autres voyes on ayt efté
affeuré, fi ce qu'il a allegué eft faux ou veritable. Car la peine doit eftre plus grande, fi,
auec la publication d'vne doctrine contraire
à celle de la Bulle (ainfi que les Docteurs de
Theologie l'ont declaré) on y auoit ad-
joufté la fuppofition du nom & de l'authorité d'vn Prelat; puis que par les loix ciuiles,
celluy-là eft coupable de faux, qui publie
quelque efcrit fous le nom d'autruy, qui em-
ploye fauffement fes Armes pour faire croire
que la Piece procede de luy, & qui donne
cours à quelque Ordonnance fuppofée, felon la doctrine de *Nos Iurifconfultes en la Loy*
9. 13. 23. 25. & 30. D. ad L. Cornel. de falfis.

I'ay donc voulu tranfcrire en cet endroit
les Interrogatoires qui ont efté faits à ce jeune homme, auec fes réponfes, ou pluftoft celles que les intereffés auec luy auoient auparauant concertées & reduit en ordre, par lef-

quelles il infiste toufiours à faire croire qu'il
n'y a aucune fuppofition, & que c'eft l'ouurage du Prelat dont elle porte le nom ; quoy
que iufques à prefent on n'a pas fçeu qu'il ayt
aduoüé cette Piece, & ce jeune homme n'a
pû reprefenter aucun exemplaire figné de
luy, ny aucune Lettre qui le pût faire pre-
fumer.

Procez verbal du Sr Lieutenant gener. Criminel.

　Aujourd'huy douziefme Decembre mil
fix cens cinquantente-trois, a comparu
pardeuant Nous Iean Irland Confeiller du
Roy, Lieutenant general Criminel en la
Senefchauffée de Poictou à Poictiers, Iean
Poicteuin, Maiftre és Arts en l'Vniuerfité de
Poictiers; Lequel fatisfaifant à noftre Ordonnance, & à la fignification qui luy a efté donnée pour eftre ouy fur les faits qu'entendoit
fournir le Procureur du Roy contre luy, Nous
a requis vouloir prendre & receuoir fon audition fur iceux ; Surquoy auons octroyé
acte de la comparution dudit Poicteuin, &
apres que noftre Greffier nous a reprefenté
lefdits faits auons procedé à fon audition
comme il s'enfuit.

　Iean Poicteuin Maiftre és Arts en l'Vniuerfité de Poictiers, y demeurant, aagé de
vingt-ans, ou enuiron.

Apres serment par luy fait de dire verité,
Enquis sur les faits fournis par le Procureur
du Roy contre ledit Poicteuin.

S'il a chargé le nommé Amassard d'Imprimer vn Cayer intitulé, Lettre Pastorale de
Monseigneur l'Archeuesque de Sens.

Dit qu'il peut se deffendre de répondre
aux demandes du Procureur du Roy, lequel
n'a aucune authorité de luy fournir de faits
en ce rencontre, puis que la Declaration du
Roy sur laquelle le Procureur du Roy se fon-
de, ne luy donne pouuoir que de prester main
forte aux Euesques en cas qu'ils le requierent,
de sorte qu'il ne peut singerer de luy mesme
dans l'affaire dont il s'agist, mais que pour
obeïr à la Iustice, & sans prejudice de ce qu'il
vient de dire, il répond à l'article cy-dessus,
qu'il est vray qu'il à chargé ledit Amassard
d'Imprimer ledit Cayer.

Pourquoy il luy a fait Imprimer ladite Lettre, dit que ç'a esté afin d'en conseruer pour
luy & en donner à ses amis sans aucun dessein
de l'exposer en vente, ny de la rendre publique.

Par quelle authorité & permission il a fait
imprimer ledit Cayer, n'estant qu'vn homme priué.

Dit que s'il eût voulu la publier & l'exposer en vente, il auroit eu besoin d'authorité, mais que la voulant seulement faire imprimer pour son vsage, il n'a pas creu auoir besoin d'aucune authorité ny permission non plus que ceux qui font tous les iours des Factums & Pieces pareilles à celle-cy, luy ayant esté particuliere à son égard & dans son vsage, ce qu'il a d'autant plus fait que s'estant adressé audit Amassard, il n'a fait aucune difficulté de le faire, en quoy ledit Poicteuin s'est rapporté à luy, comme à vne personne qui doit sçauoir son mestier.

Enquis qui luy a donné l'original de ladite Lettre, de qui elle est signée, & qui luy a mis és mains ledit Original.

Dit qu'vn de ses amis de Paris luy a enuoyé vne copie autentique de cette Lettre Pastoralle, auec les Armes de Monsieur l'Archeuesque de Sens, imprimé par son commandement à Sens chez Louïs Prusnes, signée Louïs Henry de Gondrin Archeuesque de Sens : & plus bas, par Monseigneur M. A. Daignan. Laquelle copie il a mise à nostre Greffe, signée & paraphée de luy & de nostre Greffier, *ne varietur*.

Enquis qui est celuy qui luy a enuoyé ladite Lettre.

A dit qu'il n'est point obligé de le nom-

mer, & qu'il fuffit que la Piece foit autentique.

Enquis pourquoy contenant vne doctrine
contraire à la Bulle de noftre fainct Pere le
Pape, il a diftribué ladite Lettre, fans en demander licence à ceux de qui elle dépendoit.

Dit qu'il n'a pas deu eftimer qu'vne Lettre Paftoralle d'vn Archeuefque, compofée
pour la publication de la Bulle, & dans laquelle Monfieur de Sens approuue ladite
Bulle, & l'enuoye par tout fon Diocefe, pour
l'y faire receuoir, fut contraire à cette mefme
Bulle, que pour conferuer & faire voir à fes
amis vne piece, il a creu qu'il luy fuffiroit
qu'elle procedât d'vn Archeuefque, qu'elle
fût publiée & imprimée par fon authorité, &
qu'elle ne fût condamnée par perfonne qui
eût droict d'en juger.

Enquis où eft l'Original fur lequel a efté
imprimé ladite Lettre, qu'il ayt prefentement à nous la reprefenter pour eftre mife à
noftre Greffe.

Dit qu'il ne fçait point d'autre Original
que celuy qu'il a mis au Greffe, figné de luy
comme il a dit cy-deffus, de la verité duquel
il fe tient affeuré.

Enquis s'il a quelque Lettre de Monfieur
L'Archeuefque de Sens, pour faire faire la

diſtribution de ladite Lettre, où elle eſt, & le pouuoir qu'il a dudit Seigneur Archeueſque.

Dit qu'il n'a ny Lettre ny pouuoir dudit Seigneur Archeueſque, & qu'il n'en pretend pas appeller diſtribution le ſoing qu'il a eu de monſtrer ladite Piece à ſes amis, & leur en faire part.

Enquis qui ſont ceux auſquels il a diſtribué & donné des exemplaires de ladite Lettre, & combien il en a diſtribué, & à quelle intention il a fait ladite diſtribution.

Dit qu'il en a donné au ſieur Meſnier Peintre, & à Monſieur Rigaud Preſtre, & autres de ſes amis, dont il ne ſçait le nombre, & que ſon intention n'a eſté autre en cela que d'é-claircir ſes amis de pluſieurs points importans à la verité, qui ſont contenus en ladite Lettre.

Enquis s'il fait profeſſion du Ianſeniſme dépuis la condamnation qu'en a fait noſtre ſainĉt Pere le Pape par ſa Bulle.

Dit qu'il rendra raiſon de ſa Religion & de ſa Foy à ſes Paſteurs & à ceux qui ont droiĉt de l'interroger, mais que cette interrogation paſſe les bornes du pouuoir du Procureur du Roy.

S'il n'a pas aſſiſté à des Aſſemblées qui ont eſté faites en cette Ville pour eſtablir ledit Ianſeniſme.

Dit que cét interrogatoire luy est faict sans sujet, sans propos & sans authorité, & qu'il en pretend cause d'ignorance.

Enquis qui sont ceux chez lesquels ont esté faites lesdites assemblées, & qui sont ceux qui y ont assisté.

A dit qu'il a répondu au present article par la réponse faite au precedent.

Enquis pourquoy en la dousiesme page, ligne vingt-trois, il a faict mettre le mot de *mauuaises*, & en quelques autres, il a fait coller le mot de *fameuses*, parlant des Conferences faites deuant le Pape Clement VIII.

Dit que bien loing d'auoir faict mettre le mot de *mauuaises*, qui s'est glissé dans son impression par la faute de l'Imprimeur : Il l'a faict oster ou corriger par de petits billets collez, dans lesquels il a faict Imprimer le mot de *fameuses*, qui est celuy de l'Original ; Que s'il se trouue quelque exemplaires differents en ce point, ç'a esté contre son intention, puis qu'il a corrigé tous ceux qu'il a peu, & qu'en effect il n'auoit garde d'appeller *mauuaises*, contre l'expression de sa copie autentique, des conferences si celebres qui ont seruy à esclaircir la matiere de la Grace, dans lesquelles S. Augustin presidoit en la personne, & par l'authorité des deux grands Papes Clement VIII. & Paul V. comme celuy dont la Doctrine eſtoit la reigle ſur laquelle ils vouloient former leurs deciſions ſelon leurs propres termes, dans leſquelles les deffenſeurs de S. Auguſtin, ont touſiours eſté victorieux de leurs aduerſaires & la doctrine de ce grand Homme de celle qui la combattoit.

Enquis lequel des deux mots de *mauuaiſes*, ou de *fameuſes*, eſt dans l'exemplaire qu'il a baillé à l'Imprimeur.

A dit que c'eſt celuy de *fameuſes*.

Enquis s'y c'eſt luy qui a payé l'Imprimeur ou ſi ç'a eſté ſon pere, & combien il luy a donné pour ladite impreſſion.

Dit que ç'à eſté luy meſme qui a payé l'imprimeur ; lequel s'eſt contenté de ce qu'il luy a donné.

Enquis s'il ne ſçait pas que par la Bulle de noſtre Sainct Pere le Pape, il eſt deffendu d'auoir d'autres ſentimens des propoſitions y condamnées, que ceux qui ſont portés par ladite Bulle, & pourquoy il a donné cours à vne Doctrine, que les Docteurs de Theologie ont declaré eſtre contraire a celle de la Bulle de noſtre Sainct Pere le Pape.

Dit que pour ce qui regarde le ſentiment qu'il a touchant la Bulle de noſtre Sainct Pe-

re le Pape, il n'a besoin de nous le declarer, ny
le Procureur du Roy, droict de le luy demander ; Que pour ce qui regarde l'accusation
qu'on luy fait, d'auoir donné cours à vne
Doctrine contraire à cette Bulle, il le desnie:
& que pour ce qui regarde l'authorité des
Docteurs en Theologie qu'on luy allegue,
il la recuse, non seulement parce qu'ils ne
sont pas Iuges competens & capables d'obliger les fidelles de ce Dioceze, en ce qui regarde la Bulle, mais encore parce qu'il leur appartient bien moins de se rendre les Iuges de
la Lettre Pastorale d'vn Archeuesque, dont
la suffiance, la pieté, & le merite l'exempte
de toutes les attaintes des accusations qu'on
luy peut faire , & l'authorité le releue au
dessus des entreprises des Docteurs particuliers ; puisqu'en qualité d'Archeuesque
il deuroit les juger, au lieu d'estre jugez par
eux ; Qui est tout ce qu'il a voulu dire, lecture a luy faite y a persisté & a signé, & consti-
tué son procureur Maistre Gaspar Riguet.

Signé, POICTEVIN.
Et I. IRLAND Lieutenant Criminel.
FAVVEAV Greffier.

*Les Doyens Chanoines & Chapitre de
l'Eglise de Poictiers reçoiuent vn Bref
de sa Saincteté, qu'ils ordonnent estre
publié pour arrester les faux bruits
qu'on faisoit courir.*

CHAPITRE XXXI.

LA suitte de ce qui s'est passé en cette
Ville, m'oblige de raporter en ce lieu le
Bref qui fut enuoyé par nostre sainct Pere le
Pape Innocent X. au Chapitre de l'Eglise
de Poictiers le Siege Episcopal vacant, en
consequence de la publication qu'ils auoient
fait faire de la Constitution Apostolique,
contre les cinq Propositions des Iansenistes
condamnées d'heresie, & de l'aduis qu'ils en
auoient baillé à sa Saincteté.

Messieurs du Chapitre estant bien in-
formés des faux bruits que les Iansenistes
faisoient courir en cette Ville au prejudice
de la Bulle & contre la verité, ils jugerent
necessaire de faire imprimer ce Bref,
auec vne version Françoise pour ceux qui
n'entendoient pas la Langue Latine, &
par l'Ordonnance qu'ils firent imprimer au

bas

bas dudit Bref, ils témoignerent que leur intention estoit de maintenir la verité contre les
attaques qu'elle reçeuoit continuellement.

INNOCENTIVS PAPA X.

DIlecti Filij salutem & Apostolicam benedictionem. Reuelauit Deus oculos
nostros vt consideraremus mirabilia de Lege
sua, atque ex Ecclesiæ Catholicæ sententia
quinqué Propositiones hactenus controuer-
sas damnantes, fidelium mentibus prodere-
mus delatam nobis Domini virtutem, quæ
est in salutem omni credenti. Rei euentum
perjucundum vobis futurum, id quidem ar-
guebat, quod lucem justis ortam, lætitia
planè rectis corde consequatur. Placuit tamen ex litteris etiam vestris percipere, quæ
post debitam Apostolicæ constitutionis executionem de vestra in sanctam hanc Sedem
veneratione, atque in Nos cultu obsequen-
tissimè significastis : ea vero & memori &
propenso in vos animo retinebimus : quibus
Apostolicam interim benedictionem elargi-
mur. Datum Romæ, apud Sanctam Mariam Majorem, sub Annulo piscatoris, die
9. Octob. 1653. Pontificatus nostri anno 10.

Signatum, *DECIVS AZZOLINVS.*
Superscriptio hæc est,
Dilectis Filijs Decano & Capitulo Ecclesiæ Pictauiensis.

S

INNOCENT PAPE X.

MEs bien-aymés Fils, Salut & benediction Apoftolique. Dieu Nous a
ouuert les yeux, afin que Nous confideraf-
fions les chofes merueilleufes qui regardent
fa Loy; & afin que felon le fentiment de l'E-
glife Catholique condamnants les cinq Propofitions qui auoient efté en difpute iufqu'à
prefent, Nous découuriffions aux Efprits
des Fideles la vertu du Seigneur, qui Nous
eft donnée, & qui eft à falut à tout homme
croyant. On pouuoit bien juger que la lumiere qui fe leue fur les Iuftes, eftant infalli-
blement fuiuie de la joye des perfonnes qui
ont le cœur droit, l'iffuë de cette affaire vous
deuoit eftre extremement agreable ; Nous
auons neantmoins efté bien aifes de voir cela
mefme dans vos Lettres, par lefquelles apres
auoir fait ce que portoit la Conftitution Apoftolique, vous tefmoignez auec foûmiffion
la veneration que vous auez pour ce fainct
Siege Apoftolique, & le refpect que vous
Nous portez, Nous conferuerons la memoire de ces chofes auec vne particuliere bienueillance enuers vous ; à qui cependant
Nous donnons la Benediction Apoftolique.
Donné à Rome, à Saincte Marie Majeur,

sous l'Anneau du Pescheur, le 9. Octobre
1653. l'an dixiesme de nostre Pontificat.

Signé, DECIVS AZZOLINVS.

La suscription est ainsi,
A nos bien-aymés Fils, le Doyen & Chapitre de l'Eglise de Poictiers.

Novs les Doyen, Chanoines & Chapitre de l'Eglise de Poictiers, le Siege Episcopal vacant : Ayant reçeu le Bref de nostre sanct Pere le Pape, dont il a pleu à sa Saincteté Nous honorer, répondant à la Lettre que Nous luy auions escrite, pour luy témoigner le respect auec lequel Nous auions reçeu la Constitution Apostolique, par laquelle les cinq Propositions, qui auoient esté en dispute, sont condamnées ; & le soin que Nous auions eu de la faire publier, auons bien voulu vous en faire part : afin que par la nouuelle confirmation de cette Censure, vous redoubliez vostre zele, pour vous opposer à l'erreur, & pour maintenir la verité contre les attaques qu'elle reçoit continuellement dans les faux bruits qu'on fait courir parmy le peuple.

Signé, THOREAV, Doyen de l'Eglise de Poictiers.

Par Commandement de mesdits Sieurs,
MICHELET Secretaire.

Et FROMAGET Scribe.

S 2

L'Vniuerſité de Poictiers reçoit la Bulle de noſtre ſainct Pere le Pape, par les Ordres de Monſeigneur l'Archeueſque d'Athenes Nonce de ſa Saincteté.

CHAPITRE XXXII.

LEs Ianſeniſtes, par les faux bruits qu'ils faiſoient courir contre la Bulle de ſa Saincteté, ſe porterent à ce point d'inſolence & de temerité, de vouloir faire douter de la verité de la Conſtitution Apoſtolique, imitant leurs Autheurs qui ne voulant obeïr à la Bulle de Pie V. & d'Vrbain VIII. publierent par tout que les exemplaires qu'on en repreſentoit, eſtoient falſifiés. Or comme les Vniuerſités ſont en quelque façon les depoſitaires des veritables doctrines, & qu'elles ont intereſt qu'on ne laiſſe pas en doute les reſolutions indubitables, & qui ſont hors de toute conteſtation; Celle de Poictiers, qui auoit touſiours reſiſté à la naiſſance & au progrés des erreurs du Ianſeniſme, ne voulut pas demeurer oiſiue en cette importante action, & ſouhaita de garder ce precieux threſor dans ſes Archiues.

Cela l'obligea de s'addresser à Monseigneur
le Tellier Secretaire d'Estat, le suppliant de
luy procurer l'enuoy de la Bulle de nostre
sainct Pere le Pape, en consequence de la
Declaration du Roy, qui l'auoit suiuie ; ainsi
qu'autresfois la Bulle d'Vrbain VIII. auoit
esté enuoyée à la Sorbonne, auec les Lettres
du Roy, pour y estre regiftrée. A quoy ledit
Seigneur s'employa fauorablement, & fit
l'honneur à l'Vniuersité de Poictiers de luy
rendre des témoignages de sa bonne volonté, par sa Lettre dont voicy la teneur,

A Messieurs les Recteur, Doyens, Docteurs &
Suppofts de l'Vniuersité de Poictiers.

Messieurs, I'ay
reçeu la Lettre que vous auez pris la peine de
m'escrire le 12. du courant : & bien que ce
que vous me demandez ne soit point de la
dépendance de ma Charge, ie n'ay toutes-
fois laissé de m'informer, si l'on faisoit quelque diligence, pour enuoyer dans les Diocefes la Bulle de nostre sainct Pere le Pape,
qui decide les points qui estoient en controuerfe sur le sujet de la Grace, & i'ay sçeu que
Messieurs les Agens generaux du Clergé y
trauailloient, & qu'ils se proposoient de vous
l'addresser ; si bien que vous ne tarderez plus

guere à la reçeuoir. Ie voudrois qu'il s'offrit quelque bonne occasion de vous seruir, pour vous témoigner combien ie suis,

Messieurs,

> Vostre bien-humble & tres-
> affectionné seruiteur
> LE TELLIER.

A Paris ce 30. d'Aoust 1653.

En consequence de cette Lettre, l'Vniuersité de Poictiers esperoit de iour à autre reçeuoir de la part de Messieurs les Agens generaux du Clergé la Bulle de nostre sainct Pere le Pape; Mais le temps s'estant écoulé iusques au mois de Decembre, sans en auoir sçeu aucunes nouueles, il fut resolu de s'addresser à Monseigneur le Nonce, auquel ladite Vniuersité escriuit la Lettre suiuante.

A Monseigneur,
Monseigneur l'Illustrissime Archeuesque d'Athe-
nes, Nonce de nostre sainct Pere le Pape,
A Paris.

Monseigneur,

Les sinistres interpretations que les Iansenistes donnent en cette Ville à la Bulle de nostre sainct Pere le Pape, & les diuers Libelles, qu'ils font imprimer, pour en diminuer l'authorité, nous ont obligé, cy-de-

nant de prier par nos Lettres Monseigneur
Le Tellier Secretaire d'Eftat, de moyenner
aupres du Roy l'Enuoy de la Bulle à noftre
Vniuerfité, ce qu'il nous auroit fait efperer
par fa réponfe, qui nous affeura que Meffieurs
les Agens generaux du Clergé auoient ordre
de fatisfaire à cét enuoy ; dont neantmoins
nous auons efté fruftrés iufques à prefent,
quoy que l'vn des Docteurs de cette Vniuerfité, luy en ayt fait de noftre part de nouuelles inftances. De forte que nous auons recours à voftre Illuftriffime Seigneurie, & la
fupplions tres-humblement de nous moyenner ce bon-heur, afin que nous conferuions
à jamais, dans nos Archiues publiques ce
riche threfor, & que dans les refolutions que
toutes les facultés ont prifes de la faire exactement obferuer, nous puiffions par les
voyes juridiques agir contre ceux qui feront
fi temeraires que d'y contreuenir, en y employant l'authorité, que les predeceffeurs de
noftre fainct Pere le Pape, & les Roys Tres-
Chreftiens nous ont confié dés le premier
établiffement de noftre Vniuerfité, pour la
defence des Oracles Apoftoliques. C'eft ce
que nous efperons de voftre Illuftriffime
Seigneurie, à laquelle, apres auoir donné les
affeurances de nos refpects, & obeïffances

aux Decrets infallibles du sainct Siege, & souhaitté à noftre sainct Pere le Pape les années de S. Pierre, pour gouuerner heureusement l'Eglise de Dieu, Nous nous dirons à iamais de voftre Illuftriffime Seigneurie Monfeigneur,

A Poictiers en l'Affemblée generale de noftre Vniuerfité, le 23. Decembre 1653.

Les tres-humbles & tres-obeiffans feruiteurs les Recteur, Doyens, Docteurs & Suppofts de l'Vniuerfité de Poictiers :

Maret, Recteur de l'Vniuerfité, Docteur Regent en Theologie & Curé de S. Sauin.

Fumé, Ex-Recteur.

Le-Vaffeur Docteur Regent en Theologie, Curé & Prieur de faincte Opportune.

François Irat de la Compagnie de Iefus, Docteur Regent en Theologie.

Charles Des Iumeaux, de la Compagnie de Iefus, Docteur Regent en Theologie.

I. Filleau, Docteur Regent és Droicts.

Carré, Docteur Regent en la Faculté de Medecine.

De Hauteferre Docteur Regent és Droicts.

Iean le Roy, Profeffeur Royal des Inftitutes.

Iacques Goutoulas Docteur és Arts.

Humeau, Subftitut du Procureur General.

Par commandement de Mefdits Sieurs,
Iouffant, Scribe General.

En fuitte de cette Lettre, Monfeigneur le Nonce fit l'honneur à l'Vniuerfité de luy enuoyer la Bulle de noftre sainct Pere le Pape, fçeelée des Armes dudit Seigneur Nonce, & auec ces mots au bas d'icelle, *Concordat cum fuo Originali. Datum Parifijs die decimâ*

Ianuarÿ anno 1654. Nicolaus Archiepiſcopus Athenarum Nuntius Apoſtolicus.

Et plus bas eſt le Seing du Secretaire dudit Seigneur. Il accompagna la Bulle d'vne Lettre qu'il eſcriuit à l'Vniuerſité, en ces termes:

Magnificis atque ampliſſimis D. D. Rectori, De-caris, Doctoribus, & reliquis Vniuerſitatis Pictauienſis Officialibus.

Illuſtriſſimi Domini,

Vix exprimere poſſum, quantâ animi mei lætitia accepi dominationum veſtrarum Epi-ſtolam, in qua ſenſum veſtrum circa ſummi Pontificis Bullam, & obſequium veſtrum ergà ſuam Sanctitatem ſignificatis. Id quod à me petitis, libentibus animis præſtabo; & quod reliquum eſt, ſuæ Sanctitati, & ſignifi-caui, & ſignificabo Vniuerſitatis veſtræ no-biliſſimæ ergà illam animi propenſionem, & nullam ipſe occaſionem prætermittam, quâ conſtare vobis poterit, quod ipſe ſim

Illuſtriſſimarum Dominationum veſtrarum
ſeruus addictiſſimus

N ICOLAVS Archiepiſcopus Athenarum.

Le Pacquet ayant eſté addreſſé par Mon-ſeigneur le Nonce au ſieur Filleau, il en don-na auſſi-toſt aduis à Monſieur le Recteur, afin

qu'il assemblast le Corps de l'Vniuersité : ce
qui fut fait le 17. du mois de Ianuier 1654.
On prit en cette Assemblée les resolutions
contenuës aux Actes inserés au Chapitre
suiuant.

---

*Actes & Deliberations de l'Vniuersité de
Poictiers, sur la reception & obseruation
de la Bulle de nostre sainct Pere le Pape.*

CHAPITRE XXXIII.

*Acta & Decreta almæ Vniuersitatis Pictauien-
sis super receptione & obseruatione Bullæ sanctissimi D. Domini nostri Innocentÿ Papæ X.
contra quinque Propositiones Hæreticas Iansenistarum.*

ANNO Domini millesimo sexcentesimo quinquagesimo quarto, die verò decima septima
mensis Ianuarij, habitum fuit Collegium generale
D. D. Decanorum Doctorum omnium facultatum,
Theologiæ scilicet, vtriusque Iuris, Medicinæ &
Artium, indictum à Magnifico Domino Elia Maret, Doctore Theologo, Parrocho sancti Sauini, &
almæ hujusce Pictauiensis Academiæ Rectore, in
ædibus Fratrum Prædicatorum, loco ad hoc solito
& solemni, vocatis priùs per Bidellos ostiatim omnibus Patribus Academicis, Dominoque Ioanne Ri-

goumier, Procuratore generali Academiæ. In quo
cùm omnes confediffent, Dominus Ioannes Filleau
vtriufque Iuris in hac Academia Doctor actu Regens, idemque Eques torquatus, Comes confiftorianus, & in Senatu Pictauienfi Regis Chriftianiffimi
Protopatronus, expofuit fuo rogatu à Domino Magnifico Rectore calata fuiffe comitia Academica, vt
acceptas ab Illuftriffimo ac Reuerendiffimo Domino Archiepifcopo Athenarum, Nuntio Apoftolico,
litteras cœtui Academico porrigeret perlegendas,
ita infcriptas: *Magnificis atque ampliβimis D D. Recto-*
ri, Decanis, Doctoribus & reliquis Vniuerfitatis Picta-
uienfis Officialibus, Pictauij. Quas ideo publicè exhibuit, & exhibitas à Scriba generali Academiæ re-
fignari toti Academiæ gratum fuit & jucundum,
quibus apertis & perlectis vfque ad imam ceram, in
qua fubfcriptum extabat, *Nicolaus Archiepifcopus*
Athenarum, Nuntius Apoftolicus, fub datum Parifijs
die decima Ianuarij anno 1654. Innotuit Academiæ
fœlices illuxiffe dies, fuorúmque votorum iam effe
compotem, vtpotè quæ tamdiu expectatam fanctiffimi Domini noftri Innocentij Papæ X. Bullam &
conftitutionem, quinque Ianfeniftarum Propofitiones antahemate damnantem, ordine juridico ab eodem Illuftriffimo ac Reuerendiffimo Domino Nuntio tranfmiffam, vnà cum ejufdem Litteris fufcepiffet.
Quam facram Bullam fub datum, *Romæ apud fanctam*
Mariam Majorem anno Incarnationis Dominicæ 1653.
pridie Kal. Iunij, Pontificatus fanctiβimi D. noftri Papæ
anno nono, in cujus calce extat appofitum figillum
ejufdem Illuftriffimi & Reuerendiffimi Domini
Nuntij, adjectis his verbis: *Concordat cum fuo ori-*
ginali. Datum Parifijs die decima Ianuarij anno 1654.

cum hac subscriptione, *Nicolaus Archiepiscopus Athe-narum, Nuntius Apostolicus :* & infrà, *De mandato Il-lustrissimi ac Reuerendissimi Domini mei Nuntij. Hinc Orlandus pro Secretario*, publiè recitauit Magister Pe-trus Ioussant Scriba generalis Academiæ. Quibus peractis, Dom. Ioannes Rigoumier, Academiæ Procurator generalis, eleganti & erudita oratione, sanctissimi Domini nostri Innocentij Papæ sanctissi-mam & è cœlo delapsam constitutionem, eiusque indefessam animi & corporis in tam prouecta ætate constantiam, totque super audiendis discutiendisque dubijs rationibus susceptos labores, præsensque ac nunquam deficiens Sancti Spiritus auxilium, ad in-fallibiliter decidendas quæ super fide mouentur quæstiones, demiratus laudauit : deinde sacrum il-lud oraculum, quo obstructum est os Iansenistarum loquentium iniqua, publicis ac solemnibus Acade-miæ votis suscipiendum, actisque publicis consignan-dum postulauit. Quo audito statim Magnificus Do-minus Rector verba fecit, & quid super tanti mo-menti negotio statuendum foret, Doctores omnium facultatum consuluit, singulorumque sententiam ro-gauit; Cùm maximè ad summum Pontificem perti-neat ratione plenitudinis potestatis, qua cæteris om-nibus in Ecclesia vt Christi Vicarius, & OEcumeni-cus præfulget, causas majores, & in materia fidei emergentes controuersias, sine præuio Episcoporum Concilio, & irrequisitâ nec expectatâ illorum sen-tentiâ, statim & primariò è Cathedra Petri decide-re, sacroque oraculo dissoluere. Qui quidem omnes Academiæ Doctores, audito super hoc & requirente dicto Domino Rigoumier Procuratore generali, di-ctis singulatim sententijs, vnanimi consensu & nemine difcrepante, æternâ lege, & nunquam nifi ab impijs & profanis refigendâ decreuerunt, vt quifque Albo Academico infcriptus, ac primùm Dominus Magnificus Rector, Dominus Cancellarius, Decani, Doctores & Officiales hujufce Academiæ, folemni jurejurando & corporali, tactis Sacro-Sanctis Euangelijs, fidem fuam in æternum fanctiffimi Domini noftri Innocentij Papæ conftitutioni, quâ debellata eft iniquitas fuperborum, & profcripti Ianfeniftarum errores adftringant, palamque adhibito etiam Chirographo, profiteantur, quinque illas Propofitiones quæ libro cui Titulus, *Auguftinus Cornelij Ianfenij Epifcopi Iprenfis*, continentur, & quas Ianfeniftæ, præfertim in Gallia eodem fenfu atque intellectu vt ibidem habentur, impiè diffeminarunt, vt hæreticas à fummo Pontifice declaratas, deteftari, adeoque vt tales à Sede Apoftolica damnatas, damnare & reprobare, nec fe de prædictis quinque Propofitionibus aliter vnquam fenfuros, docturos, vel prædicaturos, quam in fanctiffimi Domini noftri Papæ conftitutione continetur : Item paffuros nunquam vt inpofterum quifquam Academico Collegio adfcribatur, vel in Rectorem, Doctorem, ac etiam Baccalaureum Theologiæ, vel Officialem Vniuerfitatis admittatur, quin priùs idem jusjurandum, tactis Sacro-Sanctis Euangelijs, in Accademico cœtu fecundùm formam juramenti ad id conceptis verbis præfcriptam (quam inter tabulas arcanas Academiæ à Scriba generali afferuari placuit) præftiterit. Quæ omnia vt folemniter peragantur, palamque fiat Academiam Pictauienfem totam effe Apoftolicæ Sedi deuotam, Decretum pariter fuit, vt omnes facultatum omnium Decani, Doctores & Officiales

(fub pœna perjurij ac etiam denegandi impofterum
& quamdiu vifum fuerit confeffus & fuffragij) con-
ueniant die Martis vigefimâ feptimâ hujufce menfis
Ianuarij, ad horam octauam, loco folito habendis
comitijs Academicis, vt tum induti Doctoralibus
Infulis, purpuraque fplendidi, quales procedere folent in rituali Doctorum inauguratione, Ecclefiam
Fratrum Prædicatorum accedant, ibique decantan-
do hymno, quo Sancti Spiritus non fallax, nec fola
per fe efficax gratia aduocari folet, interfint, ac po-
ftea præeuntibus Bidellis, Magnificum Dominum
Rectorem folemni pompâ ad Templum Beatiffimæ
Virginis Deiparæ comitentur, gratias cum illo acturi
de debellata Ianfeniana Herefi, quas proftrati corde
& corpore interim fundent, dum Chorus pfallen-
tium decantabit Antiphonam *Gaude Maria Virgo*,
quâ cunctas Hærefes ab illa debellatas Ecclefia pro-
fitetur. Quibus folutis ab Academia votis, omnes ad
Ecclefiam Reuerendorum Patrum Auguftinianorum,
vnâ cum Domino Rectore procedent, vbi Miffa de
Sancto Spiritu celebrabitur, & poft offertorium con-
cio fuper debitis fanctiffimi Domini noftri Papæ
conftitutioni humilibus obfequijs habebitur, eo loci.
quo Academia habitura eft teftes fuæ fponfionis,
veros & germanos Diui Auguftini Difcipulos, Cen-
forefque eorum qui fucato & ementito nomine, tan-
to Doctori falfò imponentes, Hærefim fuam vel ve-
lare vel vallare adulterino Auguftinianæ Doctrinæ
defenforum nomine tam inaniter quàm fuperbè ten-
tarunt: Tum demum peractis Sacris, fufifque pro
fummo Pontifice, & Rege Chriftianiffimo quales
habentur in Miffali precibus, Dom. Magnificus Rector, DD. Cancellarius, Decani, Doctores & Offi-

ciales Acedemiæ, fuo ordine fepta Sanctuarij ingreffi, & Altare Dei virtutum ambientes, præfente eo
Iudice, cui data eft omnis poteftas in cœlo & in terra, qui vult omnes homines Saluos fieri, nullique
gratiam fufficientem denegat, ac pro omnibus paffus
eft, jurabunt in verba Bullæ Apoftolicæ priùs publi-
câ Scribæ generalis voce recitatæ, ex formulâ ad id
præfcriptâ, & tunc ab eodem Scriba generali porri-
gendâ, adhibito fingulorum Chirographo, hoc mo-
do: *Ego N. Doctor fcilicet vel Officialis, &c. juraui & propriâ manu fubfcripfi.* Reuerfi poftmodum omnes
ad Diui Dominici Templum, lætantes in Domino &
exultantes, Ambrofianum fimul & Auguftinianum
Hymnum ad operis coronationem decantabunt.
Hæc verò folemnia vt eant ad pofteros, æternaque
fit geftorum memoria, actis Academicis fecundùm
feriem rei habitæ mandati, & in perpetuum afferuari
decreuit Academia, poftquam tamen omnia ad Ar-
chetypum ritè fuerint exacta, vt ad fummum Pontificem Innocentium (quem vt fummum ita nunquam
intermoriturum vota Academica poftularent) atque
etiam ad Illuftriffimum & Reuerendiffimum Dominum Archiepifcopum Athenarum, Nuntium Apo-
ftolicum, vnà cum Litteris Academiæ æterni obfe-
quij tefferis tranfmittantur. Quæ agenda, eidem Domino Ioanni Filleau, vtriufque Iuris Doctori actu
regenti, viro Academico & Regio, Academia (be-
neficiorum nunquam immemor futura) commifit.
Actum & decretum loco, die, menfe & anno prædictis.

Sic fignatum in Originali,

Maret, Rector.
I. Garnier, Cancellarius.

D. Guillotteau, facultatis Theologiæ Decanus.
Aug. Carcat, Doctor Theologus, Augustinianus.
F. I. Faix, Doctor Theologus.
Franciscus Irat, Professor Theologiæ.
Carolus Des-jumeaux, Professor Theologiæ.
F. P. Thibaudeau, Doctor Theologiæ.
S. Guerry, Doctor Theologus.
Bertonneau, Doctor Theologus, ordinis Minorum.
I. Le Roy, Decanus Facultatis vtriufque Iuris.
I. Filleau, Antecessor.   Dehautefere, Antecessor.
P. Gilibert, Antecessor.   F. Carré, Doctor Medicus.
F. Vmeau, Doctor Medicus.   P. Bardon, Doctor Medicus.
L. Fontenette, Doctor Medicus.
R. Cothereau, Doctor Medicus.
L. Niuard, Doctor Medicus.
C. Fauueau, Doctor Medicus.
Ioannes le Roy, Professor Regius Institutionum , & Iuris
     vtriufque Doctor.
G. Piry, Decanus Artium.
Iacobus Goutoulas , Doctor Artium.
Rigoumier, Procurator generalis Academiæ.
I. Vmeau, Procognitor.   I. Thomas, Quæftor Vniuerfitatis.
P. Magaud, Iudex fubdelegatus caufarum Apoftolicarum.
Defainct-Belin, magnus Pœnitentiarius Academiæ.
Charraud, Promotor Curiæ Apoftolicæ.
Et Iouffant, Scriba generalis.

Mandatum D. Magnifici Rectoris.

EX mandato Domini Magnifici Rectoris hujufce almæ Pictauienfis Academiæ, inthimatur omnibus Decanis, Doctoribus omnium facultatum, & Officialibus, fub pœna periurij, & denegandi inpofterum confeffus & fuffragij in cœtibus Academicis, vt fiftant fe loco folito habendis comitijs Academiæ, horâ octauâ diei Martis 27. hujufce menfis Ianuarij, induti fuis infulis Doctoralibus, & quales procedere folent in folemni Doctorum inauguratione, vt inde juxta Decretum Academiæ diei de-

cimæ

cimæ feptimæ præteritæ Bullam fanctiffimi Domini noftri Papæ Innocentij X. fufcipiant, & quæ eodem Decreto præfcribuntur impleant. Datum die 22. menfis Ianuarij Anno Domini 1654.

E. MARET Rector.

Acta diei 27. menfis Ianuarij anno 1654.

VT primùm fortunato fidere illuxit dies Martis vigefima feptima menfis Ianuarij Anni Domini millefimi fexcentefimi quinquagefimi quarti. Dominus Magnificus Rector, Domini Cancellarius, Decani, & Doctores omnium facultatum actu Regentes, Theologiæ fcilicet, vtriufque Iuris, Medicinæ & Artium, nec non Dom. Ioannes Rigoumier Procurator generalis, vnà cum D. Ioanne Vmeau caufarum Patrono & Subftituto ejufdem Dom Procuratoris generalis, omnefque Officiales Academiæ conuenere ad horam octauam in ædes Fratrum Prædicatorum, quæ præfcripta fuerant decreto folemni Academiæ diei decimæ feptimæ ejufdem menfis & anni impleturi. Qui quidem induti infulis Doctoralibus, purpuraque fplendidi, eo ritu quo procecere folent in folemni Doctorum inauguratione, ante omnia ingreffi funt Ecclefiam diui Dominici, ad implorandum Sancti Spiritus auxilium, decantato Hymno *Veni Creator Spiritus*, inde folemni pompa præeuntibus omnibus Bidellis, longà fequente Ciuium Pictauienfium ac Studioforum caterua, acceffere ædem facram Beatiffimæ Virginis Deiparæ, quam vt Hærefeum Debellatricem, Choro decantante Antiphonam *Gaude Maria Virgo, cunctas hærefes fola interemifti in vniuerfo mundo*, pijffimè falutarunt. Quibus peractis eodem quô priùs or-

T

dine ad diui Augustini Templum proceffere, in cujus atrio excepti fuere à Reuerendo Patre Defbois
Auguftiniani Conuentus Priore aqua luftrali; cùmque vlterius forent progreffi, non fine importuno
labore, (quippe tantus erat populorum concurfus,
vt vix locus adeuntibus fupereffet) confedere omnes, ac deinde ijfdem ad Altare proftratis, facta eft
Miffa de Spiritu fancto : poft cuius offertorium
Reuerendus Pater Carcat, in eadem Academia Doctor Theologus, & Auguftiniani Ordinis Exprouincialis, concionem habuit fuper debita obedientia
conftitutioni fanctiffimi Domini noftri Innocentij
Papæ, & eruditis & euidentibus rationibus ab ipfo
diuo Auguftino petitis, palam probauit, quinque
Propofitiones Ianfeniftarum, à fummo Pontifice
damnatas, femper alienas fuiffe à diui Auguftini
doctrina, nec ideo Ianfeniftas alium fibi vindicare
poffe Auguftinum, præter emenritum illum & adulterinum Cornelij Ianfenij Auguftinum, longè alium
à tam celebri & laudato Hypponenfis Ecclefiæ An-
tiftite. His auditis, & facris ritè peractis, preces
publicas pro fummi Pontificis Innocentij, & Ludouici XIV. Regis Chriftianiffimi falute fudit Academia. Tum recitata eft publicè à Magiftro Petro
Iouffant Scriba generali Conftitutio fanctiffimi Domini noftri Innocentij Papæ, quinque Hæreticas
Ianfeniftarum Propofitiones damnantis, (quam quidem Conftitutionem Illuftriffimus Dominus Athenarum Archiepifcopus & Nuntius Apoftolicus chirographo & figillo fuo munitam ad eandem Academiam nuperis diebus tranfmiferat.) Poftmodum
altaris fanctuarium ingreffus eft Dom. Magnificus
Rector, & adorato facrofancto Sacramento, nomine

totius Academiæ formulam jurisjurandi, conceptis
verbis præscriptam perlegit, seque jurare in verba
Constitutionis Apostolicæ in æternum seruandæ
professus est, ac demum jusjurandum ita præstitum
coram Deo, Angelis, & hominibus, adhibito chirographo firmauit. Accessere postea Domini Cancellarius, Decani, Doctores omnium facultatum, Procurator generalis Academiæ, Substitutus eiusdem
Procuratoris, omnesque Officiales Academici, qui
singuli flexis genibus, tactisque sacrosanctis Euangelijs, in manibus Dom. Rectoris intra cancellos
majoris Altaris, jurauerunt separatim in eadem verba eiusdem Constitutionis, ex formula præscripta
adhibitoque chirographo subscripsere. His peractis
Dom. Magnificus Rector comitante Academica corona reuersus est ad sacras Ædes Fratrum Prædicatorum : huicque nobili Triumpho, solemnibusque
Academicis, finem dedit Hymnus Ambrosio-Au-
gustinianus, quo peracto, multos annos summo Pontifici Innocentio eodem voto omnes deprecati, suis-
se tectis receperunt. Cuius rei gestæ Nos Rector
Academiæ Pictauiensis, audito Magistro Ioanne
Rigoumier Procuratore generali actum istud decer-
ni, & cum cœteris superioribus, Typis mandari
jussimus, vt citius omnia ad sanctissimum Pontificem
nostrum Innocentium, nec-non Illustrissimum Dominum Athenarum Archiepiscopum, Nuntium Apo-
stolicum, vnà cum Litteris Academicis, à Domino
Ioanne Filleau vtriusque Iuris Doctore, secundùm
iam eidem annuenti ab Academia demandatum
opus, transmitti possint.

Datum in Conuentu Fratrum Prædicatorum,
eadem die vigesima septima mensis Ianuarij, Anno

Domini millesimo sexcentesimo quinquagesimo
quarto.

E. MARET Rector Academiæ, & Theologiæ Doctor actu regens.

RIGOVMIER Procurator generalis Acad. Pictau.
IOVSSANT Scriba generalis.

Iusjurandum Academicum, præstitum in Ecclesia B. Augustini.

NOs Rector, Cancellarius, Decani, Doctores
omnium facultatum, actu Regentes & Officiales almæ Pictauiensis Academiæ, hac die Martis
27. mensis Ianuarij, anno Domini millesimo sexcentesimo quinquagesimo quarto, in Ecclesia RR. Patrum Augustinianorum legitimè congregati, in vim
& executionem Decreti Academici, diei decimæ
septimæ eiusdem anni prædicti, Bullam & Constitutionem sanctissimi Domini nostri Innocentij Papæ X. sub *Datum Romæ apud Sanctam Mariam Majo-*
rem anno Incarnationis Dominicæ millesimo sexcentesimo
quinquagesimo tertio, pridiè Kal. Iunij, Pontificatus ejus-
dem sanctiß. Dom. nostri Papæ anno nono, ad nos ab
Illustrissimo & Reuerendissimo Domino Athenarum Archiepiscopo, & Nuntio Apostolico trans-
missam, suoque sigillo & proprio, ac Secretarij Chirographo munitam, cum humilitate & debita obedientia suscepimus & suscipimus obseruandam, &
quinque Propositiones quæ libro, cui titulus, *Augu-*
stinus Cornelij Iansenij Episcopi Iprensis, continentur, &
quas Iansenistæ in Gallia eodem sensu atque intellectu, vt ibidem habentur, impiè disseminarunt, vt
hæreticas à summo Pontifice declaratas detestamur,

atque adeo vt tales damnatas à Sede Apostolica
damnamus & reprobamus, iuramufque publicè intra
fanctuarij concellos, ad pedes facro-fanfti Sacra-
menti Altaris, nos nihil vnquam de prædictis quinque conclufionibus feu Propofitionibus aliter fenfuros, docturos, vel prædicaturos quam in eadem constitutione fanctiffimi Domini nostri Papæ Innocentij decimi continetur, nec etiam paffuros vt inposte-
rum quifquam Academico Collegio adfcribatur, vel
in Rectorem, Doctorem cuiufcumque facultatis,
Bachalaureum Theologiæ, aut Officialem eiufdem
Academiæ admittatur, quin prius idem jusjurandum fecundùm formulam ad hoc præfcriptam, quæ
à Scriba generali afferuatur, publicè & coram Patribus Academicis in manibus Magnifici Domini Rectoris præstiterit. Sic nos Deus adjuuet, & hæc fancta Dei Euangelia quæ tangimus. In cujus rei gestæ
fidem & promiffæ, fubfcripfimus, die, menfe, anno,
& loco prædictis.

Sic fignatum in Originali.

Ego Rector Academiæ Pictauienfis, in facra facultate Theologiæ Doctor, actu Regens, & fancti Sauini Rector, iuraui &
fubfcripfi E. Maret.

Ego Iacobus Garnier infignis Ecclefiæ beati Hilarij Pictauienfis Thefaurarius, prima & principalis dignitas, Cancellarius
Vniuerfitatis, Auditor Burdegalenfis, I. Garnier.

Ego facræ facultatis Theologiæ Decanus, ac Ecclefiæ Pictauienfis Theologus, iuraui & fubfcripfi D. Guillotteau.

Ego Fr. A. iuraui & fubfignaui me obferuaturum ad fenfum
fanctiffimi Domini Innocentij in Bulla præfcriptum, Aug.
Carcat Exprouincialis Auguftinianorum, Doctor Theologus.

Ego F. I. Le Faix Doctor Theologus iuraui & fubfcripfi.

Francifcus Irat Soc. Iefu, Doctor Regens Theologiæ, iuraui &
fubfcripfi.

T 3

Carolus Defiumeaux Soc. Iefu, Doctor Theologiæ & Profeffor juraui & fubfcripfi.

Ego F. P. Thibaudeau Doctor Theologiæ, Prædicator, juraui & fubfcripfi.

S. Guerry Doctor Theologus, juraui & fubfcripfi.

Bertonneau Doctor Theologus Ordinis Minorum.

Ego I. le Roy Decanus facultatis vtriufque Iuris, actu Regens, juraui & fubfcripfi.

Ego I. Filleau, vtriufque Iuris Doctor, actu regens, Eques Torquatus, Confiftorianus Comes, & Regius Protopatronus, juraui & fubfcripfi.

Ego Iuris vtriufque Doctor, actu regens, juraui & fubfcripfi, De Hautefere.

Ego Iuris vtriufque Doctor actu regens, juraui & fubfcripfi, P. Gilibert.

Ego Medicinæ Doctor actu regens, juraui & fubfcripfi, Carré.

F. Vmeau Doctor Medicus, fubfcripfi.

Ego Medicinæ Doctor actu regens, juraui & fubfcripfi, P. Bardon.

Ego Medicinæ Doctor actu regens, juraui & fubfcripfi, L. Fontenette.

Ego Medicinæ Doctor actu regens, juraui & fubfcripfi, R. Cothereau.

Ego Medicinæ Doctor actu regens, juraui & fubfcripfi, L. Niuard.

Ego Medicinæ Doctor actu regens, juraui & fubfcripfi, C. Fa ueau.

Ego Iuris vtriufque Doctor, & Inftitutionum Iuris ciuilis Regius Profeffor, juraui & fubfcripfi, I. le Roy.

Ego Decanus facultatis Artium, juraui & fubfcripfi, G. Piry.

Ego Doctor Artium actu regens, juraui & fubfcripfi, Nicolai.

Ego Doctor facultatis Artium, juraui & fubfcripfi, I. Goutoulas.

Ego Procurator generalis Academiæ, juraui & fubfcripfi, Rigoumier.

Ego Procognitor ejufdem Academiæ, juraui & fubfcripfi, I. Vmeau.

I. Thomas Quæftor generalis, juraui & fubfcripfi.

Ego Iudex fubdelegatus Caufarum Apoftolicarum Academiæ, juraui & fubfcripfi, P. Magaud.

Ego Ioannes Defainct-belin magnus Pœnitentiarius, juraui &
  fubfcripfi.
Rigoumier Procurator caufarum.
Champion Notarius.
Et ego Scriba generalis Vniuerfitatis juraui & fubfcripfi,
  Iouflant.

---

*L'Ordre des Ceremonies obferuées par l'V-
niuerfité de Poictiers le 27. Ianuier 1654.
en execution du Decret du 17. du mefme
Mois.*

CHAPITRE XXXIV.

LA Bulle de noftre fainct Pere le Pape
du mois de May dernier, renduë contre
les cinq Propofitions des Ianfeniftes, ayant
efté enuoyée par Monfeigneur le Nonce à
l'Vniuerfité de Poictiers, le Recteur de ladite
Vniuerfité fit affembler les Doyen & Docteurs des quatre facultés, auec tous les Officiers le 17. du mois de Ianuier 1654. en prefence defquels la Lettre dudit Seigneur Nonce ayant efté ouuerte, & la Bulle de noftre fainct Pere le Pape leuë en ladite Affemblée, il fut arrefté qu'on enregiftreroit ladite
Bulle dans les Archiues de l'Vniuerfité, en-
femble la Lettre dudit Seigneur Nonce, &
que tous les Doyens, Docteurs & Officiers

feroient vn Serment solemnel pour l'obseruation d'icelle, & les ceremonies de ce Serment remises au Mardy 27. du mesme Mois.

Ledit iour **27.** du mois de Ianuier, sur les
huict heures du matin, le Recteur, Chancel-
lier, Doyens & Docteurs des facultés de
Tgeologie, des Droicts, Canon & Ciuil, de
la Medecine, & des Arts, le Procureur general & Officiers de ladite Vniuersité se rendirent au lieu ordinaire de leurs Assemblées,
qu'ils tiennent dans le Cloistre des Peres
Iacobins, où tous les Docteurs se reuestirent
de leurs Robes d'escarlatte, & de leurs fouru-
res d'hermines, comme ils ont accoustumé
de paroistre és iours de leurs grandes so-
lemnités.

Ils allerent en cét ordre dans l'Eglise de
S. Dominique, où le *Veni Creator* fut chanté
solemnellement, & apres auoir inuoqué l'assistance du S. Esprit, ils sortirent de cette
Eglise, & estans precedés de tous les Be-
deaux des Facultés & des Nations, ils mar-
cherent par les rües de la Ville iusques dans
l'Eglise Collegiale de nostre Dame la grande, en laquelle apres auoir pris leurs seances
dans le Cheur, les Musiciens chanterent
l'Antienne, par laquelle l'Eglise publie, que
la Tres-saincte Vierge a destruit toutes les

Heresies, conçeuë en ces termes, *Gaude Maria Virgo, cunctas Hæreses sola interemisti in vni-
uerso mundo.*

Le concert de la Musique estant finy, le
Recteur, Docteurs & Officiers de ladite Vniuersité se transporterent dans l'Eglise des
Peres Augustins, à la porte de laquelle ils
furent reçeus par le Reuerend Pere des Bois,
Prieur, & les Religieux auec la Croix &
l'eau beniste, & de là furent conduits deuant
le Maistre Autel, où les Sieges leurs auoient
esté preparés. La presse & le concours du
peuple y fut si grand, qu'à peine purent-ils
aller iusques dans leurs places.

Le Recteur, Chancelier, Doyens, Docteurs & Officiers, estans placés, on chanta
à haute voix vne Messe du sainct Esprit; apres
l'Offertoire le R. P. Carcat, Religieux Augustin, Docteur en Theologie de ladite Vniuersité, & cy-deuant Prouincial des Peres
Augustins, monta en Chaire, & apres auoir
fait entendre le sujet de cette Assemblée solennelle, parcourut tous les points de la Bulle
de nostre sainct Pere le Pape, & fit voir sur
chacune des Propositions qui y sont condamnées, que S. Augustin ne les auoit iamais enseignées, & que c'estoit faire tort à
ce grand Docteur, de luy imposer cette ca-

lomnie : Pour le iuſtifier, il rapporta pluſieurs paſſages de S. Auguſtin, qui ſont tres-formels, contre ce que ceux qui ſe qualifient les Defenſeurs de ſa doctrine, ont oppoſé. Il prouua auſſi clairement, comme il appartenoit à noſtre ſainct Pere le Pape, ſans attendre d'autres precedentes Aſſemblées des Prelats dans leurs Dioceſes, de decider telles matieres de Foy en premiere inſtance, & qu'il ne reſtoit aux veritables enfans de l'Egliſe autre choſe à faire, qu'à obeïr à la Conſtitution Apoſtolique.

Le Sermon finy, on pourſuiuit la Meſſe, apres laquelle on fit des prieres publiques pour noſtre ſainct Pere le Pape, & pour le Roy ; & en ſuitte le Scribe general de l'Vniuerſité leut à haute voix la Bulle de noſtre ſainct Pere le Pape, en preſence de toute l'Aſſemblée, apres quoy le Recteur entra dans l'enclos du Maiſtre Autel fermé de baluſtres, où ayant adoré le Tres-ſainct Sacrement, il leut à haute voix l'acte redigé par eſcrit du ſerment ſolemnel que l'Vniuerſité auoit dreſſé dés le 17. dudit mois de Ianuier, par lequel ledit Recteur, Chancelier, Doyens, Docteurs & Officiers de ladite Vniuerſité, declarerent reçeuoir ladite Bulle de noſtre S. Pere le Pape, & jurerent de l'obſeruer inuiola-

blemēt, recognoiſſans qu'il auoit condamné
les cinq Propoſitions, telles qu'elles eſtoient
contenuës dans le Liure qui porte pour titre
Auguſtinus Cornelÿ Ianſenÿ, & telle que les Ianfeniſtes les auoient publiées & ſouſtenuës en
France, & promirent en outre de ne point
ſouffrir qu'aucun Recteur, Docteur, Bachelier ou Officier ſoit reçeu cy-apres en ladite
Vniuerſité, qu'il n'ayt auparauant preſté le
meſme Serment.

Cét acte de Serment ayant eſté leu par
le Recteur, il mit la main ſur les ſaincts Euangiles, & jura publiquement l'obſeruation de
ladite Bulle, & du contenu audit Acte, & en
ſuite ſigna: ce qu'ayant fait, il s'aſſit dans
vne Chaire, qui auoit eſté preparée au dedans deſdits baluſtres, pour auoir Dieu preſent ſur l'Autel à témoin, & ayant entre ſes
mains les ſaincts Euangiles, le ſieur Garnier
Chancelier de ladite Vniuerſité, & Threſo-
rier de l'Egliſe Royale de ſainct Hilaire le
Grand (lequel, quoy qu'aagé de quatre-
vingt quatre ans, auoit aſſiſté à toute la ceremonie, Dieu luy ayant donné des forces &
vn courage extraordinaire pour vne ſi ſaincte
action) alla preſter le Serment entre les
mains dudit ſieur Recteur, en touchant les
ſaincts Euangiles & à genoux, & ſigna en

suite son acte de serment sur vne table qui
estoit proche couuerte d'vn tapis. Tous les
Doyens & Docteurs des Facultés, le Procureur general, & les autres Officiers de ladite
Vniuersité firent suiuant leurs rangs le semblable Serment, & en la mesme forme &
maniere.

Tous les Sermens estans paracheués, ledit
sieur Recteur accompagné desdits Doyens,
Docteurs & Officiers, retourna en l'Eglise
des Peres Iacobins, pour assister au *Te Deum*,
qui y fut chanté : & à la sortie de l'Eglise,
on se rendit dans le lieu de l'Assemblée de
l'Vniuersité, où on fit lecture des Lettres qui
auoient esté dressées par le sieur Filleau, suiuant la charge qui luy en auoit esté donnée
par l'Vniuersité, l'vne addressée à nostre
sainct Pere le Pape, & l'autre à Monseigneur
le Nonce, lesquelles furent aggrées & au
mesme temps signées de ceux de ladite Vniuersité, & ensuite enuoyées à Rome & à Paris, auec les Actes de tout ce qui s'estoit passé,
accompagnés d'vne genereuse resolution de
ne souffrir aucune doctrine contraire à la
Bulle de nostre sainct Pere le Pape, & ne
pas laisser prendre dans Poictiers aux Iansenistes les mesmes aduantages que les Caluinistes ont cy-deuant vsurpés, & que les Histo-

riens ont fait paroiftre fi funeftes à toute la France, & particulierement à la Prouince de Poictou, qui a feruy de Theatre à leur rage & leur fureur.

Sommaire du Sermon fait par le Pere Car-cat, Auguftin & Docteur Regent en Theologie, dans l'Eglife des Peres Au-guftins en prefence de l'Vniuerfité de Poi-ctiers.

CHAPITRE XXXV.

LEs Actes de l'Vniuerfité inferés aux Chap. precedens, font voir clairement la raifon pour laquelle on auoit choifi l'Eglife des Peres Auguftins pour y faire les ceremonies du Serment de l'obferuation de la Bulle de noftre S. Pere le Pape. C'eftoit pour faire cognoiftre au public que ceux qui par vœu & Profeffion Religieufe font les veritables Difciples de S. Auguftin, & qui fuiuent la pureté de fa doctrine, comme celle de fa reigle, n'adherent point aux erreurs & fauffes maximes de ceux qui temerairement ont vfurpé cette qualité, quoy qu'ils ne foient que des Corrupteurs de la doctrine de cét admirable Sainct.

On voulut fortifier cette verité par le chóix que fit l'Vniuersité de la personne du R. P. Carcat Augustin, Docteur Regent en Theologie, & cy-deuant Prouincial des Peres Augustins, pour prescher en cette occasion, & & pour declarer à tout le monde que c'est à tort & contre la verité qué les Ianseniftes, ont voulu se foftifier de l'authorité de ce grand Docteur, dont ce Pere fit voir que les sentimens font contraires à ceux de Iansenius, & particulierement aux cinq Propofitions, qu'il a temerairement auancées, & qui ont esté condamnées par le Pape. Il prit pour theme de son discours le paflage de S. Paul de la seconde Epiftre aux Theffaloniens, au Chapitre premier, *Gratias agere debemus Deo semper quia supercrescit fides veftra.* Et juftifia dans fa premiere partie, que l'Eglife estoit regie par le S. Efprit, comme le corps est regy par l'Ame, & que l'infallibilité luy estoit communiquée par l'affiftance du mefme S. Efprit, felon la doctrine de S. Auguftin *Sermone 166. de aduentu Spiritus Sancti.*

Ayant eftably ce fondement par diuers paflages, il entra dans la preuue de l'autre partie, qui confiftoit à faire voir que S. Auguftin eftoit fauffement allegué pour la defence des cinq Propofitions condamnées,

puis qu'il eftoit tout éuident par les ouurages
defquels on le recognoiffoit autheur, qu'il
auoit fouftenu la doctrine contraire.

Et quant à la premiere Propofition qui
porte qu'il y a quelques Commandemens
de Dieu, qui font impoffibles aux hommes
juftes, &c. il oppofa le paffage de S. Auguftin au liure *De natura & gratia* chap. **93.**
qui eft formellement contraire à cette doctrine erronée, *Deus* (dit-il) *impoßibilia non
jubet, fed jubendo monet, & facere quod poßis,
& petere quod non poßis, & adjuuat vt poßis.* Il
allegua cet autre paffage du mefme S. Auguftin, *Sermone 19. de temp. Execramur eorum
malitiam, qui dicunt impoßibile aliquid à Deo eße
Præceptum.*

A la feconde Propofition des Ianfeniftes,
*Interiori gratiæ in ftatu naturæ lapfæ nunquam
refiftitur*, il oppofa le paffage de S. Auguftin,
*Tractatu 65. in Ioannem, Quare Iudæi non po-
terant credere, fi à me quæritis, cito refpondebo,
quia nolebant.* Et au liu. 12. de la Cité de Dieu
chap. 6. il rend la raifon pourquoy de deux
l'vn refifte à la Grace, & l'autre non, *quia
(inquit) vnus reijcit, & refiftit gratiæ, alter non.*
Pour la troifiéme Propofition, *Ad merendum
vel demerendum, &c.* ayant monftré qu'elle
eftoit dans le Liure de Ianfenius *tom. 3. lib. 2.*

cap. 25. & tirée de Caluin *liu. 2.* de son Instit. chap. *2.* il opposa le passage de S. Augustin, *lib. de natura & gratia cap. 65. Quis non agnoscat, quis non toto suscipiat corde, in rectè faciendo nullum esse vinculum necessitatis.* Comme aussi *contra Faustum Manichæum l. 22. cap. 78. siue iniquitas, siue iustitia inuoluntate non esset, si in nostra non esset potestate, porrò si in nostra potestate non esset, nullum præmium, nulla pœna iusta asset, quod nemo sapit, nisi qui desipit.*

A la quatriéme Proposition, *Semipelagiani admittebant, &c.* il opposa l'authorité de S. Augustin au liure *de gratia & libero arbitrio,* où il rapporte plus de 24. Arguments ou preuues pour iustifier qu'il y a liberté pleine & entiere en l'homme pour se porter au bien ou au mal.

A la cinquiéme Proposition que nostre S. Pere le Pape a declaré *blasphemam, contumeliosam, Diuinæ pietati derogantem & hæreticam,* il opposa le passage de S. Augustin au liu. 6. *contra Iulianum,* où il dit, *Impingo, inculco, infarcio recusanti, Christus mortuus est pro omnibus, nemo negat, nemo dubitat, qui se non neget aut dubitet esse Christianum.* Ce qu'il a dit expliquant ces mots de S. Paul en la seconde aux Corinthiens chap. 5. *Christus pró omnibus mortuus est,* & dans le Sermon 114. *de tempore,*

tempore, il publie hautement, *Vna morte vni-*
uerſum mundum, ſicut omnium Conditor, ita
omnium Reparator abſoluit.

Ie laiſſe les autres paſſages qui furent alle-
gués par ce Pere, pour combattre les cinq
Propoſitions, dautant qu'ils ſont rapportés en termes expres dans le Liure que le
meſme Pere a fait imprimer en cette Ville,
& qui a pour titre, *Receüil des ſeules authorités*
de S. Auguſtin, contre la nouuelle Theologie de
ce temps.

L'Vniuerſité de Poictiers enuoye à noſtre
ſainct Pere le Pape, & à Monſeigneur
le Nonce, les Actes de ce qui s'eſtoit paſſé
en ſuitte de la reception de la Bulle.

CHAPITRE XXXVI.

LEs Actes de l'Vniuerſité cy-deſſus in-
ſerés, eſtans les marques veritables de
l'obeïſſance qu'elle auoit renduë au S. Siege,
deuoient paroiſtre aux pieds de ſa Saincteté
pour l'aſſeurer auec quel zele & ſoumiſſion
toutes les Facultés auoient juré d'obſeruer
& faire obſeruer par leurs ſucceſſeurs ſa Bulle
& Conſtitution, contre les cinq Propoſi-

V

tions. C'eſt pourquoy il fut arreſté qu'on
eſcriroit à ſa Saincteté, & à Monſeigneur le
Nonce, & la charge en ayant eſté laiſſée au
ſieur Filleau, on dreſſa les deux Lettres ſuiuantes, l'vne pour Rome & l'autre pour Paris.

*Lettre eſcrite par l'Vniuerſité à noſtre ſainct Pere
le Pape Innocent X.*

Sanctiſſimo Domino noſtro Innocentio Papæ X. in Terris Chriſti Vicario.

*Rector, Cancellarius, Decani, Doctores actu Re-
gentes, Procurator Generalis, & Officiales almæ Vniuerſitatis Pictauienſis :
Sincera & debita humilitatis obſequium.*

Beatiſſime Pater,
　Non potuit cohibere lachrimas Academia
noſtra, dum inter emortuos Caluiniſtici erroris cineres, flammas adoleſcere videret
Ianſeniani incendij, Euangelicam ſegetem
in Gallia depopulantes: ſed tandem ſenſimus
auxiliarem manum Sanctitatis veſtræ, quæ
proximam auertit ruinam, ſuoque oraculo
ſcintillantem Hæreſim compeſcuit, graſſan-
teſque in excidium Eccleſiæ flammas penitus extinxit. Ignis namque è cathedra Petri
exilijt, & inflammauit in circuitu inimicos,
illuxerunt fulgura Apoſtolici Cœli, & com-

mota eſt Terra Ianſeniſtarum. Agebatur
enim de ſumma rei Catholicæ, cui tuendæ
impar erat præter Pontificiam ſumma pote-
ſtas : Conclamatum videbatur de libero hominis arbitrio, niſi ſubueniſſet ſanctiſſimus
Innocentius, cuius non parere arbitrio vt
criminoſum, ita nec liberum; Captiua duce-
batur à Ianſeniſtis Gratia, adulterinum interim Victricis ac Triumphantis titulum infœ-
liciter ementita, nec locus erat poſtliminio,
niſi gratia Apoſtolicæ Sedis (cui nefandum
eſt reſiſtere) gratiam ipſam libertati aſſeruiſ-
ſet, ſecundùmque illam vindicias dixiſſet;
Fuſus pro omnibus negabatur Chriſti ſan-
guis, ſed ab illis quos pœna ſanguinis dignos
vt blaſphemos, Chriſti Vicarius anathemate
damnauit. Hoc totum quo tota Reipublicæ
Chriſtianæ tranquillitas continetur, Sanctitati veſtræ debetur, quæ fecit vt Sancta poſt-
modum & Chriſtianiſſima, proſcriptis Ian-
ſenianæ Sectæ commentis & fabulis, eua-
ſura ſit Gallia. Debet Orbis Chriſtianus
Apoſtolico oraculo quod ſit gratioſus, libe-
reque Gratiam ſuſcipiat, nec ſufficientem vt
denegatam deſideret. Debent Sanctitati veſtræ quod non ſint otioſi Chriſti famuli, ſed
collaborante Gratia operas non illiberales ad
merita rei geſtæ adhibeant : Cùmque ad me-

rendum vel demerendum libera à neceſſitaté
& à coactione voluntas accedat, fecit Sanctitas veſtra vt dum aduerſarij Apoſtolico oraculo coguntur in bonum, nos qui impares
fuimus ad tantum merendum beneficium, in-
voluntarij futuri ſimus ad demerendum. Suſ-
cepimus ergo miſericordiam Sanctitatis veſtræ, ad nos ab Illuſtriſſimo Sanctiſſimæ Sedis Apoſtolicæ Nuntio tranſmiſſam, in medio Templi Dei virtutum, quia virtutis diuinæ opus proſcripſiſſe mendaces: Fuit hoc mi-
ſericordiæ oraculum, æquè ac juſtitiæ, quod
perituros ad ſalutem reuocat, fugitiuos ma-
terno Eccleſiæ gremio excipit, & Paſſionis
Dominicæ merita denegantes, ad Crucis ſa-
lutiferæ percipiendos fructus euocat. Qua
autem reuerentia, quo feruore, quibus humil-
limis obſequijs, qua triumphali pompa Apoſtolicam Conſtitutionem Academia noſtra
ſuſceperit, teſtabuntur Acta Monumentaque
publica Romam tranſmiſſa, quibus vt Sanctitas veſtra Apoſtolica benedictione annuat,
ſunt preces omnium & vota ſingulorum. Datum Pictauij pridie Kal. Februar. Anno Chriſti 1654.

Sic ſignatum,

E. Maret Rector Academiæ, & Theologiæ Doctor actu Regens.
Garnier Theſaurarius, prima & principalis dignitas Eccleſiæ

sancti Hilarij, Cancellarius Vniuersitatis, Auditor Burdega-
  lensis.
D. Guilloteau Facultatis Theologiæ Decanus nec-non Eccle-
  siæ Pictauiensis Canonicus Theologus.
Augustí. Carcat Doctor Theologus actu Regens, Augustinianus
  Exprouincialis.
F. I. Faix Dominicanus, Doctor in sana Theologia actu Regens.
F. P. Thibaudeau Doctor Theologiæ Fratrum Prædicatorum
  Ordinis.
Franciscus Irat Societatis Iesu, Doctor & Professor Theologus.
Carolus Desiumeaux Societatis Iesu, Theologiæ Doctor &
  Professor.
Guerry Doctor Theologus.
I. le Roy Decanus Facultatis vtriusque Iuris.
I. Filleau vtriusque Iuris Doctor actu Regens, Eques Torqua-
  tus, Comes Consistorianus, & Regius Protopatronus.
De Hauteserre Antecessor.
P. Gilibert Iuris vtriusque Doctor actu Regens.
Carré Doctor Medicus.
P. Bardon Doctor Medicus.
R. Cothereau Doctor Medicus.
L. Niuard Doctor Medicus.
C. Fauueau Doctor Medicus.
Le Roy vtriusque Iuris Doctor, & Institutionum Ciuilium
  Regius Professor.
G. Piry Artium Decanus.
P. Iacobus Goutoulas Facultatis Artium Doctor.
Rigoumier Procurator generalis.
I. Vmeau eiusdem Academiæ Procognitor.
I. Thomas Quæstor generalis Vniuersitatis.
P. Magaud Iudex subdelegatus Causarum Apostolicarum.

De mandato prædictorum Dominorum,

Ioussant Scriba generalis.

Cette Lettre fut enuoyée à Monseigneur
le Nonce à Paris par l'Vniuersité, auec tres-
humble priere de la vouloir faire presenter à

V 3

Rome à sa Saincteté, & à cét effet l'Vniuersité luy escriuit la Lettre suiuante.

Lettre escrite par l'Vniuersité à Monseigneur
le Nonce.

Illustrissimo ac Reuerendissimo D. Domino
Athenarum Archiepiscopo, & in
Gallia Nuntio Apostolico.

Rector, Cancellarius, Decani, Doctores actu Re-
gentes, Procuratar Generalis, & Officiales Al-
ma Vniuersitatis Pictauiensis :
 Salutem in eo qui vult omnes homines sal-
uos fieri, humillimam.

Illustrissime Præsul,
 Quales de debellata Iansenistarum Hæresi
egerit triumphos Academia nostra, & quam
solemniter spectantibus omnium Ordinum
Proceribus, celebrique Ciuium Pictauien-
sium stipante corona jurauerit in verba Constitutionis sanctissimi Domini nostri Innocentij Papæ, testabuntur hæc acta publica,
quæ ad Illustrissimam Dominationem vestram transmittenda curauimus. Iacebit æternum proscripta à finibus nostris fabula illa
Iansenistica, quæ diu gipsato vultu lusit in
Gallia, sed cuius complicatum hodie sipa-
rium scenicum tot laruas & mendacia de-

texit, vt nullos amplius sit habitura sequaces.
Fecit in nos singularis Dominationis vestræ
beneuolentia, vt nouo Apostolici Oraculi
lumine illustrata Academia Pictauiensis, cœ-
lesti hodie corruscatione splendescat, suóque
in sinu habeat non minimam partem Ponti-
ficij Iuris, quo inposterùm proscripti erroris
surculos enascentes juridicè conuellat. Rogamus interim Dominationem vestram, vt
ad pedes Apostolicæ Sedis Literas nostras,
Actáque Academica Romam transmitti iu-
beat, quibus sanctissimo Pontifici innotesce-
re possit, nihil toti Academiæ fuisse anti-
quius, quàm se Apostolicam profiteri. Cùm
autem accepti ab Illustrissima Dominatione
vestra beneficij celsitudo recompensandi vices superet, verbis erit potius peragenda
munificentia quàm factis, æternáque votorum nostrorum sponsione consignanda. Datum Pictauij pridie Kal. Februarij, Anno
Christi 1654.

    E. MARET Rector Academiæ & Theo-
      logiæ Doctor actu Regens.

I'obmets toutes les autres signatures, qui font
des mesmes personnes qui ont soufcrit cy-dessus à
la Lettre addressée à sa Saincteté.

Ces deux Lettres ayant esté enuoyées à

Monseigneur le Nonce à Paris, il témoigna
qu'il auoit vne grande satisfaction du procedé de l'Vniuersité de Poictiers, & eut la
bonté d'addresser à Rome le pacquet qu'elle
luy auoit enuoyé, afin qu'il fut presenté à sa
Saincteté, accompagné des Lettres dudit
Seigneur Nonce ; comme il se voit par la
Lettre suiuante.

Lettre de Monseigneur le Nonce, escrite à
l'Vniuersité de Poictiers.

Illustrissimis atque amplissimis D. Dominis
Rectori, Decanis, Doctoribus, & reliquis
Vniuersitatis Pictauiensis Officialibus,

Illustrissimi D. Domini,

Libentissimè misi ad summum Pontificem
Epistolam, & Relationem impressam Dominationum vestrarum, in qua apparent lauda-
tissimæ Ordinationes præstantissimæ Vniuersitatis Pictauiensis, pro obseruantia Declara-
tionis quinque Propositionum à Sanctitate
sua factæ. Dabit Deus vestris Dominationi-
bus præmium in Cœlo iuxta ingentem lau-
dem quâ gaudent in terris, & omnem aliam
felicitatem vobis peramanter precor. Datum
Parisijs die 14. Februarij 1654.

D. D. V. V. Illustrissimarum

Seruus addictissimus,
NICOLAVS Archiepiscopus Athenarum.

Monseigneur le Nonce ne se contenta pas
de faire paroistre sa bonne volonté à l'Vniuersité en general, il en voulut aussi donner
des témoignages particuliers au sieur Filleau,
par la Lettre qu'il luy escriuit en ces termes :

A Monsieur
Monsieur Filleau premier Aduocat du Roy,
A Poictiers.

Monsieur,

Ie vous remercie de tout mon cœur des
Lettres du 28. Ianuier & du 4. Feurier, qu'il
a pleu à vostre bonté de m'enuoyer, auec la
Relation de tout ce que vous auez fait en
l'Vniuersité de Poictiers pour le seruice du
sainct Siege, vous asseurant que ie n'ay pas
manqué d'en informer continuellement nostre sainct Pere le Pape, afin que vostre merite soit recognu par sa Saincteté, & par tous
les hommes de bien, n'ayant autre desir que
vous seruir en chose de plus grande considera-
ration. I'ay reçeu vne Lettre pour sa Saincteté, & l'autre pour moy, qu'il a pleu à Messieurs de l'Vniuersité de Poictiers de me
faire tenir, dignes de grande loüange, estant
asseuré qu'en cette rencontre vous auez fait
tout vostre possible, vous priant de m'employer auec toute liberté & confiance, par

ce que vous trouuerrez toufiours preft pour vous feruir celuy qui pretend d'eftre,

Monfieur,

Voftre tres-affectionné feruiteur

NICOLAS Archeuefque d'Athenes.

A Paris, ce 14. Feurier 1654.

Sa Saincteté enuoye vn Bref à l'Vniuerfité de Poictiers.

CHAPITRE XXXVII.

LEs foumiffions & obeïffances renduës par l'Vniuerfité de Poictiers à la Bulle de noftre tres-fainct Pere le Pape, & le ferment folemnel qui fut fait par tous les Docteurs & Officiers qui compofent cette Compagnie, ont efté fi agreables à fa Saincteté, qu'elle a daigné luy rendre des témoignages de fa bienueillance, par vn Bref dont elle a voulu recognoiftre fon zele & fa fidelité inuiolable.

Ce Bref fut addreffé au fieur Filleau par Monfeigneur le Nonce, afin qu'il le prefentaft à l'Vniuerfité, & fut accompagné d'vne Lettre dudit Seigneur, laquelle ledit fieur Filleau ayant reçeuë, il en aduertit le Recteur

de l'Vniuerfité, qui deliura en fuitte fon mandement pour affembler tout le Corps : ce
qui fut fait le premier iour de May de la pre-
fente année 1654. ce fut à ce iour qu'en prefence des Chancelier, Doyens, Docteurs &
Officiers de l'Vniuerfité le Bref de noftre S.
Pere le Pape fut ouuert, & leu dans l'Affemblée. Durant qu'on le lifoit, le Recteur &
les Docteurs, fuiuant l'ancienne couftume,
que l'Vniuerfité a toufiours obferuée pour
receuoir les Brefs Apoftoliques, fe leuerent
de leurs places, & ayant la tefte nuë, rendirent l'hommage qu'ils deuoient à cette fubli-
me puiffance.

L'infcription du Bref feellé du feau du Pef-
cheur, eftoit en ces termes,

Dilectis Filijs, Rectori, Cancellario, Decanis Fa-
cultatum Vniuerfitatis Studij ge-
neralis Pictauienfis.

Au dedans eftoit efcrit,

INNOCENTIVS P. P. X.

Dilecti Filij falutem & Apoftolicam benedictionem. A Domino prodijt, qui nos
virgam vigilantem conftituit fuper gentes &
Regna, quod de quinque controuerfis Propofitionibus tulimus nuper Ecclefiæ Catho-

licæ judicium ; ideoque veſtræ etiam pieta-
tis ac Religionis præcipuè futurum arbitra-
bamur , vt Domino illuminanti abſcondita
tenebrarum , vltròquidem atque vnanimi
obedientia obſequeremini. Hanc ſpem exi-
miè impleuere, quæ iampridem certius ex
veſtræ probitatis experimento , poſtremò
quidem diſertius ex Literis quas ad nos de-
diſtis accepimus. Ea verò cùm nobis rei
Chriſtianæ publica incrementa omni ſtudio
meditantibus, plurimùm quoque in id ſpon-
deant ex iſtius Academiæ zelo ac ſapientia,
cupimus paternam quâ vos complectimur
charitatem , diuinæ quoque beneficentiæ
muneribus cumulari, vt veritatis via firmita-
tis veſtræ conſtantia æquiſſimè ſtrata, trepi-
dantium veſtigia facilior excipiat ad mon-
tem Domini ; vobiſque Apoſtolicam Benedictionem ex animo largimur. Datum Romæ apud Sanctam Mariam Maiorem, ſub annulo Piſcatoris, die 21. Martij M. DC. LIV.
Pontificatus noſtri anno decimo.

D E C I V S Cardinalis Azzolinus.

La Lettre de Monſeigneur le Nonce eſcrite au ſieur Filleau, & qui accompagnoit ce
Bref, eſtoit conçeuë en ces termes.

A Monfieur
Monfieur Filleau premier Aduocat du Roy,
A Poictiers.

Monfieur,
Afin que l'Vniuerfité de Poictiers con-
noiffe mieux combien noftre fainct Pere le
Pape a trouué agreable ce que vous auez
fait, & ce qu'a auffi fait la Faculté mefme de
Poictiers, pour l'execution de la Declaration qu'a fait fa Saincteté des cinq Propofitions de Ianfenius, ie vous enuoye vn Bref de
noftre fainct Pere pour ladite Vniuerfité, &
i'ay trouué à propos que vous le prefentiez,
& pour ce qui eft de ce que vous m'efcriuez
dans voftre Lettre du 21. de Mars, vous aurez prefentement refponfe auec cette Lettre
que ie vous efcrits, demeurant toufiours,
   Monfieur,

Voftre tres-affectionné feruiteur,
Nicolas Archeuefque d'Athenes.
A Paris ce 23. Auril 1654.

*Ce qui s'est passé en l'Vniuersité de Poi-
ctiers, apres la reception du Bref de
noftre sainct Pere le Pape.*

CHAPITRE XXXVIII.

APres la lecture du Bref de noftre fainct
Pere le Pape, l'Vniuerfité de Poictiers
deüement affemblée, delibera de ce qu'il y
auoit à faire, & fut conclu & arrefté, qu'on
feroit de tres-humbles actions de grace à noftre fainct Pere le Pape, de l'honneur qu'il
luy auoit fait, luy donnant ce particulier témoignage de la paternelle affection, & des
affeurances publiques de la fatisfaction que
fa Saincteté auoit reçeuë de la forme qu'on
auoit tenuë pour rendre l'obferuation de fa
Conftitution inuiolable à iamais: & que pour
cét effet on efcriroit à noftre fainct Pere le
Pape vne Lettre pleine de refpects & de re-
merciments, & que durant le refte de cette
année, tous les Dimanches, la Meffe folen-
nelle à Diacre & Soufdiacre, feroit dite en
prefence de l'Vniuerfité pour noftre fainct
Pere le Pape, auec l'Oraifon, *Deus omnium
Fidelium Paftor.*

Et d'autant que Dieu dans ces derniers
temps, par l'ordre d'vne prouidence toute
particuliere, a voulu découurir la vie cachée
de fainct Iofeph & de faincte Anne, par vne
longue fuite de miracles, & que l'vn ayant
efté l'Efpoux facré & virginal de la faincte
Vierge, qui eftoit remplie de graces, fuiuant
le témoignage de l'Ambaffadeur Celefte qui
la falua, & que l'autre a efté la Mere bien-
heureufe de cette faincte Fille, on peut croire
pieufement que dans ce fiecle, où les Ianfeniftes ont voulu eftablir de fauffes Propofitions touchant la Grace, ces deux admirables Saincts fe font intereffés extraordinairement à eftablir par l'authorité du fainct
Siege la verité de la cooperation à la Grace,
fans laquelle leurs incomparables merites ne
feroient pas ce qu'ils font : & qu'ils ont agy
puiffamment aupres de la diuine Majefté,
pour étouffer cette Herefie naiffante, qui
alloit arracher la couronne pretieufe de deffus le Chef facré de la faincte Vierge. En
effet elle luy veuft ofter, par la neceffité de
cette Grace victorieufe efficace feule par elle mefme, & à laquelle on ne peut refifter,
les merites de toutes fes actions, & particulierement de celle, par laquelle, donnant vn libre confentement à l'ouurage de

l'Incarnation du Verbe eternel (qu'elle pouuoit ne donner pas , si elle eût voulu ne pas consentir aux Propositions de l'Ange) elle auoit esté faite Mere de Dieu, & merité cét inconçeuable accroissement de graces; l'Vniuersité de Poictiers estima estre obligée d'en témoigner ses ressentimens , & pour contribuer de sa part quelque chose à la gloire accidentelle de sainct Ioseph & de saincte Anne, il fut resolu que sa Saincteté seroit tres-humblement suppliée de vouloir ordonner, que cy-apres les noms de ce grand Sainct , & de cette Illustre Ayeule du Fils de Dieu, seroient inserés dans les grandes Litanies de l'Eglise, pour estre inuoqués auec les autres Saincts. Ce qu'elle espere d'autant plus asseuremement que le Pape Vrbain VIII. son Predecesseur recognoissant les aduantages que ces deux lumieres du Paradis meritent, auoit ordonné par vne Constitution Apostolique la celebration de leurs Festes.

Aussi l'Vniuersité recognoissant, que le dernier moment de nostre vie decide l'affaire de nostre eternité, & que l'arbre doit demeurer du costé où il sera tombé , pour se faciliter aupres de Dieu ce dernier passage, & y trouuer vn fauorable accés aupres de ce
Iuge

Iuge redoutable des viuans & des morts, qui doit mettre toutes les actions des hommes à la balance, & juger mesme (comme il parle dans le Texte sacré) les Iustices dans son temps. Il fut arresté que sa Saincteté seroit suppliée de vouloir accorder l'Indulgence pleniere à l'article de la mort, aux Recteur, Chancelier, Doyen, Docteurs & Officiers de l'Vniuersité qui sont à present en charge, & qui ont rendu leurs respects & obeïssances au sainct Siege dans toutes les occasions, & particulierement dans cette derniere contre les Iansenistes ; desquelles deliberations a esté fait le Decret du premier May, que l'Vniuersité donna charge au sieur Filleau Docteur Regent és Droicts, de rediger par escrit, ensemble la Lettre pour nostre sainct Pere le Pape, au nom de ladite Vniuersité, dont voicy les copies :

Decretum Almæ Vniuersitatis Pictauiensis.

HAC die prima mensis Maij, Anno Domini millesimo sexcentesimo quinquagesimo quarto, hora secunda pomeridiana habitum fuit Collegium generale Dominorum Cancellarij, Decanorum & Do-

X

ctorum omnium facultatum in Ædibus Fratrum Prædicatorum , indictum à Domino Magnifico Rectore, in quo Dominus Ioannes Filleau, Iuris vtriusque Doctor actu regens, exhibuit Cœtui Academico Literas Apostolicas sanctissimi Domini nostri Innocentij Papæ X. ita inscriptas, *Dilectis Filijs Rectori, Cancellario & Decanis facultatum Vniuersitatis studij generalis Pictauiensis*, quas ab Illustrissimo Domino Athenarum Archiepiscopo & Nuntio Apostolico transmissas acceperat. Cùmque easdem aperiri & perlegi iussisset Dom. Rector, statim assurrexere omnes Patres Academici , & nudo capite sacra Oracula Apostolici rescripti, sub *datum Romæ apud sanctam Mariam Majorem , sub annulo Piscatoris die 21. Martij M.DC.LIV.* Cum hac subscriptione, *Decius Cardinalis Azzolinus*, religiosis auribus ac solemni ritu excepere. Ijsdem verò perlectis, audito & postulante Dom. Ioanne Rigoumier Procuratore generali Academiæ decretum fuit: Immortales sanctissimo Pontifici peragendas ab Academia gratias, nec-non Literas Apostolicas, tanquam non intermoriturum illibatæ fidei pignus quod posteris esse possit exemplo , actis publicis Academiæ consignandas : & quia peragendæ Gratiæ futu-

fæ funt accepto beneficio impares, has re-
penfandi vices elegit Academia, vt toto hujufce anni curriculo, fingulis diebus Domi-
nicis Miffa folemnis cum Diacono & Subdia-
cono, pro falute fanctiffimi Domini noftri
Innocentij, & vt illi multos annos Deus ad
regimen Ecclefiæ adijciat (adhibita Oratione *Deus omnium Fidelium Paftor & Rector*) ad-
ftante Academicâ Coronâ, in Ecclefia Fratrum Prædicatorum pulfis organis decante-
tur. Infuper decretum fuit poftulationem ad
pedes fanctiffimi Domini noftri Innocentij,
nomine Academiæ faciendam ; vt cum hifce
nouiffimis temporibus diui Iofephi, Chrifti
Saluatoris Nutritij, & diuæ Annæ Chrifti
etiam Auiæ vitam abfconditam tot tantifque
miraculis illuftrare, & duo fortunata illa fide-
ra, in æftuantis fæculi Oceano nauiganti-
bus illucefcere Deus voluerit, placèat fan-
ctiffimæ Sedi jubere Apoftolica fanctione,
maioribus Ecclefiæ Litanijs Sanctorum, quæ
hactenus defiderata fuere auguftiffima illa
diui Iofephi, & diuæ Annæ nomina inferi.
Tum demüm rogandum fummum Pontificem, vt Rectori, Cancellario, Decanis, Doctoribus omnium facultatum, Procuratori
generali, omnibufque Academiæ Pictauienfis Officialibus nunc exiftentibus, qui in hac

Prouincia aduerſus Ianſeniſtas ſuſtinuere
pondus & æſtum diei, plenariam Indulgentiam per modum Iubilæi in articulo mortis
Apoſtolica authoritate largiri dignetur.
Actum die, loco & horâ prædictis.

Sic ſignatum,

E. Maret Rector Academiæ & in ſacra Theologiæ Facultate
    Doctor actu Regens, nec-non Parochus S. Sauini.

Garnier Theſaurarius, prima & principalis dignitas beatiſſimi
    Hilarij, Cancellarius Academiæ, Auditor Generalis Bur-
    degalenſis.

Fr. Auguſtinus Carcat Doctor Theologus, Auguſtinianus
    Exprouincialis

Iulianus Dardin Doctor Theologus.

Franciſcus Irat Soc. Ieſu, Doctor & Profeſſor Theologiæ,

Carolus Des-jumeaux Soc. Ieſu, Doctor Theologiæ & Profeſſ.

I. Faix Doctor Theologus ordinis Prædicatorum.

Stephanus Guerry Doctor Theologus,

F. P. Thibaudeau Doctor Theologiæ, Prædicator,

I. Filleau, vtriuſque Iuris Doctor, actu regens.

Caré Doctor Medicus.

De Hauteſerre Anteceſſor.

P. Bardon Doctor Medicus.

R. Cothereau Medicus Doctor.

Niuard Doctor Medicus.

Goutoulas Doctor Artium.

Rigoumier Procurator Generalis.

I. Vmeau D. Procurat. Generalis Subſtitutus.

I. Thomas Quæſtor Generalis.

P. Magaud judex ſubdelegatus cauſarum Apoſtolicarum.

De mandato Academiæ,

Iouſſant Scriba generalis.

La Lettre escrite par l'Vniuersité de Poictiers à nostre sainct Pere le Pape Innocent X.

Sanctissimo Domino nostro Innocentio Pon-
tifici Maximo & OEcumenico.

Rector, Cancellarius, Decanus, Doctores
omnium Facultatum, Procurator generalis, cœterique Officiales Academiæ Pictauiensis:

Humillimum cum debita obedientia
famulatum.

Beatissime Pater,
Nempe satis non erat ad publicam me-
moriam in luce orbis constituisse Apostolicæ
Sedis Oraculum, quo Anathemate perculsa
Iansenistarum Hæresis jaceret postmodum in
situ & puluere, nisi publico beneficio nouum
& singulare Sanctitas vestra adiecisset, dum
Academiam nostram Pontificio rescripto
munificentissimè cumulauit : Cui quidem
referre maius nihil possumus quàm gratias, &
pro salute Sanctitatis vestræ ad multos annos
Decreto Academico (quod Romam mittimus) vota nuncupata. Sed vt illis facilior ad
Cœlum pateat accessus, nouosque summo
Pontifici Sponsores conciliet Academia no-

ſtra, hoc vnum ad cumulum muneris nullam
paſſuri repulſam, omnes pijſſime deprecamur; vt, cùm Deus hiſce nouiſſimis temporibus beatum Ioſephum Chriſti nutritium,
& beatam Annam Saluatoris Auiam, nouâ
miraculorum ſerie illuſtrare voluerit, placeat
Sanctitati veſtræ iubere, vt maioribus Eccleſiæ Litanijs, beati Ioſephi & beatæ Annæ auguſtiſſima nomina inſcribantur, eademque
publicæ inuocationis ſocietate gaudeant, qui
perfruuntur æternâ, quod vix optatum ab
alijs, impetrandum tamen à Sanctitate veſtrâ confidit Academia: Speratque non denegandam Rectori, Cancellario, Decanis,
Doctoribus, Procuratori generali, cæteriſque Officialibus nunc exiſtentibus, plenariam in articulo mortis, quam ſuppliciter expoſtulamus Indulgentiam. Cuius beneficij
vna erit obliuio Academiæ noſtræ occaſus.

 Datum Pictauij Kal. Maij Anno Domini M. DC. LIV.

 Sic ſignatum,

E. Maret Rector Academiæ, & Doctor in ſacra Theologiæ Facultate actu Regens, nec non Parochus ſancti Sauini.

Garnier Theſaurarius, prima & principalis dignitas beatiſſimi Hilarij, Cancellarius Vniuerſitatis, Auditor generalis Burdegalenſis.

Frater Auguſtinus Carcat Doctor Theologus, Auguſtinianus Exprouincialis.

Iulianus Dardin Doctor Theologus.

F. I. Faix Doctor Theologus Ordinis Prædicatorum.
Franciscus Irat Societatis Iesu, Doctor & Professor Theologus.
Carolus Desiumeaux Societatis Iesu , Doctor & Profeilor
    Theologiæ.
F. P. Thibaudeau Doctor Theologiæ Regens Predicator.
Stephanus Guerry Doctor Theologus.
I. Filleau vtriusque Iuris Doctor actu Regens , Eques Torqua-
    tus, Comes Confiftorianus, & Regius Protopatronus.
Carré Doctor Medicus.
De Hautefeire Anteceffor.
P. Bardon Doctor Medicus.
L. Niuard Doctor Medicus.
I. Goutoulas Doctor Facultatis Artium.
Rigoumier Procurator generalis.
I. Vmeau Procuratoris generalis Subftitutus.
I. Thomas Quæftor generalis.
P. Magaud Iudex fubdelegatus Caufarum Apoftolicarum.

De mandato Academiæ.

Iouffant Scriba generalis.

Cette Lettre auec le Decret de l'Vniuerfité dudit iour 1. May, a efté enuoyée par ledit fieur Filleau à Monfeigneur le Nonce,
pour la faire prefenter à Rome à fa Saincteté,
felon les bontés ordinaires qu'il a éu cy-deuant pour la mefme Vniuerfité, & ledit fieur
Filleau, felon la charge particuliere qu'il en a
euë, a fupplié Monfeigneur le Nonce de vouloir appuyer en la Cour de Rome les deux
demandes qui font contenuës en cette Lettre
addreffée à noftre fainct Pere le Pape.

X 4

Nouuelle preuue de la Cabale des Ianse-
nistes, tirée des Lettres de Iansenius,
escrites à l'Abbé de S. Cyran, qui ont
paru dans Poictiers.

CHAPITRE XXXIX.

L'Imprimeur tiroit les dernieres feüilles de cette Relation, lors qu'il parut vn Liure dans Poictiers intitulé, *La naissance du Iansenisme découuerte*, imprimé à Louuain chez la Vefue Iacques Granius la presente année 1654. composé d'vn Reçeüil de lettres que Iansenius auoit escrit à l'Abbé de sainct Cyran. Le sieur de Preuillie en auoit les Originaux, qui estoient venus entre ses mains par la mort de l'vn des Commissaires, qui auoit eu ordre du Roy defunct, de faire plusieurs perquisitions dans les papiers du defunct Abbé de sainct Cyran, au mesme temps qu'il fut conduit prisonnier au bois de Vincennes. Ledit sieur de Preuillie les a mis en depost dans le College de Clermont des Reuerends Peres Iesuites de Paris, & en a donné des copies imprimées au public, pour découurir la Cabale & le dessein

formé de longue main contre l'Egliſe & la
Religion , ce ſont les termes dont vſe ce
Gentilhomme en ſon Epiſtre à Monſeigneur
le Chancelier.

Or par les reflexions que i'ay faites & tirées de ces Lettres, ie me ſuis d'autant plus
trouué confirmé dans la verité de ce que cét
Eccleſiaſtique, dont i'ay parlé au 2. chap. de
la preſente Relation, perſonne de qualité releuée en l'Egliſe m'auoit declarée: & ſi nous
auions toutes les Lettres des autres perſonnes qui ſe trouuerent en l'Aſſemblée men-
tionnée audit 2. chap. la preuue par eſcrit ſeroit toute éuidente.

Voicy ce que i'ay recueilly deſdites Lettres , qui ſert à la confirmation du ſecret
que cét Eccleſiaſtique me découurit. Par
toutes les Lettres eſcrites par ledit Ianſenius
audit S. Cyran, il paroiſt qu'ils vſoient enſemble de noms ſecrets & ſuppoſés, pour ne
pas découurir leurs intentions au public, qui
ne deuoient pas eſtre cachées ſous ce myſtere
de noms, ſi elles euſſent eſté pour le bien de
l'Egliſe & de l'Eſtat.

C'eſt ainſi qu'il qualifie du nom de *Pilmot* le
ſujet du liu. qu'il compoſoit pour lors & qui
a paru dépuis ſous le nom de *Auguſtinus Ianſenÿ*, qu'il appelle la *ſpirituelle affaire* en la let-

tre 20. & quelquefois du nom de *Madame de Cumar*, comme il se voit en la Lettre 17. & autres suiuantes.

Quand il parle de soy, il se nomme tantost *Sulpice*, tantost *Quinquabre*, tantost *Boëce*, tantost *Cudara*. Il donne le nom de *Durillon*, *Solion*, *Celias*, *Rongear*, à l'Abbé de S. Cyran. Il appelle *Chimer* ceux qui n'estoient pas Sectaires de sa doctrine, & qui la contre-disoient. *Philippas* & *Solsty* signi-fient *Conrius* Cordelier, & depuis Archeues-que d'Hybernie. Parlant de la Sorbonne, il luy donne le nom de *Blemar*, celuy de *Pansar* à l'Vniuersité de Louuain; Aux Iesuites celuy de *Gorphorostes*, *Pacuuius* & *Poris*. Pour signifier nostre S. Pere le Pape, il se sert du mot de *Tramontain*, comme dans la Lettre 21. & de celuy de *Pardo*, comme en la Lettre 33. de *Gerardus* en la Lettre 36. & en la Lettre 40. Il nomme S. Augustin *Leonius*, *Seraphi*, *Gar-mos*, *Aelius*.

De ces remarques, & de la Lettre 22. qui est du 27. Ianuier 1622. par laquelle *Ian-senius* mande à S. Cyran qu'il luy enuoye le Chiffre qu'il auoit perdu, resulte la preuue de la Cabale du Iansenisme, pour l'establisse-ment de laquelle on a eu recours à des voyes que la seule politique de ce monde a approu-

uées. Ce n'eft pas ainfi que le Fils de Dieu
a fondé l'Euangile : *Ego palam* (dit-il) *locutus
fum* ; & le Texte facré parlant de luy, fe fert
de ces termes, *Et erat quotidie docens in Templo,*
c'eft a dire publiquement & ouuertement.

Les Apoftres reçeûrent leurs depéches &
leurs ordres de Iefus, de prefcher ouuertement à tout le monde, *Euntes in vniuerfum
mundum, prædicate Euangelium omni creaturæ.*
Ces mots *omni creaturæ*, ont efté expliqués,
non feulement en ce fens, qu'ils deuoient
prefcher l'Euangile à toute la Terre, mais
auffi en donner l'explication & intelligence
à tous les hommes, en telle forte qu'ils puffent comprendre la fublimité de cette haute
doctrine.

Il eft vray que cette prudence Ianfenifti-
que feroit reçeuable parmy des Politiques,
& des Generaux d'Armées, qui traittent des
affaires des Roys & des Eftats : mais en fait
de Religion elle eft reprouuée par les fainctes
Lettres, puis que *Sacramentum Regis abfcon-
dere bonum eft, opera autem Dei reuelare hono-
rificum.*

De cette premiere remarque fuit vne autre, qui confifte à faire voir que ces Ca-
baliftes n'ayant pas deffein d'eftablir de veritables principes de Religion, mais de

deſtruire ceux que la Foy auoit introduits dans le monde, & d'attaquer l'Egliſe & l'Euangile, ils ont voulu cacher leurs conſeils juſques à ce qu'ils euſſent attiré vn nombre conſiderable de perſonnes à leur party. Cela ſe voit en la Lettre 16. où Ianſenius eſcrit en ces termes : *Ie n'oſe dire à perſonne du monde ce que ie penſe ſelon les principes de ſainct Auguſtin, d'vne grande partie des opinions de ce temps, & particulierement de celles de la Grace & de la Predeſtination, de peur qu'on ne me face le tour à Rome, qu'on a fait à d'autres, deuant que toute choſe ſoit meure & à ſon temps.*

Voilà le deſſein des Deiſtes aſſez declaré, comme il fut remarqué par cét Eccleſiaſtique, qui auoit aſſiſté à l'Aſſemblée dont a eſté parlé au chap. 2. Car le ſentiment de Ianſenius & des autres eſtoit que Dieu baille la Grace à qui il luy plaiſt, qu'il predeſtine qui il luy plaiſt, qu'il ſauue & damne qui il luy plaiſt, & ainſi que tous les Sacremens ſont inutils. Mais le feu expiatoire de Rome les empeſchoit de publier ſi-toſt leurs erreurs, & les retenoit dans le ſilence.

Il declare auſſi ſur la fin de la Lettre 23. qu'il approuue le deſſein de *Solion* (il appelloit ainſi S. Cyran) qui eſtoit d'aduis que cette affaire ne pouuoit eſtre eſtablie que par le moyen de plusieurs personnes qu'on pourroit y engager, puis qu'elle ne pouuoit estre aggrée dans l'Italie, *Tandem aliquando desperata via transalpina, confessus est, Solion esse virum prudentem eo quòd credere incipiat negotium istud finiri non posse, nisi conspiratione multorum.* Ces derniers mots iustifient entierement la Cabale, & non vn dessein de Religiõ, *conspiratione multorum.* Par la Lettre 20. il promet à S. Cyran de suiure son conseil, & de ne point diuulguer le dessein qu'il auoit de *Pilmot* (c'est à dire du liure qu'il a fait depuis imprimer) *Ie suiuray vostre aduis exactement en ce qui est de l'affaire de Pilmot, c'est à dire le spirituel de l'Affaire, en ne disant rien de ce papier à Monsieur l'Illustrissime, & suis aise que le preniez à cœur, & que vous n'en faciez point des approches qu'en general, car l'affaire est encores fort cruë de deça.*

Ne voilà pas des procedures de Cabalistes en fait de Religion ? Cela se voit encores plus clairement en la Lettre 21. où il escrit à l'Abbé de S. Cyran en ces termes : *Quant aux autres affaires, ie suis aise que vous commenciez à ménager si bien les personnes qualifiées pour l'affaire spirituelle ; car ie voy bien qu'il est necessaire, comme aussi vne tres-grande prudence, à mener le bateau.*

Par la Lettre 32. il approuue que S. Cyran
ne decouure si tost le dessein de son ouurage, qu'il appelle tousiours *Pilmot*, à *Semir*, il
trouue bon que *Cælias* (c'est S. Cyran) *ne die
rien de l'affaire de Pilmot* (c'est le liure que
composoit Iansenius) *à Semir, car il n'est pas
temps encores, quoy que les affaires sont aucunement aduancées, plus que ie n'eusse osé me promet-
tre; car Sulpice* (c'est Iansenius) *dit qu'il luy
semble d'y voir vn peu plus d'éclaircissement.*

Dans la cinquiesme Lettre il approuue, ce
que S. Cyran luy conseilloit, de tenir le tout
secret, *En cette matiere mesme ie sens estre veritable ce que vous auez dit souuent, qu'il ne faut
prophaner les bons discours, mais dire ce que dit
le Prouerbe : Secretum meum mihi, Secretum
meum mihi.*

Quant à l'Assemblée de Bourg-fontaine,
en laquelle Iansenius se trouua auec S. Cyran
& autres, on en tire quelques preuues de ces
Lettres. Il paroist que diuerses fois Iansenius
& S. Cyran ont conferé ensemble & se sont
assemblés; que Iansenius est venu à Paris, &
qu'il a traitté du dessein commun auec sainct
Cyran & autres; & que de long-temps on
auoit projetté cette Assemblée.

La Lettre 13. le declare assez, elle est du
14. Octobre 1620. *Ie suis resolu de nouueau*

de paffer cét Hyuer à parler à vous par la plume,
pour fuppleër au deffaut de noftre entre-veüe, qui
fe trame il y a quelques années.

La Lettre du 5. Mars 1621. qui eft la 16.
fait voir qu'ils ne s'eftoient affemblés, mais
celle du 4. Nouembre 1621. juftifie qu'ils
s'eftoient entre-veus, & parle du déplaifir
que caufa leur feparation en ces termes : *Vos*
larmes que noftre feparation, vous a fait fondre,
ont eu tant de pouuoir fur mon humeur froide.
Et la mefme Lettre fait voir qu'ils eûrent encores apres vne autre entre-veuë. Et par la
Lettre du 19. Nouembre 1621. il mande à
S. Cyran, qu'il fe porte bien apres vne lan-
gueur de tefte & de toux, qu'il auoit eu du
voyage qu'il fit auec S. Cyran. Deforte que
fi S. Cyran eftoit allé à Louuain , entre le
mois de Mars & Nouemble 1621. il y a éuidence que Ianfenius fe rendit auffi à Paris
quelque temps apres ; car il adjoufte dans la
mefme Lettre du 4. Nouembre, *Ie defirerois*
fçauoir en quel quartier vous auez pris voftre refi-
dence, pour y pouuoir addreffer mes Lettres ; Ce-
pendant ie fuiuray l'ancienne voye de Monfieur
de Beaux-hoftes, tant que vous n'en ordonnerez
autrement : Ce qui ne doit pas empefcher neant-
moins de me faire fçauoir voftre logis, afin que ie
fçache où defcendre. Ce qu'il reïtere encore

en sa Lettre du 11. Feurier 1622. sous le nom
de *Boëtius & Durillon* : *Nec verò* (escrit-il) *des-
pondit animum Boëtius cum Durillon adhuc corpore esse iungendum* , *tùm quòd animaduertat,
negotij grauitatem non leuem intercurrentium
difficultatum collationem postulare, magisque fa-
miliarem* , *quàm quæ Litteris fieri queat.* Ces
lignes justifient qu'ils s'estoient desia assem-
bles, & deuoient encores se r'assembler ; c'est
ce qu'on receuille de ces mots, *adhuc corpore
esse iungendum.*

　Mais ce qui iustifie sans contredit l'Assemblée faite à Bourg-fontaine, dont a esté parlé
au chap. 2. de la presente Relation, & qui fait
voir les resolutions qui y auoient esté prises,
& les engagemens reciproques, non seulement de Iansenius & de S. Cyran, mais aussi
d'autres personnes, ainsi qu'vn Ecclesiastique de condition l'a découuert audit sieur
Filleau, c'est la Lettre du 26. Feurier 1622.
en laquelle Iansenius dissuade S. Cyran de
s'engager à la conduite de quelques Filles
Religieuses, d'autant que cette conduitte seroit incompatible auec la grande affaire, &
il adjouste, *Vous y estes engagé , & ne sçauriez
reculer sans offenser ceux à qui vostre promesse
vous oblige.* *C'est pourquoy ie vous prie de ne
nous abandonner point en vne affaire dont vous
auez

auez veu les heureux commencemens , & à laquelle la Foy vous a engagé. C'eſt ſans doute
cet engagement qui fut fait dans l'aſſemblée
de Bourg-fontaine.

Par la Lettre du 24. Feurier 1623. on peut
conjecturer que quelqu'vn du party s'eſtoit
retiré , & l'auoit abandonné , & que pour
cette raiſon , Ianſenius voulut faire vne nouuelle Aſſemblée; voicy comme il eſcrit, *Cette
entre-veüe me ſemble eſtre neceſſaire pour ce changement de deſſein , car à cela il faudra rapporter
toutes choſes. Ie tiens fort veritable,* Omnes quæ
ſua ſunt quærunt, *& qu'il y a peu de gens qui ſe
comporteront en telle affaire auec la reſolution
qu'il faudroit.*

Ie ne doute point que ce changement,
dont il eſt parlé en cette Lettre, ne regarde
cet Eccleſiaſtique qui ſe retira de leur Cabale, & abandonna leur party, ainſi qu'il eſt
declaré au chap. 2. de cette Relation. Ce
n'eſt pas ſeulement ma conjecture, mais auſſi
celle du ſieur de Preüillie, qui a fait imprimer
les Lettres de Ianſenius. Car à la fin de cette Lettre, qui eſt la 47. en ordre, voulant expliquer ces paroles, où il trouue d'autant plus
de difficulté qu'il n'auoit rien ſçeu de la conference de Bourg-fontaine, il eſcrit les lignes
ſuiuantes. *Ie ne puis deuiner quel fut le change-*

Y

ment du deſſein, concerté entre Ianſenius & l'Abbé de S. Cyran; mais puis qu'à cela il falloit rapporter tout le reſte, il faut que la choſe ait eſté fort conſidérable, qu'il y ait eu changement dans quelques-vns de leur party, qui probablement auoient fait ſcrupule de s'engager en vne ſi mauuaiſe affaire.

Ianſenius en ſa Lettre du 4. Mars 1623. parle encore de ce changement de deſſein en ces termes, *Le changement de deſſein merite bien que nous conferions, afin de ſçauoir à quel but il faut viſer.* Ce qui obligea Ianſenius au voyage de Peronne, pour conferer derechef auec ledit S. Cyran, comme il ſe voit par la Lettre 49. ſur la fin, *Ce ſera donc le 29. du preſent mois d'Auril que ie me trouueray vers le ſoir à Peronne, pour entrer vers le mois de May en France.* Ce fut encor vray ſemblablement alors que Ianſenius & S. Cyran confererent enſemble, comme il paroiſt par la Lettre 51.

Quant à la Propoſition faite à Bourg-fontaine, d'eſcrire contre le Myſtere de l'Incarnation, quoy que ce fût vn ſecret qu'ils tenoient caché entr'eux, & qu'ils n'oſaſſent faire cognoiſtre les mauuais ſentimens qu'ils auoient de ce ſalutaire Myſtere, neantmoins par la lecture des Lettres de Ianſenius, il s'en découure quelque choſe, particulierement

dans la 31. qui est dattée du 3. Iuin 1622. Car
Iansenius ayant esté prié par S. Cyran de
donner approbation au liure de Monsieur de
Bérule, qu'il auoit composé des grandeurs
de Iesus, il enuoya cette approbation, sans
qu'il eût veu le Liure : mais aussi il aduertit
S. Cyran de prendre garde qu'il n'y eût rien
qui touchast *Pilmot* ainsi appelloit-il l'ouurage qu'il a fait depuis imprimer) & que la
matiere de l'Incarnation y estoit fort proche:
voicy des termes qui sont grandement considerables, & qui malgré l'obscurité qu'il a affectée, découurent assez la pensée & la creance que S. Cyran & luy auoient du Mystere de
l'Incarnation, & qui justifient le rapport de
cet Ecclesiastique, dont il est parlé au chap. 2.
cy-dessus. *Vous auez icy jointe l'approbation de*
Monsieur de Bérule selon que vous la demandez,
ie ne sçauois pas auparauant son vray nom, ny sa
qualité, le reste auoit esté oublié. Il seroit bon de
prendre bien garde, comme vous auez fait sans
faute, s'il n'y a rien qui touche Pilmot en ce Li-
ure, car le monde qui n'est pas stilé en ce sujet, se
méprend plustost qu'on ne sçauroit croire. La ma-
tiere de l'Incarnation y est fort proche, & là tou-
che en force endroits, estant en quelques parts
assez brouillée & gastée par Chimer.

Quelle pouuoit estre la pensée de Ianse-

nius, donnant son approbation pour vn liure
qui traittoit des grandeurs de Iesus, d'auertir
S. Cyran de prendre garde, qu'il n'y eust
rien qui touchast son *Pilmot*, c'est a dire son
ouurage, sinon qu'il craignoit de voir ce
Mystere estably par le liure, qui ne pouuoit
traitter des grandeurs de Iesus, sans aussi parler de l'Incarnation du mesme Iesus; & que
son dessein secret estoit de combattre vn iour
ouuertement l'Incarnation du Verbe, lors
qu'il auroit estably les principes qui deuoient
seruir de premisses à sa doctrine cachée, ainsi
qu'il a esté plus amplement declaré au chap.
2. de cette Relation.

---

*Censure faite à Rome des Liures composés
en faueur de la doctrine de Iansenius, deuant & apres la publication de la Bulle
de nostre sainct Pere le Pape.*

CHAPITRE XL.

IE ne pouuois faire plus aduantageuse-
ment la closture de cette Relation, que
par la Censure de Rome du 23. du mois
d'Auril dernier, parlaquelle le liure de Iansenius, intitulé *Augustinus Ianseny*, auec ceux

qui ont paru depuis , & auant , la Bulle
de nostre sainct Pere le Pape, ou qui paroistront à l'aduenir en faueur de cette
mauuaise doctrine , ont esté censurés & pro-
hibés.

Et d'autant que dans cette Relation i'ay
rapporté ce qui auoit esté fait en cette Ville
contre la Lettre Pastorale imputée à Monseigneur l'Archeuesque de Sens , & contre
l'Ordonnance portant le nom de Monseigneur l'Euesque de Cominges , du 9. Octobre
1653. ensemble contre la Distinction des
cinq Propositions , &c. Le Lecteur receura
de la satisfaction , voyant que nostre sainct
Pere le Pape, à censuré ces mesmes Libelles,
& partant que le jugement des Docteurs de
Theologie de cette Vniuersité, qui ont declaré la doctrine de cette Lettre Pastorale
contraire à celle de la Bulle est legitime, &
recognu tel par le S. Siege Apostolique.

Feria V. die 23. Aprilis 1654.

In Congregatione generali sanctæ Romanæ, & Vniuersalis Inquisitionis, habita in Palatio Apostolico Montis Quirinalis coram S S. D. N. D. INNOCENTIO, diuina prouidentia Papa X. ac Eminentiss. & Reuerendiss. DD. S. Romanæ Ecclesiæ Cardinalibus, in vniuersa Republica Christiana contra Hereticam prauitatem Inquisitoribus generalibus à sancta Sede Apostolica specialiter deputatis.

SAnctissimus D. N. Innocentius Papa X. post condemnatam sua Constitutione edita prid. Kal. Iunij anni Incarnat. Dom. 1653. in quinque Propositionibus Augustini Cornelij Iansenij Episcopi Iprensis doctrinam: Ne occasione doctrinæ prædictæ in mentes Christi fidelium aliquod dubium, vel error irrepat, eundem Augustinum Cornelij Iansenij &c. iteratò, vna cum alijs infrascriptis Libris prohibet, & damnat, eosque pro damnatis & prohibitis haberi voluit, sub pœnis & censuris in Indice Librorum prohibitorum contentis, alijsque arbitrio Sanctitatis suæ infligendis.

Nemo igitur cuiuscumque gradus, & conditionis exiftat, etiam speciali, seu specialissima nota dignus, libros infrascriptos, aut

aliquem ex illis apud fe retinere, legere im-
primere, vel imprimi curare audeat : fed fta-
tim à prefentis decreti notitia quicumque il-
los habuerit, locorum Ordinarijs, feu Inquifitoribus confignare teneatur, fub pœnis &
Cenfuris prædictis.

ELENCHVS LIBRORVM.

Cornelij Ianfenij Epifcopi Iprenfis Auguftinus, Louanij,
Parifijs. Rothomagi, fiue quocumque alio in loco, feu
idiomate impreffus.

Eiufdem Paralellus errorum Maffilienfium, & quorumdam
recentiorum.

Cornelij Ianfenij &c. Laudatio funeralis dicta à F. Ioanne à
Lapide. Louanij, Typis Bernardini Marij.

Humilis & fupplex Querimonia Iacobi Zegers aduerfus libellum R. P. S. T. Regiæ Capellæ Bruxellis Concionat. &
Thefes PP. Societ. Apud Iacobum Zegers, 1. 2. 3. feu alterius editionis.

Auguftini Hipponenfis, & Auguftini Iprenfis, de Deo omnes
faluare volente, Homologia &c. Louanij, apud Iacobum
Zegers.

Epiftola Liberti Fromundi, & Henrici Caleni. Louanij. 16.
Iunij 1641. &c. quæ incipit, Thefes veftras.

Somnium Hipponenfe, fiue de Controuerfijs &c. Relatore
Philetimo S. Th. Baccalaureo formato. Parifijs, anno 1641.

Liberti Fromundi S. T. Doctoris, Breuis Anatomia Hominis.
Louanij, apud Iacobum Zegers, anno 1641.

Conuentus Africanus, fiue Difceptatio Iudicialis apud Tribu-
nal Præfulis Auguftini &c. Enarratore Artemidoro Oneiro-
critico. *A Rouen, chez Nicolas de la Montagne,* anno 1641.

Memorial au Roy, quod incipit *Iean Ianfenius Champine, &c.*
& finit, contra illa duo Decreta Summorum Pontificum.

Atteftatio Notarialis, quæ incipit, Ego infrafcriptus, & finit,
Petrus Mentart Notarius.

Aprobatio fub nomine nonnullorum Theologorum ex varijs

Religionibus tam Ordinum Monachalium, quàm Mendicantium, nec-non Archiepiscopi Philippensis, aliorumve Theologorum Clericorum sæcularium doctrinæ Cornelij Iansenij inde libro Augustinus contentæ, quæ incipit: Quid sentiendum sit de doctrina in opere Reuerendissimi D. Cornelij Iansenij Episcopi Iprensis felicis mem. nuncupat. Augustinus, & finit, Et me publico, & Apostolico, & dictæ Vniuersit. Notario & Scriba iurato. Quod attestor Petrus Mentaert Notarius.

Chrysippus de libero arbitrio. Louanij 1641.

Memorialia per Deputatos Academiæ Louaniensis, exhibita Romæ Summis Pontificibus Vrbano VIII. & Innocentio X. pro doctrina Beati Augustini manutenenda &c. anno 1644.

Nouus Prosper contra nouum Collatorem. Louanij 1647.

Collatio Antuerpiens. ad Petrum Aurelium. Louanij, 1647.

Vincentij Lenis Theriaca, aduersus Petauium, & Ricardum, de Libero arbitrio. Lutetiæ Parisiorum, 1648.

Eiusdem Epistola Prodroma. Louanij 1649.

Apologie de Monsieur Iansenius Euesque d'Ipre, & de la doctrine de sainct Augustin, expliquée dans son Liure intitulé Augustinus *&c. 1644.*

Seconde Apologie pour Monsieur Iansenius Euesque d'Ipre, & pour la doctrine de sainct Augustin, expliquée dans son Liure intitulé Augustinus *&c. 1645.*

Examen Libelli cui titulus est, Propositiones excerptæ ex Augustino Reuerendiss. D. Cornelij Iansenij Episcopi Iprensis, quæ in specimen exhibentur Suæ Sanctitati. Louanij, 1646.

Response à vn Escrit, qui a pour titre, Aduis donné en Amy à vn certain Ecclesiastique de Louuain, au sujet de la Bulle du Pape Vrbain VIII. qui condamne le liure portant le titre, Augustinus Cornelij Iansenij.

Planctus Augustinianæ Veritatis in Belgio patientis. Louanij, 1649.

Ioannis Martinez de Ripalda è Societate nominis IESV Vulpes capta, per Theologos S. Facultatis Academiæ Louaniensis, anno 1649.

Considerations sur la Lettre composée par M. l'Euesque de Vabres, pour estre enuoyée au Pape en son nom, & de quelques autres Prelats &c. 1651.

De la Grace victorieuſe de IESVS-CHRIST, *ou, Molina, & ſes Diſciples conuaincus de l'erreur des Pelagiens, & des Semipelagiens. A Paris,* 1651.

Vtrum ſit damnandus Ianſenij Auguſtinus. Incipit, Nullo jure. Finit, Non poteſt damnari Ianſenius, niſi ridente Pelagio, plorante Auguſtino. Humilis Romanus, &c.

Rationes ob quas Illuſtriſſimus & Reuerendiſſimus D. Archiepiſcopus Mechlinienſis à promulgatione Bullæ, quâ proſcribitur liber, cui titulus, Cornelij Ianſenij Epiſcopi Iprenſis Auguſtinus, 1649. quocumque idiomate impreſſus.

Raiſons pour leſquelles on a trouué conuenir de publier au Dioceſe de Gand auec la ſolemnité accouſtumée certaine Bulle contre le liure du defunct Eueſque d'Ipre Ianſenius, repreſentées par Monſeigneur le Reuerendiſſime Eueſque de Gand 1649.

Defenſio Belgarum contra Euocationes Cauſarum, & Peregrina Iudicia, 1. 2. ſeu alterius editionis.

Ius Belgarum circa Bullarum Pontificiarum receptiones, 1. 2. ſeu alterius editionis.

Catechiſmus de Gratia, quocumque idiomate ſit editus.

Synopſis veræ Catholicæque doctrinæ de Gratia, & annexis Quæſtionibus ad Catechiſmum de Gratia, authore Samuele Mateſio. Groningæ, 1651.

Diſtinction abregée des cinq Propoſitions qui regardent la matiere de la Grace, laquelle a eſté preſentée en Latin à ſa Saincteté par les Theologiens qui ſont à Rome pour la defenſe de la doctrine de S. Auguſtin, où l'on voit clairement en trois colomnes les diuers ſens que ces Propoſitions peuuent receuoir, & les ſentimens des Caluiniſtes & des Lutheriens, des Pelagiens & des Moliniſtes, de S. Auguſtin & de ſes Diſciples. 1653. ſiue libellus, cui titulus:

Breuiſſima quinque Propoſitionum in varios ſenſus diſtinctio, apertaque de ijs tum Caluiniſtarum, tum Lutheranorum, tum Pelagianorum & Moliniſtarum, tum ſancti Auguſtini, eiuſque Diſcipulorum ſententia, ſiue typis, ſiue ſcripto exter.

Philoſophia moralis Chriſtiana, authore Ioanne Camerario Presbytero. Andegaui, 1652.

Theologie familiere, ou Inſtruction de ce que le Chreſtien doit croire & faire en cette vie, pour eſtre ſauué, authore Iean du Vergier Abbé de S. Cyran, cuiuſcumque editionis illa ſit.

Lettre de Iean de Labadie à ſes amis &c. A Montauban, 1651.

Priere pour demander à Dieu la grace d'vne veritable & parfaite conuersion.

Iusta Damnatio quinque Propositionum Ianfenij, ftudium Marci Ferri. Venetijs, 1653.

Refponfe à vn Sermon prononcé par le P. Brifacier Iefuite à Blois, le 29. Mars 1651.

Lucerna Auguftiniana, qua breuiter & dilucidè declaratur Concordia, & Difcordia, qua duo nuper ex D D. Doctores S. Th. Duacen. conueniunt, aut recedunt à cæteris hodie S. Auguftini Difcipulis, fine nomine Auctoris, & loco Impreffionis.

Emunctorium Lucernæ Auguftinianæ, quo Fuligines à quibufdam afperfæ emunguntur.

Lettre Paftorale de Monfieur l'Archeuefque de Sens, pour la publication de la Conftitution de noftre fainct Pere le Pape, donnée à Rome le 31. May dernier, &c. Imprimée par le commandement de mondit Seigneur.

Ordonnance de Monfeigneur l'Euefque de Cominges fur la publication qu'il a faite dans le Synode Diocefain de Cominges, le 9. Octobre 1653. de la Conftitution de noftre fainct Pere le Pape Innocent X. portant cenfure des cinq Propofitions touchant la Grace & le Franc-arbitre.

Samuelis Marefij Apologia nouiffima pro S. Auguftino, Ianfenio, & Ianfeniftis, contra Pontificem & Iefuitas. Groningæ, anno 1654.

Les Enlumineures du fameux Almanach des PP. Iefuites, intitulé, La Deroute & la Confufion des Ianfeniftes.

Memoire fur le deffein qu'ont les Iefuites de faire retomber la cenfure des cinq Propofitions fur la veritable doctrine de fainct Auguftin, fous le nom de Ianfenius. Sine nomine Auctoris, loco impreffionis.

Refponfe au P. Annat Prouincial des Iefuites touchant les cinq Propofitions attribuées à M. l'Euefque d'Ipre, diuifée en deux parties. Sine nomine Auctoris, & loco impreffionis, 1654.

Item omnes & quicumque Libri, Libelli, Epiftolæ tam impreff. quàm manufcr. feu impofterum edend. & public. in quibus doctrina Auguftini Cornelij Ianfenij Epifcopi

Iprenfis, in prædictis quinque Propofitionibus damnata approbatur, aut afferitur, quocumque Idiomate fcripti, fiue editi fint.

Cæterum cùm tam Romæ, quàm alibi cir-
cumferantur quædam afferta Acta manufcr.
& forfan typis excufa, Congregationum ha-
bitarum coram fel. record. Clemente VIII.
ac Paulo V. fuper quæft. de Auxilijs diuinæ
Gratiæ, tam fub nomine Francifci Pegnæ
olim Rotæ Romanæ Decani, quàm Fr. Thomæ de Lemos Ordinis Prædicat. aliorúmque
Prælatorum & Theologorum, qui vt afferitur
prædictis interfuerunt Congregationibus.
Nec non quoddam Autographum fiue exemplar cuiufdam affertæ Conftitutionis eiufdem Pauli V. fuper definitione prædictæ
Quæftionis de Auxilijs, ac damnationis fen-
tentiæ, feu fententiarum Ludouici Molinæ
Soc. Iefu : eadem Sanctitas Sua præfenti
hoc Decreto declarat, ac decernit, prædictis
affertis Actis, tam pro fententia FF. Ordinis
S. Dominici, quàm Ludouici Molinæ, aliorúmque Societ. Iefu Religioforum & Auto-
grapho, fiue exemplari prædictæ affertæ
Conftitutionis Pauli V. nullam omnino effe
fidem adhibendam, neque ab alterutra parte,
feu à quocumque alio allegari poffe vel debere, fed fuper Quæftione prædicta obfer-

nanda esse decreta Pauli V. & Vrbani VIII.
suorum prædecessorum.

Io. Antonius Thomasius S. Romanæ, & vniuersalis
Inquisitionis Not.

Anno à Natiuitate D. N. IESV CHRISTI millesimo sexcentesimo quinquagesimo quarto, Indictione septima, die vero vigesima septima Aprilis,
Pontificatus sanctissimi in Christo Patris, & D. N.
D. Innocentij, diuina prouidentia Papæ X. anno
eius decimo, supradictæ Litteræ Apostolicæ, siue Decretum affixum & publicatum fuit ad valuas Basilicæ S. Ioannis Lateranensis, & Principis Apostolorum de Vrbe, & Cancellariæ Apostolicæ, atque in
acie Campi Floræ, vt moris est: per me Hieronymum Macellam, eiusdem S. D. Papæ, & S. Romanæ
Inquisitionis Cursorem.

Iuxta Exemplar editum Romæ, ex Typographia Reue-
rendæ Cameræ Apostolicæ. M. DC. LIV.

TABLE DES CHAPITRES

contenus en ce Liure.

Z

TABLE.

TABLE.

TABLE.

TABLE.

Priuilege du Roy.

LOVIS PAR LA GRACE DE DIEV, ROY DE FRANCE ET DE NAVARRE: A nos Amez & Feaux Conseillers, les Gens tenant nos Cours de Parlemens, Maistres des Requestes ordinaires de nostre Hostel, Baillifs, Seneschaux, Preuosts, leurs Lieutenans, & tous autres nos Iusticiers & Officiers qu'il appartiendra: Salut. Nostre Amé & Feal Conseiller en nos Conseils, & nostre premier Aduocat au Siege Presidial de Poictiers, IEAN FILLEAV, Nous a fait remonstrer qu'il a faict & composé vn liure intitulé, *La Relation juridique de ce qui s'est passé à Poictiers, touchant la nouuelle doctrine des Ianseniftes:* Lequel il desiroit faire imprimer & donner au public, Nous suppliant & requerant à cette occasion luy accorder nos Lettres necessaires. A CES CAVSES desirant contribuer aux loüables jntentions de l'Exposant; Nous luy auons permis & octroyé, permettons & octroyons par ces presentes, de faire imprimer par tel Imprimeur que bon luy semblera, Vendre & debiter ledit Liure par tout nostre Royaume, Pays, Terres & Seigneuries de nostre obeyssance, & ce pendant le temps de six ans, à compter du iour & datte des presentes: faisant expresses jnhibitions & deffences à toutes personnes, Autre qu'à celuy à qui l'Exposant en baillera la permission de faire le semblable, soubs pretexte d'augmentation, correction, changement de tiltre, faufses marques ou autrement en quelque sorte & maniere que ce soit sur peine de confiscation des exemplaires, & de mil liures d'amande, moitié à Nous aplicable, & l'autre audit Exposant, à la charge toutes-fois d'en mettre deux exemplaires en nostre Bibliotheque, & vn en celle de nostre tres-cher feal Cheualier le sieur Molé Garde des Seaux de France: Voulons en outre qu'en mettant au commencement ou à la fin dudit Liure, vn Extraict des presentes, elles soient tenuës pour deuëmeus signifiées & venuës à la cognoissance de tous, sans souffrir ny

permettre luy eftre fait, mis ou donné aucun trouble ou
empefchement au contraire; C A R tel eft noftre plaifir.
D o n n e' à Paris le quinziefme iour de Iuin, l'an de grace
mil fix ceus cinquante-quatre. Et de noftre regne l'onziefme.

Pas le R O Y en fon Confeil, LE COQ.

Ledit fieur Filleau, a ceddé à Iulien Thoreau & Iean Fleu-
riaü, Imprimeurs & Libraires, le prefent Priuilege, pour en
joüir pleinement & paifiblement pendant le temps contenu
en iceluy. Faiét à Poiétiers ce 20. Iuin 1654.

Achevé d'Imprimer pour la premiere fois le 21. Iuin 1654.

Les Exemplaires portez par le Priuilege ont efté fournis.